浙江科技大学学术著作专项资助项目；
杭州市经济和信息化局(杭州市数字经济局)
资助项目(浙科科-KJ-2022-520)

杭州纺织服装产业发展研究
基于社会结构与变迁视角

陈晓芬　著

ZHEJIANG UNIVERSITY PRESS
浙江大学出版社
·杭州·

图书在版编目 (CIP) 数据

杭州纺织服装产业发展研究 ：基于社会结构与变迁视角 / 陈晓芬著. -- 杭州 ：浙江大学出版社，2025.
2. -- ISBN 978-7-308-26082-4

Ⅰ. F426.81；F426.86

中国国家版本馆 CIP 数据核字第 2025A3K326 号

杭州纺织服装产业发展研究：基于社会结构与变迁视角

陈晓芬 著

责任编辑	许艺涛	
责任校对	傅百荣	
封面设计	雷建军	
出版发行	浙江大学出版社	
	（杭州市天目山路 148 号　邮政编码 310007）	
	（网址：http://www.zjupress.com）	
排　　版	杭州星云光电图文制作有限公司	
印　　刷	浙江临安曙光印务有限公司	
开　　本	710mm×1000mm　1/16	
印　　张	14.5	
字　　数	233 千	
版 印 次	2025 年 2 月第 1 版　2025 年 2 月第 1 次印刷	
书　　号	ISBN 978-7-308-26082-4	
定　　价	78.00 元	

序

　　纺织服装产业是杭州市的传统优势产业和重要支柱产业,承载着杭州深厚的历史文化底蕴,也见证了杭州从"丝绸之府"迈向"数字经济第一城"的辉煌历程。在全球产业格局深刻调整、数字经济蓬勃发展的新时代背景下,深入研究杭州纺织服装产业的发展轨迹、社会影响和未来趋势,对于推动产业高质量发展、促进城市能级提升具有重要意义。浙江科技大学陈晓芬博士的《杭州纺织服装产业发展研究:基于社会结构与变迁视角》一书对杭州市纺织服装产业的发展历程和产业的未来做了有益的探索。

　　本书以社会学的独特视角,系统梳理了杭州纺织服装产业的历史脉络与发展现状,深刻揭示了产业发展与社会结构变迁的内在联系。作者不仅对纺织、丝绸、服装服饰、化纤等细分领域进行了细致的历史考证和数据分析,更从劳动力结构、产业布局、数字化转型等维度,构建了多维度的产业研究框架。这种将产业经济与社会变迁相结合的跨学科研究方法,既体现了学术创新的勇气,也为政府部门制定产业政策提供了宝贵的理论支撑。

　　杭州纺织服装产业的百年兴衰,是中国工业化进程史的一个缩影。从南宋"机杼甲天下"的丝绸盛景,到近代民族工业的艰难起步;从计划经济时代的国营大厂转型,到改革开放后民营经济的异军突起;从传统制造的价值链低端徘徊,到"产业大脑＋未来工厂"的数字化跃迁——本书以翔实的史料和严谨的论证,再现了这一波澜壮阔的历程。特别是对"五年计划"与产业演进、数字经济与实体经济融合等前沿议题的探讨,彰显了研究的现实关怀和政策价值。

　　我特别关注书中提出的三大洞见:其一,产业竞争力本质上是文化软实力与科技硬实力的融合,杭州"丝绸之府"的品牌价值与数字经济的先发优势亟待协同发力;其二,劳动密集型产业的转型升级必须兼顾效率提升与社会公平,书中对从业人员结构变迁的分析为完善职业技能培训体系提供了重要参考;其三,全球化背景下,杭州需要以"地瓜经济"理念构建更具韧性的产业链体系,书中关于萧山化纤产业集群、跨境电商与市场布局的研究令人耳目一新。

　　当前,杭州正全面推进"新制造业计划",纺织服装产业作为"五链融合"的典型领域，其高质量发展离不开政产学研各界的共同努力。本书既是对历史经验的系统总结，更是面向未来的战略思考。相信该书的出版，将为政府部门优化产业政策、学术界深化相关研究、企业界把握市场机遇提供有益借鉴，也必将推动社会各界更加关注和支持杭州纺织服装产业的创新发展。期待作者团队持续深耕这一领域的研究，为杭州打造"全球领先的纺织服装产业数字化高地"贡献更多智慧。

杨荣欣　二级巡视员

杭州市经济和信息化局（杭州市数字经济局）

在全球化的浪潮中,纺织服装产业不仅是经济发展的重要组成部分,更是社会结构变迁的一个缩影。在漫长而绚烂的历史画卷中,每一座城市都铭刻着属于自己的独特印记。

杭州,这座屹立于江南水乡的千年古都,不仅凭借如诗如画的自然风光吸引了无数游人驻足,更以深厚的工业历史和文化底蕴,在中华大地熠熠生辉,犹如一颗璀璨的明珠。作为中国纺织服装产业的重镇,纺织服装产业与杭州的社会文化交相辉映,其产业发展历程不仅映射出中国现代化进程中的一个片段,也体现了全球化背景下产业变迁的普遍规律。

杭州的纺织服装产业集纺织、服装服饰、化纤等行业之大成,涵盖丝绸、印染等领域,是这座城市的特色名片和支柱产业,在国内外市场上占据举足轻重的地位。随着科技的飞速发展和产业结构的不断优化升级,杭州的纺织服装产业正持续焕发新的生机与活力,为杭州的工业历史和文化底蕴增添更多光彩,同时也为城市带来了稳定的经济增长、就业保障和人口集聚等多重效益,推动了城市内部各层次劳动力的和谐互补与均衡发展。

在本书中,我们将引领读者走进杭州的纺织服装产业,探寻其历史渊源、发展脉络、现代转型的轨迹以及未来的发展趋势。我们将深入剖析杭州纺织服装产业的各个环节,包括纺织、服装、丝绸、化纤等领域,展现它们在国内外市场上的竞争力和独特魅力。同时,从社会学的视角出发,本书深入探讨了纺织服装产业与社会结构之间的相互作用,以及产业如何顺应不同历史时期社会变迁的需求。从社会经济转型的微观视角来看,作为劳动密集型产业,纺织服装产业的发展与转型对杭州乃至更广泛地区的社会经济结构具有深远影响。因此,本书通过深入分析劳动力市场的变化、收入分配等微观动态,为相关政策的制定提供坚实的社会学依据。此外,本书还将探讨纺织服装产业中三大行业紧密联系、相互促进、共同发展的模式，以及它们如何共同推动杭州的经济繁荣和社会进步。我们相信，通过深入了解这三大行业领域，读者能够更全面地认识杭州这座城市的独特魅力和无限活力。通过分析，我们发现纺织、丝绸、服装服饰、化纤行业的发展变迁，得益于其所处的优越地理环境、丰富的资源禀赋、政策支持、先进设备的引进、技术创新、实业家的积极引领以及从业工人的辛勤劳作，深刻反映出纺织服装业发展与社会变迁之间密不可分的联系。基于以上，本书采用多维度的社会学分析方法，结合定性与定量的研究手段，力求对杭州纺织服装产业的历史演进与现代转型进行深入探讨。我们期望通过这一研究，不仅能为学术界提供新的理论视角，也能为实践界提供有价值的参考和指导。

另外，值得一提的是，杭州的商贸文化源远流长、博大精深。杭州纺织服装业与杭州商贸文化并非孤立存在，它们与杭州的历史、文化、社会等各个方面紧密相连，共同构成了这座城市的独特风貌。例如，南宋时期，杭州便已成为全国商业中心。这得益于开京杭大运河的开通，以及吴越和南宋王朝在此建都，这些都使得杭州的交通更加便利，人口迅速增长，商业活动也随之繁荣昌盛。据《武林旧事》等古籍记载，当时的杭州商业繁荣至极，各类商品应有尽有，对外贸易也十分发达，与50多个国家和地区建立了贸易往来。[1] 明清两代，杭州的轻纺工业以运河为中心，形成了独特的商业特色，彰显出杭州商人独特的经营智慧和经商文化。在历史的长河中，杭州涌现出了无数杰出的商人和企业家。他们凭借敏锐的商业洞察力、卓越的经营才能和坚韧不拔的精神品质，为杭州的商贸文化注入了新的活力和内涵。例如丁丙、都锦生等，凭借坚韧不拔的毅力和敏锐的市场洞察力，创办了棉纱厂、丝绸厂，为杭州的纺织服装文化增添了独特的魅力。这些商人的成功故事和经营理念，也激励着后来的杭州商人不断追求卓越、勇攀高峰。本书通过深入探寻杭州的纺织服装产业与商贸文化，挖掘它们之间千丝万缕的联系与相互影响，以及它们如何携手铸就杭州的辉煌篇章。

本书是读者了解杭州、认识杭州纺织服装产业发展的重要窗口和宝贵资料。愿每一位读者在阅读本书的过程中，都能感受到杭州这座城市的独特魅力与活力。

---

[1]　周密.武林旧事[M].张茂鹏,点校.北京:中华书局,1983.

目录

第一篇　社会学视角下的产业历史与社会变迁

第一篇

社会学视角下的产业历史与社会变迁

第一章
纺织服装产业与杭州的城市叙事

一、纺织服装产业的内涵与外延

(一)内涵

纺织服装产业是一个多维度、综合性的行业,它从原材料的采集与加工起步,历经一系列精密的工艺流程,最终将设计图纸转化为消费者手中的成品。这一过程不仅包含技术层面的纺纱、织造、染色和后处理,还涵盖设计创新、生产制造、品牌建设、市场销售以及供应链管理等关键环节,涉及纤维面料服装的研发、智能制造技术的应用和对可持续发展的探索等。在《国民经济行业分类》(GB/T 4754—2017)中纺织服装产业代号为18,是纺织业、纺织服装服饰业(以下称服装服饰业)和化学纤维制造业(以下称化纤业)三大行业的总和,包括丝绸、印染等。该产业是杭州的特色优势和支柱产业,在国内外市场占据重要地位。

(二)外延

纺织服装产业的外延涉及更为广泛的领域,包括上下游产业链的延伸、产业集群的形成,与其他相关产业如文化创意产业、旅游产业等形成密切的关联。纺织服装产业不仅是文化表达的重要载体,反映着特定国家或地区的文化特色和社会价值观,还在经济发展中扮演着关键角色,在城市经济稳定、就业稳定、人口吸纳等方面发挥作用,促使城市内部高、中、低技能劳动力实现互补,让城市得以均衡、和谐、有效地发展,为多地创造了丰富的就业机会并推动了经济增长。同时,产业在生产过程中履行着社会责任,关注劳工权益、环境保护和公平贸易等问题。教育与培训也是产业发展的重要组成部分,产业通过与教育机构的合作，能够培养出专业的设计、技术和管理人才，为自身的可持续发展提供智力支持。

总的来说，纺织服装产业的内涵聚焦于产业内部的核心流程与产品创新，外延则揭示了产业与外部世界的互动关系及其未来发展动向。这两方面相辅相成，共同推动着纺织服装产业的持续进步与繁荣。通过对这一产业的深入研究，能够更好地理解其在经济和社会中的重要地位，以及未来发展的方向和面临的挑战。

二、纺织服装产业与社会的关系

从古至今，纺织服装一直是人类文明进步的象征，承载着厚重的历史，反映出文化的多样性，映照着经济的兴衰，记录着人类对美好生活的追求，对个性表达的渴望。

在经济维度上，纺织服装产业是全球经济版图中不可或缺的一环。尤其是在全球众多区域，特别是发展中国家，该产业凭借显著的劳动密集型特征，成为吸纳大量低技能劳动力的关键领域，有力促进了社会的稳定与和谐发展。这些广泛创造的就业机会，不仅极大地缓解了就业市场的压力，还通过提高劳动者薪资水平，直接改善了民众生活质量，激发了社会整体消费活力，进而推动了经济体系内部的良性循环与可持续发展。此外，纺织服装产业的繁荣借助出口贸易，加深了国际的经济交流与合作，促进了全球经济的深度融合与共同发展。该产业的兴衰，直接关系到相关国家和地区的经济命脉与社会稳定基础。

聚焦中国，世界银行（World Bank）数据所揭示的"中国纺织品与服装行业占制造业增加值比例"这一关键指标，深刻反映出该行业在国民经济结构中的战略地位及其对经济增长的重大贡献。该比例越高，意味着纺织品与服装行业在制造业价值创造中的核心作用愈发凸显，对经济增长的驱动力也越强劲。图1-1-1直观展示了中国纺织品与服装行业在制造业增加值中的占比变化轨迹，该占比长期处于高位状态，从1980年18.27％至2022年约10％，整体呈现温和下滑态势，其中1981年达到约20％的历史高位。这一趋势不仅反映出中国该产业在全球竞争中的相对重要性及其动态变化，也透露出行业内部的增长潜力与面临的挑战，为政策决策者、投资者及企业家提供了宝贵的参考，助力他们精准把握行业脉搏，制定科学合理的战略规划。

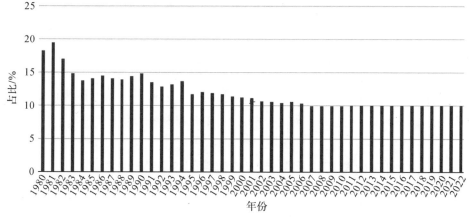

图 1-1-1　中国纺织品与服装行业占制造业增加值比例①

资料来源:世界银行数据。

　　根据 United Nations Industrial Development Organization(联合国工业发展组织)的 *International Yearbook of Industrial Statistics*(《国际工业统计年鉴》)数据,纺织服装产业在中国制造业中占据重要地位,对制造业总增加值的贡献率约为 9.9%,中国在全球纺织服装产业的生产制造领域扮演着核心角色。在文化层面,纺织服装产业是文化的传播者。从古老的丝绸之路到现代的国际时装周,纺织服装产业始终承载着丰富的文化内涵与审美追求。通过在设计、工艺、材料等方面的不断创新,纺织服装产业不仅传承了历史文化的精髓,还融入了现代社会的价值观念与审美趋势,推动了文化的多样性与繁荣。同时,产业内的文化交流与融合也促进了不同地域、不同民族之间的理解与尊重,增强了社会的凝聚力与包容性。

　　在社会层面,纺织服装产业是社会变迁的风向标。随着科技的进步、市场的开放以及消费者需求的多样化,纺织服装产业不断经历着转型升级与变革创新。这些变化不仅反映了社会生产力的发展水平以及市场需求的演变趋势,还预示着社会结构、价值观念与生活方式等方面的深刻变革。例如,它揭示了社会结构和人们生活方式的转变,即服装品牌、风格和材质往往与社会地位和经济状况挂钩,成为个体社会身份的一种外在表现,人们通过服装选择来展现个性和价值观。因此,关注纺织服装产业的发展动态与趋势变化,有助于我们更好

---

①　World Development Indicators:Structure of manufacturing[EB/OL].(2024-06-28)[2024-07-15].https://wdi.worldbank.org/table/4.3.

地理解社会变迁的内在逻辑，把握未来走向。另外，在全球化背景下，纺织服装产业的国际贸易和全球供应链管理已成为关键议题。它不仅促进了文化和经济的全球交流，也引发了社会各界对劳工权益、环境保护和可持续发展的广泛关注。

综上所述，纺织服装产业与社会的关系是动态发展的，随着社会价值观、技术和全球环境的演变，这种关系也在不断地被重塑和深化。为实现产业的可持续发展，达成经济、社会和环境的和谐共生，需要社会各界的共同努力。

三、杭州文化与纺织服装产业的融合及其精神气质

纺织服装产业，作为杭州悠久历史中璀璨的传统支柱产业之一，其发展历程与杭州文化的精髓和独特气质紧密相连，交相辉映。此产业不仅极大地推动了杭州贸易的繁荣昌盛，更在潜移默化中塑造了当地民众积极向上的精神面貌。从经济维度分析，纺织服装产业历史发展表明，它是杭州发展水平跃升的重要驱动力，为居民创造了更加殷实、富裕的生活条件。杭州四季青市场、丝绸市场等纺织服装市场的蓬勃景象，正是国家及地区经济向好趋势的生动写照，从一个侧面折射出杭州经济发展的蓬勃生机与广阔前景。

进一步从文化层面探究，纺织服装产业不仅是物质生产的载体，更是文化传承与创新的重要平台。它促进了社会文明的进步，丰富了杭州的文化内涵，为这座城市塑造了独特而鲜明的精神风貌。追溯历史，纺织服装产业的兴起，特别是丝绸业的繁荣，使地处大运河终端的杭州"川洋洪衍，有海陆之饶，珍异所聚，故商贾并辏"，逐渐发展成为东南地区的商贸中心。[①] 这一转变不仅吸引了大量的人流、物流和信息流，更在商贸活动的蓬勃发展中推动了经济的快速增长。经济活动的活跃进而影响了人们的思想观念、生活方式和社交习惯，推动了社会风俗习惯的转变。

重商主义的兴起，使人们摒弃了野蛮与粗犷，逐渐转向更为温和与文明的生活方式。贸易的繁荣累积了丰厚的财富与利益，这不仅提高了人民的生活水平，更推动了社会的文明化进程。在这一过程中，稳定的经济利益有效地调节了社会中的不稳定因素，为构筑和谐稳定、团结一致的社会环境奠定了坚实的物质基础。[②] 纺织服装产业的从业者在追求经济利益的同时，注重诚信经营、公

---

① 徐铮，袁宣萍.杭州丝绸史[M].北京：中国社会科学出版社，2011.

② 浙江省社科联.区域文化研究[M].杭州：浙江人民出版社，2007.

平竞争和优质服务,这些行业风尚的形成,进一步彰显了杭州文化的精神气质。以晚清民国时期为例,富商丁丙、都锦生便是这一精神气质的杰出代表。例如丁丙成功推动传统商业资本向现代产业资本的转变,创办通益纱厂和世经缫丝厂,投身丝绸业、棉纺业。同时,他积极投身慈善事业,建立和主持民间机构"杭州善举联合体"长达 30 余年,通过修桥铺路、救难济困等善举,展现出"达则兼善天下"的情怀。他的行为不仅带动了杭城各界人士的慈善救济活动,更奠定了"善城杭州"的历史基础,成为杭州文化精神气质的生动写照。现今位于余杭的丁丙慈善基地内部场景如图 1-1-2 所示。

纺织服装产业在杭州的发展中扮演着多重角色。它不仅推动了经济的繁荣,还在精神文化层面塑造了杭州独特的城市风貌。这一产业的商贸文化特质,不仅为杭州的城市发展注入了新的活力,也为当地居民带来了更加美好的生活体验。同时,它还在无形中提升了当地民众的精神文明水平,为杭州的全面发展奠定了坚实的基础。通过与杭州文化的精神气质相互融合、相互促进,纺织服装产业共同推动了杭州的繁荣发展。

图 1-1-2　丁丙慈善基地内部场景①

―――――――――

① 柯静,余杭微融圈,潘婷.丁丙慈善基地揭牌[N].杭州日报,2023-04-19(2).

四、纺织服装产业与城市的关系

（一）产业发展与城市的关系

城市不仅是一个具有物理形态的空间实体，还代表着一种非物质的维度，即人们的生活方式以及在这种生活方式下所呈现的生活状态。城市产业生态理论把城市与产业的关系视为一个动态互动的生态系统，其中城市是有机体，产业则是其生命活动的重要组成部分。城市发展早期以工业化为主导，工厂的建立创造了就业机会，吸引农村人口迁入，推动城市规模不断扩大，制造业成为经济支柱。随着经济发展和城市化的推进，服务业兴起并逐渐占据主导地位，城市产业结构由制造业向服务业转变，城市功能和形象随之更新。

全球化和技术革新促使城市产业结构不断升级优化。新兴产业，如高科技产业、创意产业的兴起，推动了城市产业转型和经济结构的优化，提升了城市的创新能力和竞争力。杭州纺织服装产业，正是这一转变的典型代表。产业结构的调整引发城市空间地再规划和利用，如京杭大运河杭州段河边的工业区和商业区转变为商业区域、住宅区或绿地，实现了城市空间的优化和再利用，提升了经济价值和可持续发展能力。

（二）纺织服装产业与杭州的关系

自古纺织服装产业与杭州的关系就非常紧密。据《吴越春秋》记载："越王乃使大夫种索葛布十万……以人复封礼。"[1]说明当时吴越地区（据考证，吴越国的都城在杭州）已大量生产葛布等纺织品。隋朝开通大运河后，杭州的经济渐趋繁荣。明初，洪武二年（1369年）官府在杭州凤山门里斯如坊设立官府织染局，永乐年间又在涌金门新建织染局，拥有织机500多台，规模宏大。《明史·食货志》记载，成化十年（1474年），杭州岁造罗820匹、红丝1980匹、纱366匹、细纱528匹。民间棉麻织品主要有棉布、兰布、麻布、葛布、綦布、黄章布和缣丝布。[2] 吴自牧在《梦粱录》中写道："盖因南渡以来，杭为行都二百余年，户口蕃

---

① 赵晔.吴越春秋[M].北京:中华书局,2022.
② 孙忠焕.新中国杭州工业发展史料[M].杭州:杭州出版社,2010.

盛,商贾买卖者十倍于昔,往来辐辏,非他郡比也。"[1]杭州临平区如今是杭州纺织服装产业的生产制造重地,实则清末民初时,临平的丝麻织造业已经十分盛行,雍正九年成书的《北新关志》中记载:"蚕茧之细者缫丝,次者成绵。至雍正年间临平有轻绸机不下二三百张。"[2]

　　1929年6月,浙江省政府在杭州举办西湖博览会,展出展品14.76万件。其中,杭州本地产品表现优异,有23件荣获特等奖、43件获优等奖、63件获一等奖、56件获三等奖。至1936年,杭州的工业生产达到较高水平。当年主要产品产量为:丝1083公担、绸缎110余万匹、布15万匹、针织内衣4.5万打、袜子18万打。[3] 随着时间的推移,杭州的纺织服装产业已从传统的丝绸制造拓展至涵盖设计、生产、销售的全产业链模式。产业集聚效应充分显现,形成了纺织服装产业集群,这不仅推动了技术创新和品牌建设,也为城市的经济发展注入了强大动力。1985年,随着丝绸、纺织工业的兴起,为其服务的机铁工业也得到发展。最先创办的是武林铁工厂,随后有大冶铁工厂、立新机器厂、镇昌铁工厂、鼎新铁工厂、普飞机器厂等。

　　纺织服装产业不仅是城市工业的基础,更是城市形象的塑造者。最为直观的是,其发展促进了城市基础设施建设。从交通物流到商业中心,从设计工作室到生产车间,产业的每一个环节,都在推动着城市的现代化进程。例如,临平区的艺尚小镇对城市空间布局和交通网络提出了新的要求。杭州地铁线路的拓展,如3号线二期、9号线二期等,为产业发展提供了便利的交通条件,同时也推动了城市空间的合理布局和交通基础设施的完善。此外,随着纺织服装产业的发展,杭州的城市面貌持续更新。旧工业区通过产业升级和城市再开发,蜕变为时尚创意园区,成为城市文化和创意产业的新地标。这一变化不仅提升了城市的经济价值,还优化了城市的生活环境。同时,杭州的纺织服装产业与城市文化深度融合,传统元素如丝绸文化、人文和商贸文化等被巧妙地融入现代设计,形成了独特的杭州风格。如临平区以时尚产业为目标,打造"世界级产业高地",并计划到2028年使时尚产业集群规模突破1000亿元。该计划将提升杭州的城市形象,促进传统文化的传承和发展。正因如此,通过各种时尚活动和展览,杭州的纺织服装产业成为城市文化的重要传播者,提升了城市形象。

① 孙忠焕.新中国杭州工业发展史料[M].杭州:杭州出版社,2010.
② 许梦闳.北新关志[M].杭州:浙江古籍出版社,2015.
③ 孙忠焕.新中国杭州工业发展史料[M].杭州:杭州出版社,2010.

杭州被联合国教科文组织评为"设计之都"，纺织服装产业的发展是获得这一荣誉的关键支撑。在创新驱动下，杭州的纺织服装企业持续引进新技术、新材料以推动产业升级，积极参与国际合作，与全球时尚界接轨，不断提升产业国际竞争力。

　　总之，纺织服装产业与城市的关系是多维度且复杂的。它不仅是城市经济的支柱，也是城市文化的象征，是城市社会结构的反映，更是城市可持续发展的关键要素。它为城市中的不同社会阶层提供了工作机会，反映了城市社会结构的变迁，丰富了城市文化内涵，提升了城市文明程度。

第二章

杭州纺织行业发展历程

一、杭州纺织行业发展历程概述

杭州自古以来就以其独特的地理位置和丰富的资源,为纺织业的发展创造了有利条件。纺织业在杭州的发展历史可谓是一部波澜壮阔的史诗,历经了多个阶段,每一步都凝聚着杭州人民的智慧和汗水。

(一)纺织行业历史起源与阶段特征

杭州纺织行业的起源可以追溯到中国古代。据记载,浙江省的棉纺生产从宋代开始。[①] 彼时杭城"机杼之声日夜不绝"。明末,杭城张纱弄(今拱墅区江山弄)所产的"皓纱"尤为精细。清代前期和中期,从事手工棉纺织业的人员增多,产品日益丰富。至鸦片战争前,杭州已成为手工棉纺织业的中心枢纽和土布的集散地,杭州纺织业开始展现其独特魅力。[②] 关于浙江省的棉纺工业机械化生产,据史料记载,始于清末光绪年间。清代时,官府有四个织造局,即内造织局(红门局)、外造织局、染局和纺局。民间丝织业主要集中在两个区域:一是城东一带,二是艮山门外闸弄口一带。道光年间,杭州机户数以万计,还出现了拥有五六百台织机的大机户。[③] 光绪十五年(1889 年),杭州富绅丁丙和南浔富商庞元济等人在拱宸桥西筹办通益公纱厂。光绪二十一年(1895 年),丁、庞二人又

---

① 浙江省轻纺工业志编辑委员会.纺织志草稿(12)关于送上《浙江省纺织工业志》第二篇纺织工业修改稿请姜礼均公知审阅提出修改补充意见的函及相关材料[A].浙江省档案馆,档号:J11-053-055.2-001.

② 浙江省轻纺工业志编辑委员会.纺织志草稿(12)关于送上《浙江省纺织工业志》第二篇纺织工业修改稿请姜礼均公知审阅提出修改补充意见的函及相关材料[A].浙江省档案馆,档号:J11-053-055.2-001.

③ 孙忠焕.新中国杭州工业发展史料[M].杭州:杭州出版社,2010.

在拱宸桥筹建世经缫丝厂,光绪二十二年(1896 年)在塘栖创办大纶丝厂,前者为棉纺厂,后者为丝绸厂。同年,萧山士绅陈光颖和嵊县富商楼景晔等集资在萧山东门外转坝筹建合义和丝厂。光绪二十五年(1899 年),陈、楼二人又在萧山创建通惠公纱厂。这些表明早期纺织业已具雏形,但受当时的社会经济环境和技术水平限制,发展相对缓慢。特别是家庭手工业的生产方式制约了生产规模的扩大,而交通、通信等基础设施的不完善也制约了产业的进一步发展。

进入民国时期,受孙中山先生"实业救国"策略的影响,蚕丝业得到重视,棉纺织业发展迅速。民国四年(1915 年)前后,杭州高义泰布店和舒得裕布店创办了广生布厂和久华布厂,并在安乐桥开设永兴布厂,使全行业生产技术得以提升。[1] 1917 年杭州有布厂 14 家,1926 年布厂增至 17 家,拥有织机 1200 台,从业人员 3000 余人。第一次世界大战后,针织业兴起,最早使用电动织袜机的是裕和袜厂和萃隆袜厂。1927 年冬,六一织造厂从上海迁到杭州,时为杭州最大的针织厂。[2] 杭州纺织业虽逐渐崭露头角,但受战乱影响,尤其是 20 世纪 30 年代抗日战争爆发,使浙江蚕桑丝绸业遭受重创,杭州纺织业也陷入困境。民国三十四年(1945 年),杭州生产的线呢已成为当时浙、赣、皖三省人民的大众衣料。各小型布厂如雨后春笋般纷纷开设,布业同业公会的会员从 1945 年的111 家,增加到 1948 年的 711 家,织机达 3400 余台。[3]

(二)新中国成立后的振兴与崛起

进入近现代,随着西方工业技术的引入,纺织机械逐渐取代了传统手工作业。新中国成立后,政府将拱宸桥地区规划为轻纺工业区,并向东、向南拓展,巩固了杭州纺织业在全市乃至全省的领先地位。该地区集聚了大量棉纺、麻纺、缫丝、丝织等轻纺工厂,杭州纺织业由此驶入发展快车道。20 世纪初,杭州出现了一批近代纺织企业,在技术、规模和管理上都有了显著提升。1945 年9 月抗战胜利,此后杭州绸业复业的有 78 家,机坊达 2200 户,织布厂增加到320 余家。[4] 1951 年末,浙江麻纺织厂进行扩建。1958 年,新建杭州化学纤维厂、萧山棉纺织厂,续建杭州丝绸印染联合厂。这一时期,杭州纺织业呈现出国

---

① 浙江省档案馆."关于杭州市职工住宅情况的视察报告"[A].浙江省档案馆,档号:J001-001-018-013.

② 孙忠焕.新中国杭州工业发展史料[M].杭州:杭州出版社,2010.

③ 浙江省轻纺工业志编辑委员会."纺织志草稿(12)关于送上《浙江省纺织工业志》第二篇纺织工业修改稿请姜礼均公知审阅提出修改补充意见的函及相关材料"[A].浙江省档案馆,档号:J11-053-055.2-001.

④ 孙忠焕.新中国杭州工业发展史料[M].杭州:杭州出版社,2010.

营经济占据主导地位的特点,对产品质量和生产效率十分重视,原有的官僚资本企业被接管,成为国营经济的主要组成部分。在政策与市场的双重驱动下,杭州纺织业迅速壮大,成为行业中的佼佼者。改革开放后,民营企业和外资企业的进入给纺织业带来了新的活力。20世纪50年代,纺织业主要任务是扩充产能,改造落后工艺和设备;新建了规模较大的浙江麻纺厂、杭州第二棉纺厂等;改革以缸棒为主的印染工艺,将细纱锭从平面锭子改为轴承锭子等。20世纪60年代起,杭州纺织业进行原料结构的改革,发展黏胶纤维,试产合成纤维,化学纤维占纺织原料的比重逐步增大。20世纪70年代起,进行产品结构的改革,发展的确良,中长纤维和化纤长丝针、梭织品,填补了精纺呢绒、帘子布等一批缺门产品,丰富了品种。为配合产品结构改革,印染整理能力也得以加速发展与提升。[1] 自新中国成立到1982年,杭州纺织业产值平均每年增长12.3%,1978—1982年平均增长率为17.1%。到1985年,杭州纺织行业已形成棉纺织、麻纺织、毛纺织、印染、针织、纺织机械等门类,棉纱、棉布、针织品、化纤等产品产量均居全省首位。[2]

(三)纺织品的全球化与数字化

在纺织品出口方面,20世纪80年代我国纺织品出口额占世界贸易量的4%,浙江省出口创汇占全国的3%。当时所提及的思路倾向于通过改革产品结构,提高质量和档次,增加服装出口,以此提高创汇率和增加纺织品出口量来实现目标。在纺织品产品具体类目上,当时国外穿用纺织品占比约50%,装饰用占比约30%,工业用占比约29%,与之相比,我国穿用纺织品占比80%以上。[3] 1984年杭州纺织业生产有了新的增长,在棉纺行业减产的情况下,纺织工业总产值预计比上年增长8%左右,出口纺织品换汇40亿美元,比上年增长18%。[4] 进入21世纪,全球化和数字化的浪潮深刻地重塑了杭州纺织业的面貌。全球化的深入带来了新的市场机遇和挑战,杭州纺织业开始更加积极地参与国际竞争,寻求与全球市场的融合与合作。

21世纪初,数字化转型成为杭州纺织业发展的新动力。行业借助引入先进的信息技术,如云计算、大数据分析、人工智能等,实现了生产流程的智能化和

---

① 何伟云.“浙江纺织工业的发展战略问题”[A].浙江省档案,档号:J105-028-856-222.
② 孙忠焕.新中国杭州工业发展史料[M].杭州:杭州出版社,2010.
③ 何伟云.“浙江纺织工业的发展战略问题”[A].浙江省档案,档号:J105-028-856-222.
④ 落实改革,搞活企业努力开创纺织工业新局面纺织工业的形势和1985年的任务[A].浙江省档案馆,档号:J11-034-012-118.

自动化。这些技术的运用，不仅提高了生产效率和产品质量，还降低了生产成本，增强了企业的市场竞争力。同时，自动化设备的应用也日益普及。从自动织机到智能裁剪系统，再到整个生产线的自动化控制系统，杭州纺织业正逐步实现从劳动密集型向技术密集型的转变。这一转变不仅提升了生产的精确性和稳定性，也为应对劳动力成本上升提供了有效的解决方案。市场机制的引入，进一步推动了杭州纺织业的多样化和国际化进程。企业根据市场需求，开发出多样化产品，契合不同消费者偏好。此外，杭州纺织业通过参加国际展会、设立海外研发中心等途径，吸收国际先进的设计理念和管理经验，提升自身的国际竞争力，拓展海外市场，增强品牌的国际影响力。

二、纺织行业大厂的兴衰史

杭州纺织行业在 20 世纪 50 年代迎来了辉煌篇章。彼时，杭州作为中国的纺织重镇，吸引了众多纺织企业。其中，杭州针织厂以其精湛的针织工艺和优质的产品质量，成为业界的佼佼者。第一棉纺厂则以其庞大的生产规模和先进的生产设备，引领杭州棉纺织业的发展潮流。浙江麻纺厂依托杭州得天独厚的麻类资源，大力发展麻纺织产业，为国内外市场提供了大量优质麻纺织品。杭州第一印染厂则以其先进的印染技术和丰富的花色品种，满足了市场对纺织品多样化的需求。

这些大厂云集杭州，不仅为当地经济注入强大活力，也为中国的纺织业发展作出了重要贡献。它们不仅提升了杭州纺织业的整体技术水平，还带动了相关产业的发展，如纺织机械、染料化工等。同时，这些大厂培养出一大批纺织行业专业人才，为杭州纺织业持续发展提供了有力的人才保障。当时，杭州的纺织产品不仅在国内市场上享有盛誉，还远销海外，为中国纺织业赢得了国际声誉。可以说，杭州纺织行业是中国纺织业发展的重要里程碑，也是杭州这座城市的骄傲。

（一）纺织大厂典型案例

1. 杭州第一棉纺织厂（杭一棉）[①]

在杭州的工业发展史上，杭州第一棉纺织厂（简称"杭一棉"）历经初创时期

---

① 陶水木，周丽莉.运河老厂[M].杭州：杭州出版社，2018.

的艰辛探索,到改革开放后取得辉煌成就,见证了杭州工业的发展历程,也为中国棉纺织工业的进步作出了不可磨灭的贡献。杭一棉的历史可追溯到清光绪十五年(1889年),彼时名为通益公纱厂(图1-2-1)。当年,丁丙与庞元济(湖州南浔丝商、候补四品京堂)、王震元(字兰圃)以"官为商倡"为由,共同募集股本银8.33万两、借国库银40.1万两,在杭州拱宸桥西创办"通益公纱厂"(杭州第一棉纺织厂前身)[①],这是杭州近代纺织纱厂之始。光绪二十三年(1897年)正式投产,厂基面积7191平方米,有男女工人约1200人,首任经理为王兰圃。"通益公纱厂"与萧山"通惠公纱厂"、宁波"通元源纱厂"并称"三通",它们是当时浙江规模最大、设备最先进的三家近代棉纺织工厂。[②] 投产初期,通益公纱厂拥有英国赫格伦登细纱机纱锭15040枚,其生产的"麒麟牌"棉纱年产量达200万磅。

图 1-2-1　通益公纱厂[③]

① 浙江省轻纺工业志编辑委员会.纺织志草稿(12)关于送上《浙江省纺织工业志》第二篇纺织工业修改稿请姜礼均公知审阅提出修改补充意见的函及相关材料[A].浙江省档案馆,档号:J11-053-055.2-001.

② 杭州文史.杭州近代纺织业先驱—丁丙[EB/OL].(2020-12-08)[2024-06-12].https://www.hangchow.org/index.php/base/news_show/cid/7354.

③ 杭州文史.一周一档丨杭州第一纱厂[EB/OL].(2022-12-08)[2024-07-16].https://hangchow.org/index.php/base/news_show/cid/10618.

　　然而，通益公纱厂由于资金周转不灵和管理不善，于1902年停办。民国时期，通益公纱厂经历了多次接办和更名。例如，1914年，李鸿章的远亲、安徽商人高懿丞接办通益公纱厂，将其改名为鼎新纱厂（图1-2-2）。1928年，上海三友实业社陈万运等三人正式接手鼎新，并将其改名为三友实业社股份有限公司杭州制造厂，简称三友实业社杭厂。1937年，三友实业社杭厂改为"军管理"的日商裕丰纱厂。1943年7月，该厂由国华、新业丙公司共同接盘，改名为杭州纱厂。1944年12月，该厂又改名为杭州第一纱厂。

　　1949年新中国成立后，中国的工业企业经历了公私合营的转型。杭州第一纱厂作为杭州市重要的纺织企业，于1954年被正式批准实行公私合营。同年11月，该厂与杭江纱厂、杭州长安纱厂进行合并。随后，在1955年，合并后的工厂更名为杭州棉纺厂。经过进一步整合，杭州棉纺厂又并入了杭州印染厂。至1977年，正式定名为"杭州第一棉纺织厂"（图1-2-3）。在"杭一棉"的发展历程中，其主要产品涵盖纱布、线呢和灯芯绒等多个品类。其中，西湖牌毛巾以其卓越的品质，成为国产毛巾的领军品牌，广受杭州及华东地区消费者的欢迎，并被视为日常生活的首选用品。为了满足市场需求的增长，1986年，"杭一棉"对各纺织车间的生产班次进行了调整，全面实施四班三运转的工作制度，实现了全天候24小时的连续生产，即所谓的"停人不停机"的生产模式。

图1-2-2　杭州鼎新纱厂（1915年）①

图1-2-3　杭州第一棉纺织厂大门
（摄于20世纪80年代）②

　　以杭一棉为龙头的棉纺业，成为当时省、市政府产业结构调整的重点领域。1994年，杭州第一、第二、第三、第四、第五织布厂及杭州印染厂并入杭州第一棉

---

① 陶水木，周丽莉.运河老厂[M].杭州：杭州出版社，2018.
② 杭州文史.一周一档｜杭州第一纱厂[EB/OL].(2022-08-01)[2024-07-16].https://www.hangchow.org/index.php/base/news_show/cid/10128.

纺织厂,组建杭州通达纺织印染公司。1996年,杭州市体制改革委员会等部门发文批准组建杭州通达纺织印染集团。[①]但杭州通达纺织印染集团的经营状况并未好转,随着时代的变迁和市场竞争的加剧,该集团旗下的杭一棉于1999年8月宣布破产还债,并在2000年被香港查氏集团收购,改名为"杭州一棉有限公司",至此杭州所有国有棉纺织企业成为历史。此后,随着拱宸桥桥西历史街区的保护性开发推进,杭州一棉有限公司停止了生产活动。2011年,杭一棉的部分老厂房被改建成手工艺活态展示馆,成为全国为数不多的集手工艺表演、体验、教学和销售于一体的非遗文化展览展示中心。

现今,通益公纱厂旧址(图1-2-4)依然矗立着四栋初建时期的标志性建筑,其中包括三栋巍峨的厂房与一栋古朴的办公用房,它们共同占据了约5000平方米的广阔空间。厂房布局错落有致,南面的两栋厂房呈东西走向并肩而立,在其东侧约20米处,则静谧地矗立着一栋办公用房与另一栋厂房。

图1-2-4　杭州通益公纱厂(杭一棉)旧址标识

---

① 陶水木,周丽莉.运河老厂[M].杭州:杭州出版社,2018.

这些厂房设计精巧，均呈矩形布局，坐北朝南，以单层等高多跨的砖木结构展现着时代的风貌。建筑采用了独特的锯齿形排架结构，由单坡木屋架精心构筑而成，每一组屋架均是木制单坡三角形桁架，以三根精巧的木质斜向拉腹杆为支撑，稳稳立于两根粗壮的方形木柱之上。木柱棱长达 10 厘米，在厂房内部形成井然有序的横纵向柱列，既稳固又美观。尤为值得一提的是，这些建筑在结构上有所创新——屋架的横梁、纵向连系梁与排架柱的交接之处，巧妙地运用了斗形金属套进行套接，并通过螺栓紧固，展现了精湛的工艺与卓越的结构设计。杭一棉厂房采用木梁结构锯齿形屋顶，不仅造型别致，富有创意，更蕴含了深刻的实用考量。杭一棉作为纺纱业的佼佼者，在厂房建设之初，便深知自然光线对于纺纱工艺的重要性。一建团队经过深入研究，巧妙化解了光线过强易损纱线与光线不足影响工作效率的双重难题。目前对公众开放的 2 号与 3 号厂房，南侧特意设计成无窗结构，以避免强烈日光直射对纱线造成损害；而北侧则精心开设了窗户，并采用了独特的锯齿形金属屋顶设计。从远处望去，这一设计犹如一排排整齐面向北方的三角形阵列，既确保了光线柔和充足，有效提升了自然光的利用率，又在一定程度上保护了纺纱工人的视力健康，体现了人文关怀与技术创新的完美结合（图 1-2-5、图 1-2-6）。

图 1-2-5　锯齿形厂房剖面结构

图 1-2-6　锯齿形老厂房

总的来说,杭州第一棉纺织厂作为中国近代纺织工业的奠基企业之一,历经了百余年的发展历程,不仅创造了辉煌的产业成就,也对杭州乃至浙江人民群众的日常生活产生了深远影响。如今,尽管工厂已经停产,但其历史和文化价值依旧得以保留和传承。

2. 杭州针织厂(六一织造厂)

杭州针织厂,亦称"六一织造厂",其名寓意六人团结一心。1925年冬,胡海秋、金赤文、陈浩、杨雨田、秦炳珠和何浩翔六位浙江籍留法学生,怀揣着实业振兴国家的愿景,在上海闸北区创办了六一织造厂。该厂主要生产汗衫、卫生衫等针织产品。凭借着对针织行业的热爱与前瞻性的眼光,他们开启了充满挑战的创业之旅。随着北伐战争胜利,工厂迎来了新的发展机遇。1927年,在胡海秋的表兄徐宝琳的建议下,工厂搬迁至杭州中山中路643号,新址为六一织造厂的进一步发展奠定了坚实基础。此后,工厂推出了"双鱼"品牌的针织产品,包括为东北地区特别设计的双绒特厚中式卫生衫,以及为武汉地区设计的大袖口短袖汗衫。工厂通过针对不同地区气候特点进行产品创新,成功开拓了东北和华中市场,逐步实现盈利。

至1937年初,六一织造厂已成长为一家中型针织企业,拥有超过300名勤勉的职工和150多台高效运转的机器。其产品线显著拓展,不仅保留了经典产品,还创新推出了条子衫、水手衫等新颖款式,深受市场青睐。销售版图更是大幅扩张,遍及浙江、福建、江西、湖南、湖北以及北京、天津等多个省市地区,影响力辐射大江南北。与此同时,工厂固定资产实现了飞跃式增长,从初期的2万元激增至40万元,彰显了企业实力的显著提升。这一时期,无疑是六一织造厂的黄金岁月,其生产的"六一"牌产品,几乎成为近半数杭州市民的穿着选择,凸显了它在业界的卓越地位与广泛影响力。紧接着,抗日战争全面爆发,六一织造厂被迫停产,这一停便是整整八年。直至新中国成立前夕,该厂始终在生死边缘艰难挣扎。

1954年4月1日,杭州市人民政府批准六一织造厂为杭州市首批公私合营企业之一。当时,该厂占地面积7191平方米,拥有1.5万枚纱锭,并雇用了1200名工人,这标志着浙江省民族资本在棉纺织工厂领域的早期发展成果。为管理合营事宜,中共杭州市委指派黄秉清同志作为公方代表,并成立了"公私合营六一厂临时管理委员会"(简称临管会),胡海秋担任主任委员,黄秉清担任副主任委员。在双方代表的共同努力下,合营工作顺利进行。

同年 8 月,六一厂成立了由 6 名职工代表和 3 名资方代表组成的"资产清理估价小组",全面清点与估价全厂资产,涵盖上海营业所的资产评估、股权的登记审查,以及债权和债务的清理工作。此外,临管会还成功吸纳朱永祥开办的上海西药贸易行的 36 万余元转业资金,以支持生产的增长。

为了适应生产规模的不断扩大,1955 年 8 月,经浙江省计委批准,六一厂迁至解放路旧址,即原珍珠弄的长安纱厂旧址。新址专门为漂染车间建造了气楼式厂房。随着 1956 年全国社会主义改造的深入推进,六一厂完成了迁厂和并厂工作,并更名为"杭州针织厂",正式投入生产。在此期间,工厂规模迅速扩大,合并了上海的祥生织造厂、丽华内衣漂染厂、五华成衣厂、华通织带厂,以及杭州的惠康厂等 5 家企业。合并后,资金总额接近 40 万元,职工人数在原有基础上增加了近 200 人。杭州针织厂由此成为当时浙江省针织行业中规模最大的全能型厂家之一。

到 1956 年底,杭州针织厂的占地面积已扩大至 29300 平方米,建筑面积达到 24000 平方米。企业逐步添置了近百台各类针织机和缝纫机,改进了传统的染色加工方法,用染色机替代了手工操作的大染缸。全厂拥有约 280 台机器,具备从织造、染色、漂白、整理到裁剪、缝纫、成衣、打包的全套工艺生产能力。年产量达 27 万多打,总产值 764 万元,与 1949 年的 2 万打相比,产量增长了 12.5 倍。企业不仅具备了代染、代印等业务加工能力,职工们还通过群策群力,在实践中探索出许多克服生产困难的有效方法。

(1)试制新产品,开辟新市场。165 只新产品中有 5 只被外贸部门选中用于出口。

(2)发掘新原料,寻找代用品。

(3)增设代加工业务,制作小商品。为橡胶厂生产胶鞋衬布、加工鞋帮,给毛巾印花、拷边,制作帆布皮带,同时还承接染、漂、印业务。

(4)设立服务网点,开办修补店。

1960 年起,连续三年的严重自然灾害导致农业减产,棉花产量大幅下降,这直接影响了全国纺织行业的棉纱供应。国家下达的生产计划,仅能满足工厂 10% 的生产能力,企业再次面临停产和亏损的危机。为此,工厂贯彻执行"调整、巩固、充实、提高"的方针,调整生产规模和发展速度,积极寻找原料,开展增产节约活动、大力推进综合利用,顺利度过了全国面临的暂时困难时期。

1962 年前后,杭州针织厂根据有关政策规定,精简了部分工人,职工总数从

1343 人减至 814 人。同时,还组织力量深入百货公司等商业单位,调查市场需求,倾听消费者意见,并根据用户需求组织生产。

1963 年后,随着国民经济形势逐步好转,针织厂的生产也慢慢步入正轨。与此同时,企业保留了一些利润高、销路好的生产项目,如双氧水制造。当时,在全省只此一家,全国也为数不多。因此,上海、无锡、郑州、广州等地均向该厂订货。到 1965 年底,工厂主要生产设备包括台车、棉毛车等各类针织机 218 台,染色机、漂染机、脱水机、轧光机等漂染、整理设备 36 台,各类工业缝纫机、拷壳车 326 台。主要产品有卫生衫裤、棉毛衫裤和汗衫背心。职工总数回升到 1019 人,年产量近 51 万打,总产值超过 1200 万元。与 1949 年相比,产量增长了 26.5 倍,产值增长了 23 倍。

1966 年"文化大革命"开始,杭州针织厂管理机构受到了一定程度的冲击,生产受到影响。1966 年至 1970 年国民经济第三个五年计划期间,针织厂按照国务院有关文件的规定,由公私合营转为国营企业,改名为解放织造厂,职工人数增至 1185 人。

1971 年,杭州针织厂逐步引入先进的纺织设备,有经编机、整经机、提花机以及各类缝纫机,共计 84 台。这些设备的引入推动了产品线的多样化,工厂成功开发出尼龙衫裤、经编围巾、蚊帐、维尼隆汗衫等 12 种新产品。然而,受特定历史时期的影响,工厂员工的出勤率下降至 75.98%。尽管如此,大多数员工仍能自觉抵制这种干扰,坚守工作岗位,使得生产活动维持在相对正常的水平。即便如此,生产效率仍出现了一定程度的下降,1971 年的实际生产水平仅相当于企业生产能力的 51.94%。直到 1976 年,生产情况才开始好转。

随着统购统销政策推行,杭州针织厂显著增加了产品供应量,逐渐成为杭州乃至浙江省内衣市场的主导者。工厂不仅在地方经济中占据了重要地位,还成为杭州市排名第二的纳税大户,并积极扶持集体所有制企业。到了 1980 年,工厂在职职工数量已增至 2000 余人,产品广受市场欢迎。

20 世纪 90 年代,在国家经济转型的市场经济大背景下,杭州针织厂开始向私营企业转变,成为杭州市少数改制成功的企业之一。企业经营着"六一牌"和"尔佳牌"两个内衣品牌。即使发展至今,"六一牌"依然有着一批固定的忠实顾客。如今,虽然杭州针织厂已经淡出历史舞台,但"六一"牌针织品仍然是许多杭州人心中的记忆。它见证了杭州针织行业的辉煌与变迁,承载着一代又一代杭州人的情感。直至 2000 年前后,杭州针织厂门市部仍是老杭州人购买针织品的首选之处。

3.浙江麻纺织厂

浙江麻纺织厂是杭州第一家国营工厂(图 1-2-7),当年位于拱宸桥以北(现金华路一带),占地 800 多亩。该厂生活设施一应俱全,与杭一棉、杭丝联并称"拱宸桥三巨头"。浙江麻纺厂凭借卓越的工艺和庞大的规模,被誉为亚洲最大的麻纺织企业,为杭州乃至全国的麻纺织行业树立了典范。

杭州市与周边区县因其独特的气候条件和肥沃的土地,特别适宜种植络麻。这种得天独厚的自然条件,为该地区麻纺织品的种植和生产奠定了坚实的现实基础,也承载着悠久的历史。历史上,杭州有数万麻农辛勤耕耘(图 1-2-8),共种植了 15 万亩麻地,每年产出高达 50 万担的络麻。产量丰富,确保了制麻原料的充足供应。这使杭州成为民国时期浙江麻种植最为集中、产量最大的地区。[①]

图 1-2-7　浙江麻纺厂[②]

资源来源:浙江省档案馆。

图 1-2-8　络麻丰收

不仅如此,杭州市的地理位置也十分优越,处于交通要道之上,水陆运输极为便利。这一优势不仅方便了原材料的运输,也为产品的销售和分发提供了极

①　浙江省档案馆.浙里读档|开辟金色纤维之路——浙江麻纺织厂[EB/OL].(2022-09-08)[2024-07-12].https://www.hangchow.org/index.php/base/news_show/cid/10295.

②　杭州党史馆和方志馆.读懂杭州|浙江麻纺织厂建设始末[EB/OL].(2023-04-08)[2024-08-01].https://mp.weixin.qq.com/s?__biz=MzUxMDcwMzgxNQ==&mid=2247537149&idx=3&sn=c5e581a3b567d94b4f45918fb67a21db&chksm=f97cf055ce0b7943cad4bdd7a5cd2ee3262072f4346b7e4d0f91a1b01a9e3b86b459831b4586&scene=27.

大的便利。图 1-2-9 展示了 1937 年麻织品业的情况，包括当时的行号名称、经理姓名和主要业务范围、具体地址，由此可见当时麻织业的兴旺和麻织业的集群地是湖墅地区（湖墅地区因靠近京杭大运河，素有“十里银湖墅”之称）。鉴于浙江及湖南、江西等省的主要物产包括稻、盐、茶等，这些地区的经济发展对麻袋的需求量极大，特别是在特定的历史时期，如解放战争时期，军事供给对麻袋的需求尤为迫切。然而，由于技术和生产能力的限制，当时国内生产的麻袋数量难以满足这一庞大的需求。

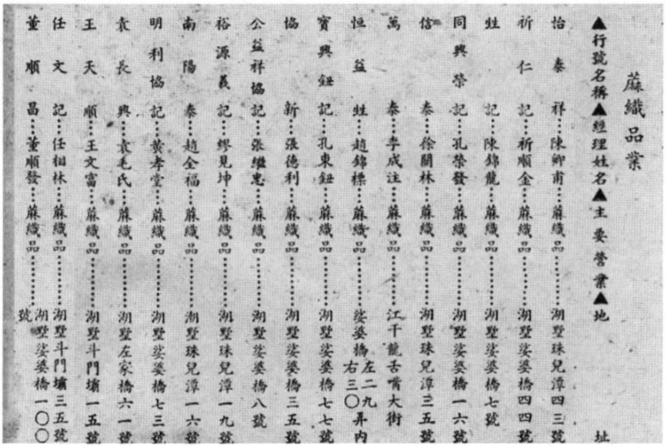
麻織品業

▲行號名稱	▲經理姓名	▲主要營業	▲地址
怡泰祥	陳卿甫	麻織品	湖墅珠兒潭四三號
祈仁記	祈順全	麻織品	湖墅娑婆橋四四號
甡記	陳錦龍	麻織品	湖墅娑婆橋七號
同興榮記	孔榮發	麻織品	湖墅娑婆橋一六號
信泰	徐關林	麻織品	湖墅珠兒潭三五號
萬泰	李成注	麻織品	江干龍舌嘴大街
恒益甡	趙錦標	麻織品	娑婆橋左二九右三〇弄內
寶興鈕記	孔東鈕	麻織品	湖墅娑婆橋七七號
協新	張德利	麻織品	湖墅娑婆橋三五號
公益祥協記	張繼忠	麻織品	湖墅娑婆橋八號
裕源義記	繆見坤	麻織品	湖墅珠兒潭一九號
南陽泰	趙全福	麻織品	湖墅珠兒潭一六號
明利協記	黃孝堂	麻織品	湖墅娑婆橋七三號
袁長興	袁毛氏	麻織品	湖墅左家橋六一號
王天順	王文富	麻織品	湖墅斗門墻一五號
任文記	任相林	麻織品	湖墅斗門墻三五號
董順晶	董順發	麻織品	湖墅娑婆橋一〇〇號

图 1-2-9　“麻织品业”行号清单（1937 年）①

1949 年 5 月，杭州解放，百废待兴。彼时的杭州工业基础薄弱。为落实浙江省委关于“促进生产恢复与发展”的政策，杭州市军管会工业部召集了一次大型企业负责人会议。会上，中国纺织建设公司杭州办事处报告称，上海有一套黄麻纺织设备闲置未用。生产麻袋既能增加税收，又能为失业者提供就业机会。对此，时任浙江省委书记及杭州市军管会主任得知后，迅速行动，与上海方面沟通，并向中央汇报了这一情况。同意在自力更生的原则下建设这座工厂。在这种背景下，1949 年 9 月，在党中央和省、市委及政府的直接关心和支持下，杭州麻纺织厂开始筹建，其占地面积 53.34 万平方米，建筑面积 27 万平方米。②图 1-2-10 为建厂初期部分人员合影。

① 中共杭州市拱墅区委党史和地方志编纂研究室. 藏在运河里的红色杭州[M]. 杭州：浙江大学出版社，2022.

② 中共杭州市拱墅区委党史和地方志编纂研究室. 藏在运河里的红色杭州[M]. 杭州：浙江大学出版社，2022.

图 1-2-10　浙麻厂建厂初期部分人员合影①

1950 年 5 月 15 日,工厂正式定名为浙江麻纺织厂(简称浙麻厂),由浙江省工业厅直接领导,翟翕武出任第一任厂长。浙麻厂的建设者们以高昂的热情投入工作中,克服各种困难,加班加点,仅用 10 个月的时间就建成了第一条生产线。这一建设速度刷新了新中国工厂的建设纪录,标志着杭州工业化进程迈出了坚实的一步。② 1950 年 8 月 1 日,浙麻厂投产运行。

1951 年,浙麻厂生产麻袋 596 万只,基本满足了国内需求,并开始出口,结束了我国麻袋长期依赖进口的局面。图 1-2-11 展示的是 1952 年建成的生产车间里工厂工人劳作的场景。至 1958 年,浙麻厂已拥有纺锭 10196 枚、织机 696 台,成为新中国成立后依靠自身力量创办的亚洲规模最大的黄麻纺织基地。③ 在随后的几十年里,浙麻厂不断发展壮大,成为国内黄麻纺织行业的领军企业。20 世纪 50 年代,浙麻厂上缴利税占杭州市财政收入的 1/8。到 1985 年,浙麻厂共为国家创造了 13.2 亿元的利税,所创利税总额可再造 40 多个同等规模的黄麻纺织企业。在鼎盛时期,浙麻厂有将近 1 万名工人,图 1-2-12 呈现的是浙麻厂的厂房机器实景。

---

① 杭州文史.党史学习教育丨藏在运河里的红色杭州:纺织"航母"——浙江麻纺织厂[EB/OL].(2023-04-21)[2024-07-16]. https://www.hangchow.org/index.php/base/news_show/cid/11045.

② 浙江省档案馆.浙里读档丨开辟金色纤维之路——浙江麻纺织厂[EB/OL].(2022-09-08)[2024-07-12]. https://www.hangchow.org/index.php/base/news_show/cid/10.

③ 陶水木,周丽莉.杭州运河老厂[M].杭州:杭州出版社,2018.

图 1-2-11　浙江麻纺织厂工人劳作场景

资源来源:浙江省档案馆。

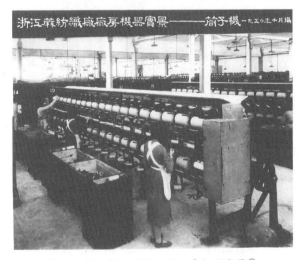

图 1-2-12　浙江麻纺织厂厂房机器实景①

　　浙麻厂自投产以来,在国内黄麻纺织行业创造了多个第一。其生产规模一度位居全国之首,最盛时年产麻袋近亿只,占全国麻袋总产量的1/4。浙麻厂拥有当时国内唯一的黄麻纺织科研机构,先后研发出多项创新技术和产品。同时,在计划经济年代,还承担了许多社会职能,为当地经济和社会发展作出了重要贡献。此外,浙麻厂积极开拓国际市场,产品远销日本、法国、美国等52个国

①　陶水木,周丽莉.杭州运河老厂[M].杭州:杭州出版社,2018.

家和地区，为国家赚取了大量外汇。浙麻厂效益良好，工资待遇、生活福利在杭州城首屈一指，由图 1-2-13 可见浙麻厂女工们穿着时尚，居住环境良好。当年，在浙麻厂上班绝对是非常自豪的，众多年轻人"子承父业"，成为第二代"浙麻人"。

图 1-2-13　浙江麻纺织厂女工及宿舍①

然而，随着经济体制改革的深入和市场竞争的加剧，也受原料供应减少、塑编袋冲击等因素影响，浙麻厂的生产经营逐渐陷入困境。2000 年，该厂宣布破产，并改制为浙江麻纺织有限责任公司，其生产麻纱、地毯底布的麻纺织部分改制后移址余杭，地毯部分改制后移往桐乡，毛纺和化纤部分较先进的设备被转并至相关厂家，实现了资源的有效整合，厂区除办公楼、科研楼等外的地皮都进入房地产市场。尽管如此，浙麻厂在历史上所创造的辉煌业绩和作出的贡献仍然值得人们铭记。

4. 杭州印染厂

新中国成立后，杭州印染厂的发展历程成为中国工业发展史上的重要篇章。1949 年，随着新中国诞生，杭州开始着手恢复和发展生产。在这一背景下，杭州印染厂的前身——浙江印染厂于当年 8 月开始筹建，这标志着杭州地区印

---

① 浙江省档案馆.浙里读档 | 开辟金色纤维之路——浙江麻纺织厂[EB/OL].(2022-09-08)[2024-07-12].https://www.hangchow.org/index.php/base/news_show/cid/10295.

染行业的起步。

浙江印染厂起初规模较小,但随着国家经济的逐步恢复,1957年该厂迁至拱宸桥西的新址,占地面积和建筑面积显著扩大。1958年国庆前夕,新厂区正式投产,极大地丰富了杭州及浙江市场的纺织品供应,满足了人民群众对多样化纺织品的需求。1959年,浙江印染厂并入杭州第一棉纺厂,通过资源整合,生产效率显著提升。1964年,工厂扩建后,年产印染布能力达到6000万米,确立了在国内印染行业的领先地位。这一时期的合并和扩建,为杭州印染厂的后续发展奠定了坚实基础。1977年,原杭州第一棉纺织印染厂的印染车间、涤棉车间和割绒车间独立出来,以这些独立车间为基础正式成立杭州印染厂,图1-2-14展示的便是当时的杭州印染厂的厂牌。这一变革标志着杭州印染厂步入专业化发展的新阶段,彼时工厂拥有约1500名员工,从此走上了新的发展道路。

进入20世纪80年代,随着改革开放的深入推进,杭州印染厂迎来了发展的黄金时期。工厂进行了多次扩建和技术改造,积极引进国际先进技术和设备,提升了产品的质量和生产效率,增强了市场竞争力。先后从日本、德国、奥地利、意大利、西班牙、瑞士等国引进了多功能轧光机、圆网印花机、平网印花机等多种先进设备,并配套7条生产线,年生产能力达到8000万米。

图1-2-14　杭州印染厂厂牌①

在这一时期,杭州印染厂的外销产品占比达到了60%,年利润超了2500万元。产品在国内外市场上享有很高的声誉,为杭州乃至浙江地区的经济发展作出了重要贡献。然而,随着市场竞争的加剧和国内外经济形势的变化,杭州印染厂也面临诸多挑战。1996年,依据杭州市体制改革委员会关于企业兼并重组

---

① 南哥百货收藏. 7788商城[EB/OL]. (2022-09-15)[2024-07-12]. https://js.997788.com/new/pr/detail? type_id=0&d=968&id=89432554&de=0&pid=968.

的决定,由杭一棉牵头,杭州印染厂、杭州第一织布厂、杭州第五织布厂等 8 家企业合并组建成了杭州通达纺织印染集团公司,总部设在杭一棉。自此,杭州印染厂成为杭州通达纺织印染集团公司的分厂。1999 年,杭州通达纺织印染集团公司宣布破产,第二年被香港查氏集团收购。2009 年,原杭州印染厂地块的拆迁工作正式启动。取而代之的是香港九龙仓和远洋大河宸章等公司开发的房地产项目。2019 年 4 月 12 日,杭州印染厂成功入选"中国工业遗产保护名录(第二批)"。这一荣誉不仅是对该厂历史地位的肯定,也是对其在推动中国工业发展中所作出的重要贡献的认可。①

总之,杭州印染厂的发展历程映射出中国纺织印染行业的现代化进程。杭州印染厂从一家小规模工厂成长为技术先进、产能强大的行业佼佼者,其历程展现了中国工业发展的一个缩影。

(二)从私营到公私合营的涅槃重生

20 世纪 50 年代的杭州,正处于新中国成立后经济恢复和进行社会主义改造的关键时期,也是杭州纺织服装业发生深刻变革的重要时期。这一时期,杭州的纺织服装业经历了从私营到公私合营的转变,生产技术得以进步,规模显著扩大,为后续发展奠定了坚实基础。杭州纺织行业内的企业大都发展轨迹相似,具体特征如下。

1.私营经济的繁荣与困境

新中国成立初期,杭州的纺织服装业以私营经济为主,在市场竞争中这些私营企业逐步发展壮大。随着国家对经济的掌控加强和计划经济体制的推行,私营企业开始面临资金、原料、销售等多方面的困境。之后,纺织业由于进入门槛较低,已发展为一个充分竞争的微利行业,产能过剩现象逐步显现。加上该行业具有高污染、低附加值等特性,转型升级已是大势所趋,众多企业也纷纷加快了转型升级的步伐。② 尽管如此,杭州的纺织服装业仍然保持一定的生产能力和市场竞争力。

2.公私合营的推进与变革

为了整合资源和提高生产效率,国家开始推进公私合营。杭州的纺织服装

---

① 浙江省创意设计协会.展赛|杭州印染厂——"一河串百艺"之非遗解读 No.18[EB/OL].(2023-06-26)[2024-07-12].https://www.163.com/dy/article/I86J07OF0541BT1I.html.

② 周旭霞.杭州产业成长的逻辑[M].杭州:浙江工商大学出版社,2016:54.

业积极响应国家政策,踏上了公私合营的进程。相关部门通过合并、重组等方式,将一些规模较小、技术落后的私营企业整合到大型国有企业或公私合营企业中,实现了资源的优化配置和生产规模的扩大。

3. 生产技术的提升与产品创新

在公私合营的推进过程中,杭州纺织服装业的企业开始引进先进的生产技术和设备,提高生产效率和产品质量。同时,企业也加大了产品创新的力度,推出了更多契合市场需求的新款式、新面料的产品。

4. 市场格局的变化与拓展

随着生产技术的提升和产品创新的深入推进,杭州的纺织服装业逐渐打破了原有的市场格局,向更广阔的市场领域拓展。除了满足国内市场需求,杭州的纺织服装产品还出口到海外市场,为国家的出口创汇贡献力量。

三、社会变迁对行业发展的影响

纺织业在杭州的落户、发展与崛起是一个历史与现实交织的过程。20世纪,杭州的纺织服装业经历了从私营到公私合营的转变。杭州纺织行业的起源以及各个历史阶段的发展受技术革新、市场需求变化、政策支持等主要因素影响,在政治、经济、文化和技术等多层面的变革中,展现出其发展轨迹。

一是政治经济背景为纺织业的发展奠定了基础。新中国成立后,政府采取了一系列措施,如推行公私合营政策,以此来整合和改造纺织业,推动产业走向集中化和规模化。这些政策不仅为纺织业提供了强有力的支持,还为行业的现代化建设奠定了基础。二是技术革新成为推动纺织业发展的关键力量。1950年,杭州的纺织企业开始引进和应用先进的自动化纺织机器,这不仅极大地提高了生产效率,还提升了产品质量。技术的进步使得纺织企业能够生产出更为多样化且高质量的产品,以满足日益增长的市场需求。三是市场需求的增长对纺织业的发展起到了推动作用。随着国民经济的恢复和发展,人民生活水平提高,对纺织品的需求增加。杭州的纺织企业通过不断创新,推出了契合市场需求的新产品,满足了消费者对美好生活的向往。四是文化因素在纺织业的发展中扮演了重要角色。杭州作为"丝绸之府",其纺织业的发展深受本地传统文化的影响。纺织企业在产品设计和生产中融入了传统文化元素,这不仅提升了产品的文化价值，也提升了产品的市场竞争力。五是劳动力市场的变革为纺织业的发展提供了人力资源。随着工业化的推进，大量农村劳动力向城市转移，为纺织业提供了丰富的劳动力资源。纺织企业通过培训和教育，提高了工人的技能和素质，为行业的持续发展提供了人才保障。六是产业集聚效应在杭州纺织业的发展中逐渐显现。纺织企业之间的协作和交流，催生了产业链上下游的协同发展态势，提升了整个行业的竞争力。这种集聚现象不仅推动了技术创新和信息交流，还增强了行业的整体实力。

总之，杭州纺织业的发展演变史，不仅反映了社会变迁对纺织业的深刻影响，也展现了纺织企业在变革中不断适应、创新和发展的能力。这段历史蕴含的宝贵经验和启示，对理解纺织业乃至整个社会经济的发展具有重要意义。

第三章

杭州丝绸行业的辉煌与转型

一、杭州丝绸业发展历史

(一)丝绸业的兴起与发展

杭州丝绸产业的起源可追溯至新石器时代的良渚文化时期,彼时,杭州先民便已开启蚕桑丝绸生产之活动。伴随历史之演进,杭州丝绸产业持续发展,尤以隋唐时期为甚。唐时,绢帛作为货币,可以易物。唐开元年间,杭州向朝廷缴纳的贡品有排绫、纹纱、丝布;元和年间贡白编缕[①],唐代逐渐繁荣。此外,杭州桑蚕棉麻的种植历史悠久。

北宋至道元年(995年),朝廷在杭州设立"织务",专门管理与收购本州及附近州县的丝织品,年收购绸绢达25万匹。南宋时期,杭州作为帝都,丝绸产业达到鼎盛,技艺之精湛堪称空前,一跃成为国内外皆知的"丝绸之府",雄踞全国纺织业中心地位。同时,杭州经济繁荣、文化昌盛,推动了杭州丝绸市场的蓬勃发展。随宋室南渡,大量原在北方的统治阶层、官宦巨室、市民工匠迁至杭州,其中包括众多擅长丝绸织染的工匠。这些工匠带来了北方先进的丝绸织染技艺,与杭州原有的丝绸产业相结合,推动了杭州丝绸生产技术的飞速发展。彼时,杭州的丝绸产品种类繁多,主要有绫、锦、丝、绰丝、罗、纱、缬、绢、刺绣等,花色品种与工艺水平皆达到前所未有的高度。同样,南宋朝廷也于杭州设立了众多官营织造机构,如绫锦院、染院、文思院等。这些机构拥有大量的织机和工

---

① 孙忠焕.新中国杭州工业发展史料[M].杭州:杭州出版社,2010.

匠,规模庞大。以续锦院为例,其拥有织机 300 余张,工匠数千人,是南宋时期杭州丝绸生产的重要力量。在文思院所在的北桥一带,民间丝绸作坊密集,形成了一个新兴的丝绸业集中区域,其生产规模与影响超越了传统的城东丝织区。光绪二十三年(1897 年),杭州知府林启创办"蚕学馆",开启了杭州近代丝绸教育的先河,为杭州丝绸产业的发展奠定了坚实基础。这些官营机构的设立,不但推动了杭州丝绸生产的社会组织形式朝规模化、专业化发展,也为杭州丝绸的产量与品质提供了有力保障,为丝绸产业的发展提供了广阔的空间与机遇。

从整个行业背景来看,我国是生丝生产和出口大国,在全球丝绸产业中占据重要地位,产丝量长期占世界总份额的一半以上(见表 1-3-1)。这不仅展示了我国丝绸产业的重要地位,也为杭州的丝绸贸易打下了坚实的基础。

在元明清三代,杭州一直是江南地区乃至全国的丝绸业中心。据《杭州府志》记载,杭州市场上贸易量最大的商品就是丝绸,吸引了来自四面八方的商人汇聚于此。① 杭州的丝绸贸易不仅在国内繁荣,还通过商船远销海外,如暹罗、吕宋等地。丝绸的海外贸易为当地经济带来了丰厚的利润,这一点从《越镌》②中关于丝绸"转贩往海澄贸易,遂搭船开洋往暹罗、吕宋等处发卖,获利颇厚"的记载中可见一斑。然而,虽然丝绸贸易前景广阔,但这时期的丝绸生产多以零散的家庭作坊为主,规模不一,从拥有三四张织机的大作坊到两三人共用一台织机的小作坊都有。这种分散的生产模式带来了资金匮乏和经销不稳定的问题,成为制约丝绸产业发展的两大难题。为了解决这些问题,丝织业的"绸庄"应运而生。它们通过准备原料、向零散的作坊放料代织(加工订货)以及结合零售与批发的运营方式,有效地整合了资源,提高了生产效率。其中,"瑞云公记""蒋广昌""袁震和""丁日升"等绸庄因其卓越的运营和产品质量,逐渐崭露头角,声名在外。③

---

① 徐新吾.中国近代缫丝工业史[M].上海:上海人民出版社 1990.

② 高元杰.大运河图志[M].北京:世界图书出版社,2023.

③ 杭州文史.杭州近代纺织业先驱——丁丙[EB/OL].(2020-12-08)[2024-06-12].https://www.hangchow.org/index.php/base/news_show/cid/7354.

表 1-3-1　各国丝绸出口占比 [1]

时间/年	中国/%	日本/%	意国/%	法国/%	世界年均/公担
1871—1880	64.49	10.60	20.26	4.65	125701
1881—1890	56.30	17.43	21.65	4.62	143053
1891—1900	48.85	27.49	20.34	3.32	210192
1901—1910	45.40	33.58	18.75	2.27	258987
1911—1915	42.94	44.41	11.51	1.14	314130
1916—1920	33.68	56.51	9.30	0.51	369318
1921—1925	35.69	57.56	6.21	0.54	460204
1926—1930	26.46	65.48	7.70	0.36	598129
1931—1937	20.88	73.53	5.48	0.11	584229

　　清代江南三织造局,包括苏州织造局和杭州织造局,是专门负责织造宫廷御用和官用纺织品的机构。作为清代皇帝的直属机构,其地位仅次于两江总督,对清代织锦业的繁荣起到了举足轻重的作用。[2] 杭州的丝绸产品享有"为天下冠"的美誉,是中国传统文化的瑰宝,是文化交流的使者,将杭州的繁荣和中国的丝绸文化传向了世界。光绪三十一年(1905 年)由杭州又岸输出的厂丝为386 担,光绪三十三年至宣统元年(1907—1909)厂丝输出量均超过 600 担,到宣统三年(1911 年)为 344 担。外销厂丝在当年输出总量中的比例,光绪三十一年为 35%,到宣统三年则下降为 12.9%。[3] 当时,杭州是浙江的重要商埠,也是蚕茧生丝除上海外主要的集散地。相比较而言,土丝在 1905 年出口占全部输出生丝的 65%。1907 年为 73.2%,1911 年提高至 87.1%。1905—1911 年,外商对中国土丝的需求量仍然相当大。[4] 1912 年,振新绸厂在乌龙巷正式挂牌。同年,纬成丝呢公司在池塘巷成立。1913 年,袁震和绸庄增设绸厂,提花机由 18 台逐步扩大至 180 台。1914 年,虎林公司、天章绸厂先后创立。1921 年,都锦生试制丝织风景画成功,并于次年创办都锦生丝织厂。据 1927 年统计,杭州有大小绸厂 112 家、机坊 2958 家,木机 1150 台、提花机 6800 台、电力机 3800 台,车间生产工人达 3.5 万人,年产生货绸 29 万多匹、熟货绸 41 万多匹,厂货绸17.6 万匹。丝绸工业由此从手工生产逐步转向机械化、半机械化生产。[5] 清

①　王俊.民国时期杭州丝绸外销及其行业影响研究(1912—1937)[D].杭州:杭州师范大学,2018.

②　李广进等.中国古代纺织[M].北京:科学普及出版社,2021.

③　吴惠芬.清末浙江的蚕丝业改良[J].农业考古,2003(3):197-201.

④　朱新予.浙江丝绸史[M].杭州:浙江人民出版,1985.

⑤　孙忠焕.新中国杭州工业发展史料[M].杭州:杭州出版社,2010.

末,杭州关土货年均出口总值为 8506672 海关两,其中丝绸出口比重长期在25％～30％之间波动。出口货物以丝绸为最多,如绸缎,分销于华南、华北各埠,以洋庄为多。[①] 表1-3-2 记录了1914—1930 年各公司的牌号、地址、联系人、公司性质、资本以及茧行营业情况,从侧面反映出当时杭州丝绸业相当发达。

表 1-3-2　杭州茧行营业概况(1931 年)[②]

牌号	开设时间	地址	经理(店东)姓名	组合性质	资本额(元)	收茧量(担)	营业额	备注
庆成	1926	晋安街	徐礼庚	独资	50000	2270 担	108960	
纬成	1918	下池塘街	朱谋先	公司	60000	1662	79776	1932 年未开
天章	1921	三角荡	余廉笙	独资	30000	1460	73000	1932 年未开
宝泰	1914	拱埠	汪伯屏	合资	20000	1452	69696	
正大	1928	严衙弄	沈拔轩	合资	10000	1290	61920	
永大	1930	望江门外	余廉笙	独资	30000	1140	54720	1932 年未开
裕纶	1920	谢村	朱谋先	公司	30000	1040	49968	1932 年未开
大丰	1913	拱埠明真宫	唐绎如	合资	30000	900	43200	
同丰	1918	拱埠	刘质卿	合资	20000	870	41760	1932 年未开
怡和	未详	拱埠		公司	30000	804	38592	1932 年未开
源和	1927	艮山门外	谢月卿	合资	10000	790	37920	
海昌	1926	拱埠	傅瑞和	合资	25000	780	37440	1932 年未开
吉祥	1925	拱埠	刘质卿	合资	20000	770	36960	
嘉成	1924	拱埠	沈达嗣	合资	10000	700	33600	
九丰	1928	大关	唐绎如	合资	35000	610	29400	
鑫昌	1930	茶汤桥	陆鑫波	合资	30000	341	16368	1932 年未开
华盛	1930	七堡	沈易堂	合资	9000	80	3840	1932 年未开
泰丰	未详	拱埠	傅瑞如	合资				1931 年未开
天丰	1929	仓基上	唐国卿	独资				1932 年未开
安利	1930	彭家埠	蔡谅友付昌源	合资				1932 年未开
昌纶	1926	拱埠	张锡中	合资				1932 年未开

①　王俊.民国时期杭州丝绸外销及其行业影响研究(1912—1937)[D].杭州:杭州师范大学,2018.

②　民国浙江研究中心、杭州文史研究会编.民国杭州史料辑刊(第 2 册)[M].北京:国家图书馆出版社,2011.

　　新中国成立后,浙江省人民政府高度重视杭州丝绸产业的振兴与发展,加强对茧丝绸生产及技术的指导与支持,让杭州蚕桑丝绸产业焕发新生。政府通过接管并改造官僚资本,确立社会主义国营经济的主体地位,完善蚕桑丝绸管理体系。此时,杭州的丝绸生产企业各具特色,技术实力卓越。其中,杭州丝绸印染联合厂凭借卓越的丝绸印染工艺和多样化的产品线,在行业内独领风骚,成为国内丝绸印染行业的领军者。历史悠久的都锦生丝织厂以精湛的织锦技艺享誉业界,凭借一幅《宫妃夜游图》的彩色古画织锦,荣获世博会金质奖章,成为中国织锦在国际舞台上斩获的首枚金牌。与此同时,杭州的纺织机械厂也致力于技术创新,生产各种先进的纺织机械,为杭州纺织服装业提供了强大的技术支持。

(二)当代丝绸业的转型升级

1.20 世纪 70—80 年代改革发展期

　　在 20 世纪 50—70 年代,杭州市的丝绸产业基本上都是国有(集体)企业。20 世纪 80 年代起,一些民营中小企业逐步出现,并在改革开放中发展壮大。在 20 世纪 70—80 年代,杭州的众多服装企业积极投身于丝绸服装生产和外贸加工业务,孕育出喜得宝、凯地等一批规模宏大的丝绸服装集团企业。这些企业凭借精湛的工艺和优质的产品,使杭州丝绸服装和纺织产品在国内乃至国际市场上占据了较高的份额。1984 年 3 月,杭州市政府发出"千家万户办服装"的号召,杭州东升丝厂随即筹建服装车间,形成年产服装 10 万件(套)的加工能力。1985 年起,国有(集体)企业领导体制从原来的党委领导下的厂长分工负责制改为厂长负责制,也就是厂长对生产经营工作全面负责,党组织发挥政治核心作用,职工实行民主管理。为加强对企业物质文明和精神文明建设的统一领导,部分有条件的企业还实施厂长(经理)、党委书记由一人担任,实现两个文明一起抓、两个职务"一肩挑"。

　　为加快企业内部改革,转换经营机制,国家对企业逐步扩大经营自主权,不再统一规定企业职工的工资调整,实施工资总额与经济效益挂钩的政策(简称"工效挂钩"),普遍推行经济承包责任制,并对企业内的劳动用工、人事管理和分配等三项制度提出了改革方向。计划经济体制下,杭州的丝绸纺织工业一度发展缓慢。1986 年初,中共杭州市委、市政府作出了"振兴杭州丝绸、纺织工业"的重大决策,立志重振"丝绸之府"的辉煌。同年 3 月 15 日,杭州市政府发布十条扶持丝绸、纺织工业生产的决定,包括免征调节税、优质优价、浮动定价、增加津贴、全面推行岗位工资制等一系列优惠政策。1987 年 6 月,中国丝绸博物馆的建成标志着杭州丝绸文化的传承与发展。同年 8 月,杭州市政府响应国务院的指示,将多家丝绸服装企业划归杭州市丝绸工业公司管理,这些企业虽规模不大,却拥有较强的加工能力,为丝绸服装生产注入了新的活力。当年,杭州丝绸工业公司及其所属企业外销真丝绸产品达 3640 万米,同比增长 97%;创汇8500 万美元,同比增长 41.76%;实现利润 7200 万元,同比增长 28%;职工人均年工资性收入达到 1450 元,同比增长 27%。

2. 兴办中外合资企业和创建品牌

(1)兴办合资企业。随着行业经营环境的改善和综合实力的增强,不少丝绸企业在开展横向经济联系的同时,还结合对外开放,兴办中外合资企业。自1985 年,杭州丝绸印染厂率先在深圳经济特区参股创办中外合资华丝企业股份有限公司后,杭州丝绸工业公司及所属企业先后在深圳、厦门等地兴办了一批中外合资企业。在深圳除华丝公司,还有深杭、恒兴、杭丝、天莉、红蕾、明都、锦达、金福、环华等制衣时装公司;在厦门办有乐合丝绸有限公司。1989 年 6 月,杭州东风丝绸印染厂与港商合资成立金翅雀丝绸时装有限公司。随后,20 多家市属丝绸企业纷纷与国外商家合资,开办中外合资企业,推动了杭州丝绸产业的国际化进程。同年,原杭州市丝绸工业公司在产业结构调整中提出了"抓服装、带印染、促织造"的方针,市属丝绸企业纷纷办起服装分厂和中外合资企业,如金翅雀、喜得宝、正大等 30 余家,省丝绸公司及其所属企业也积极响应,建立了华天杭、华开等多家中外合资丝绸服装企业。1989 年 7 月,杭州西湖绸厂率先实行"企业内部全方位配套改革",成为杭州工业企业改革的先行者。

(2)建立品牌。当时,国际丝绸服装市场格局的剧变给部分国有、集体的丝绸服装企业带来了前所未有的挑战。面对市场压力,一批具有前瞻性的企业,如万事利、喜得宝、凯喜雅等,率先进行了企业体制改革,通过建立适应市场体制的现代企业运行机制,不断创新品牌,有效提升了市场竞争力。这些企业的努力使得丝绸女装行业逐渐获得市场的认可,它们培育出如万事利、金富春等国家级名牌,展现了杭州丝绸产业的创新精神和不屈不挠的生命力。

3.20 世纪 90 年代动荡期

杭州丝绸业到 20 世纪 90 年代中后期已形成一定规模,在国有(集体)丝绸企业逐步有序退出的同时,这些合资(外资)企业、县(市)属及乡镇企业、民营企业和原国有(集体)转制企业、破产重组企业就成了杭州丝绸产业的生力军。这些多元化的产业格局,把杭州丝绸产业推向了一个新的阶段,进入了一个新的历史发展时期。杭州形成了一系列门类齐全、加工能力配套、生产贸易紧密结合的市属大、中型现代化工业企业集群。这些企业涵盖了从印染到织造,再到炼染和机械制造等多个环节,如杭州丝绸印染联合厂、福华丝绸厂、都锦生丝织厂等 22 家全民所有制企业,春雷丝织厂、天水丝织厂等 10 家集体所有制企业,以及浙江省丝绸公司下属的杭州企业,如杭州富强丝织厂、杭州胜利丝织试样厂等,共同构成了杭州丝绸产业的坚实基础。

1992 年 9 月,在杭州市政府相关部门的批准下,杭州市丝绸工业公司正式转型为杭州丝绸工业总公司。次年 3 月,由杭州东风丝绸印染总厂等核心单位联合组建的杭州凯地丝绸股份有限公司应运而生,标志着浙江省首家中外合资股份有限公司诞生。随后,该公司于 1996 年成功登陆深圳证券交易所,开创了中国丝绸业上市公司之先河。与此同时,1993 年见证了丝绸行业用工制度的深刻变革,丝绸行业用工制度从传统的固定工模式转向劳动合同制,中层及以上干部实行聘任制,企业内部则通过划小核算单位、推行多样化的责任承包制,有效打破了"职业与职务终身制"及"平均主义"的分配格局。经过 4 年多的积极调整,杭州丝绸行业内部结构显著优化,业绩斐然。1993 年,行业工业总产值飙升至 31.29 亿元,桑蚕丝、绸缎、印染绸等主要产品产量分别达 746.5 吨、9890.49 万米及 1.3665 亿米,全年利润与税金分别实现 1.1318 亿元和 8276 万元。至年底,杭州市丝绸服装产量已累计至 820 万件(套),全市范围内服装企业增至 74 家,年产量高达 6016 万件(套)。此后,杭州丝绸服装与服饰行业蓬勃发展,众多民营及合资企业凭借先进设备、技术力量及科学管理迅速崛起,展现出强劲的发展势头。

1994 年初,一方面,国际生丝库存锐减,刺激国内生丝价格猛涨,吨丝价格涨幅一度超过 30%,而绸缎及其制品的价格反而回落,出现上游产品与下游产品价格倒挂的情况;另一方面,国内外绸缎及服装市场疲软,需求减少,致使产品大量积压,加之美国及欧共体等主要丝绸消费国经济复苏缓慢,对丝绸产品进口实行配额限制,丝绸行业处于进退两难的境地。与此同时,乡镇企业、民营企业大量涌现，与国有（集体）丝绸企业在茧丝原料、销售市场、人才等方面展开激烈竞争，而国有（集体）丝绸企业长期运行于计划经济轨道，经营机制不灵活，产品更新迟缓，自身社会负担沉重，许多方面不适应市场经济的要求，致使相当一部分国有（集体）丝绸企业生产难以正常运行，经济效益大幅度滑坡。至 1994 年底，杭州市属丝绸行业利税同比降幅高达 60%，继而 1995 年、1996 年连续两年出现了全行业亏损。

1995 年 10 月，杭州市政府决定，杭州丝绸工业总公司改制为杭州丝绸控股（集团）公司。为扭亏解困，市属丝绸行业在此前进行"四大调整"的基础上，按照优势互补、发展规模经济、盘活存量资产和优化企业布局的指导思想，对一部分丝绸企业进行合并或兼并，并压缩生产规模，实施下岗职工再就业工程。同时，盘活企业存量资产，结合市区旧城改造，"退城进郊，移地生产"，即部分企业由市区迁往市郊或城乡接合部，腾出原有厂区地块开发商贸用房或兴办第三产业，实行"优二兴三"。如杭州都锦生丝织厂在三墩工业园区投资一亿元新建生产基地，把旧厂区改造租赁为鞋城、超市等，用以兴办第三产业；杭州福华丝绸厂在三堡工业城投资 5000 万元移作生产基地，把市区旧厂房改造成杭州环北小商品市场；杭州天成丝织厂在城北大关路投资 6000 余万元新建丝织、服装综合生产基地，旧厂房用于城市改造等等。这些地块通过转让，为行业筹措了大量资金，分别被用于企业移地生产搬迁、弥补技改投入的不足、破产企业的债务偿还及支付各类补偿费用等，这缓解了市属丝绸企业面临的困境。与此同时，杭州市属丝绸企业按照优势互补、发展规模经济、盘活存量资产和优化企业布局的指导思想，对部分丝绸企业进行了较大范围的合并和兼并（表 1-3-3）。

表 1-3-3　杭州丝绸企业合并和兼并情况

年份	月份	合并或兼并事项
1995 年	2 月	杭州绸厂并入杭州丝绸印染联合厂
	7 月	杭州友谊服装厂并入杭州时装厂
	11 月	杭州九豫丝织厂并入杭州丝织总厂
	12 月	杭州红峰丝织厂并入杭州红雷丝织厂
1996 年	3 月	杭州第二丝绸服装总厂并入杭州丝绸印染厂
	10 月	杭州西湖绸厂与港商全面合资，成立杭州西湖达利工业公司

续表

年份	月份	合并或兼并事项
1997 年	4 月	杭州云裳丝织厂并入杭州丝织总厂
	5 月	杭州丝绸印染厂和杭州丝绸炼染厂联合组建为杭州喜得宝集团有限公司
	11 月	杭州天成丝织厂并入杭州幸福丝织厂,联合组建为杭州天成幸福工贸公司
	12 月	杭州东升丝厂破产
1998 年	8 月	杭州利民中式服装厂改制为股份合作制企业
		杭州春光丝织厂并入杭州都锦生丝织厂
	12 月	杭州春雷丝织厂并入杭州西湖丝绸有限公司
1999 年	不详	杭州震旦丝织厂并入杭州丝绸印染联合厂

为拓宽销售渠道,改变以往重外销、轻内销的经营思想,杭州市丝绸控股(集团)公司提出积极调整丝绸产品结构,压缩桑蚕丝产品产量,增加国内市场畅销的合纤丝产品产量,并开展丝绸产品创名牌活动,培育了"喜得宝""凯地""永达兰"等一批中国丝绸行业的知名品牌。通过一系列的扭亏解困工作,终于在 1997 年全行业实现利润 692 万元,上缴税金 4426 万元,初步扭转了连年亏损、效益急剧滑坡的局面,维持了丝绸行业的基本稳定。

1999 年 9 月,中共十五届四中全会作出《关于国有企业改革和发展若干重大问题的决定》,该决定对国有企业改革和发展提出了十条重要的指导方针,对传统产业中的国有企业影响尤为深刻。随后召开的杭州市委工作会议提出:要立足增强国有经济控制力,加快战略性调整和改革步伐,使国有资本以不同形式从一般竞争性行业,特别是丝绸、纺织等过度竞争的行业中以参股、合作、转让等不同形式逐步有序退出。通过参股、合作、转让等多种灵活形式,引导国有资本有序退出这些领域,同时向更具战略意义、关乎国计民生的重点产业集中,确保国有经济在关键领域和行业的支配地位。表 1-3-4 所列的截至 1999 年底杭州市市属国有、集体丝绸企业名单,不仅记录了这一历史时刻,也见证了杭州丝绸产业在时代变迁中的适应与转型。

表 1-3-4　杭州市部分国有、集体丝绸企业名单(统计截至 1999 年底)

序号	国有、集体丝绸企业名称
1	杭州丝绸印染联合厂
2	杭州福华丝绸厂
3	杭州都锦生丝织厂
4	杭州幸福丝织厂
5	杭州丝织总厂
6	杭州红雷丝织厂
7	杭州西湖春雷丝绸有限公司
8	杭州凯地丝绸股份有限公司
9	杭州喜得宝集团公司
10	杭州纺织机械总厂
11	杭州丝绸机械厂
12	杭州新华丝厂
13	杭州利民中式服装厂
14	杭州时装厂

4. 定位转型期

杭州丝绸行业历经风雨,在市场经济体制改革的浪潮中实现转型。随着科技进步和全球化的推进,它主要朝着杭州丝绸女装领域转型,实现了从"生产加工型"到"生产经营型"的转变。生产方式也逐步从传统的手工操作和半机械化生产,向机械化、机电一体化和局部自动化转变。同时,杭州丝绸产业积极调整产业结构,强化品牌建设,拓展市场,推动丝绸产业转型升级,展现出强大的生命力和影响力。

(1)转型企业及方向见表 1-3-5。

表 1-3-5　转型企业及方向

时间	企业名称	转型方向
21 世纪初	以达利(中国)为代表的外资企业,以凯喜雅、万事利、金富春、喜得宝为代表的丝绸女装企业,以蓝色倾情、江南布衣、秋水伊人为代表的杭派女装企业,此外,还有一大批小型作坊式的服装加工企业	杭州丝绸女装共同开创了一片新天地,呈现出前所未有的繁荣景象。杭州丝绸产业大放异彩,荣获"中国女装中心"称号,喜得宝、丝瑞、COCOON 等品牌凭借出色的设计与卓越的品质成为市场翘楚。杭州丝绸与女装行业被市政府列为十大特色潜力行业之一,达利丝绸工业园盛大开园,丝绸世界展览中心精彩亮相,充分展现出丝绸的魅力

续表

时间	企业名称	转型方向
从 2000 年 5 月起	杭州纺织机械总厂、杭州福华丝绸厂、杭州喜得宝集团公司、杭州丝绸机械厂、杭州都锦生丝织厂、杭州时装厂等	加快战略性调整和改革步伐,先后改制、组建为有限责任公司
2000 年 10 月	杭州丝绸印染联合厂、杭州红雷丝织厂、杭州天成幸福工贸公司、杭州丝织总厂	政策性破产
2001 年 12 月	杭州新华丝厂	破产
2001 年	杭州凯地丝绸股份有限公司	凯地国有股部分转让给浙江华龙实业公司、四川泰港生物科技公司
2001 年	凯地印染厂	被达利国际集团收购
2001 年底	杭州市市属丝绸企业的国有(集体)资产	宣告全部退出
2008 年	凯喜雅国际股份有限公司	重组为浙江凯喜雅集团,专注于丝绸纺织品国际贸易,成为一家科工贸相结合、产权多元的企业巨头

（2）政府的响应和作用力。为进一步加快杭州国有经济的战略性调整和国有企业的战略性重组,放开搞活中小企业,杭州市委、市政府决定对部分市属中小企业分批实行党群职能、政府职能和社会职能属地管理。2001 年至 2006 年,杭州市委、市政府通过推出一系列政策并借助多种举措,引导和推动丝绸业发展。相关政策详见表 1-3-6。

表 1-3-6　相关政策

时间	事项内容
2001 年 7 月 5 日	杭州市委颁布了《关于部分市属中小企业分批实施属地管理的通知》
2002 年 7 月 10 日	杭州市委、市政府印发《关于调整市级工业国有资产营运体系和市属工业企业管理体制的通知》指出,撤销杭州丝绸控股(集团)公司,并对原隶属其公司管理的 23 家企业实施分流管理
2005 年 11 月 4 日	杭州市委、市政府印发《关于弘扬"丝绸之府"打造"女装之都"的若干意见》,立足城市特色,优势互补,以丝绸与女装结合为突破口,促进产业协同发展与就业增长,并将淳安确定为优质茧基地

续表

时间	事项内容
2006 年 2 月 14 日	将原"杭州市女装发展领导小组"调整并充实为"杭州市丝绸与女装产业发展领导小组"
2006 年 3 月 24 日	将原"杭州市女装发展领导小组办公室"调整并充实为"杭州市丝绸与女装产业发展领导小组办公室"
2006 年 3 月	成立了丝绸行业协会、杭州丝绸文化与品牌研究中心

二、丝绸大厂的转型变迁

除了创办通益公纱厂，丁丙和庞元济于 1895 年在通益公纱厂旁又建造了世经缫丝厂（图 1-3-1），开了杭州近代缫丝厂之先河。由于商股不易筹集，他们向朝廷申请借助国库资金，最终在光绪二十一年（1895 年）选定杭州拱宸桥西岸建厂，光绪二十三年（1897 年）竣工投产。[①] 共有资本银 30 万两，于次年 7 月正式建成投产。成立初有意大利式直缫式丝车 208 台、配备缫丝女工 208 人，每天能生产厂丝一箱。所产"西泠"牌厂丝，质地优良，受用户欢迎。光绪二十五年（1899 年），两人又合资 8 万两在余杭塘栖镇建立了大纶丝厂，厂址就在里仁桥附近的运河边。[②] 这些是运河边比较早的现代工厂。除此之外，后续建立的丝厂有新华丝厂、红雷丝织厂、丝绸印染联合厂等。

图 1-3-1　通益公纱厂旧址

---

① 龚骏.中国都市工业化程度之统计分析[M].北京:商务印书馆,1933.
② 陈梅龙.近代浙江对外贸易及社会变迁:宁波、温州、杭州海关贸易报告译编[M].宁波:宁波出版社,2003.

（一）杭州丝绸印染联合厂：从辉煌到变迁

1.历史与地位

杭州丝绸印染联合厂，简称"杭丝联"，在丝绸印染行业中享有举足轻重的地位（图1-3-2）。以其高质量的产品和丰富的历史文化底蕴而著称，它不仅是我国第一座现代化的丝绸印染联合厂，更是我国丝绸印染工业进入崭新发展阶段的标志。鲜为人知的是，它曾被称为"地方国营杭州丝绸印染联合厂"。自成立之初，杭丝联便见证着中国丝绸印染行业的崛起与变迁。它的历史，是一部充满挑战与机遇的史诗，见证了中国丝绸印染行业的发展历程。这段艰难的历史被中共杭州市委党史研究室详细记载于《探索之路》一书中，该书由中共党史出版社于2006年10月出版，书中第140页对杭丝联这一时期的相关情况包括面临的挑战等进行了记录。

图1-3-2　杭州丝绸印染联合厂大门①

2.建厂初期

杭州丝绸印染联合厂是中国重要的丝绸生产企业，其厂房是中国第一家丝绸制作厂，也是东南亚最大的丝绸制作厂房，始建于1956年。作为国家"一五"计划的一部分，该厂的成立得到了周恩来总理的批准和支持，体现了国家对丝绸产业的重视，并正式批准在杭州拱宸桥工业区设立该厂，全厂占地面积36.44公顷，其中的锯齿型厂房（图1-3-3），由苏联国家设计院第一分院指导设计，标志着其在丝绸印染领域的重要地位。

① 陶水木，周丽莉.杭州运河老厂[M].杭州：杭州出版社，2018.

图 1-3-3　杭丝联锯齿型老厂①

　　杭丝联的建厂历程充满艰辛,见图 1-3-4。经过几年的发展,杭丝联逐步成长为一家规模庞大、技术领先的企业。总投资达 5000 万元,拥有先进的缫丝机和丝织机,年加工丝绸 1800 万米。员工队伍庞大,包括 7450 名生产工人和 682 名管理干部,这些员工来自全国各地,彰显了企业的吸引力和影响力。

图 1-3-4　杭丝联建厂历程介绍

　　杭丝联的建设是分阶段进行的。1957 年,杭丝联第一期缫丝车间开始建设,并在 1958 年建设完成。紧接着,杭丝联于 1958 年启动了第二期丝织车间的建设,该车间于 1960 年投入生产。至 1966 年,全厂建筑总面积已达 94279 平方米,拥有自动缫丝机 10400 绪、立机 80 绪、座机 300 绪、丝织机 637 台,并具备年产 1800 万米的印染加工能力。图 1-3-5 和图 1-3-6 展示了生产女工的工作情景。

---

　　① 钟丽萍.流淌的文化:拱墅运河文化概览(下)[M].杭州:杭州出版社,2010.

图 1-3-5　杭丝联缫丝车间生产场景①

图 1-3-6　杭丝联女工②

在"文化大革命"期间(1966—1976 年),全国各地的工业生产受到影响。杭丝联作为当时重要的丝绸生产企业,在这一时期同样遭受了严重的冲击。工作秩序被破坏,生产活动时常中断,这种情况导致工厂遭受了严重的经济损失。

1976 年,杭丝联开始积极地恢复正常生产秩序。在全厂员工共同努力下,生产活动迅速恢复。这一恢复过程得到了国家级媒体的关注和认可。《人民日报》在 1976 年 11 月 2 日的头版头条报道了杭丝联革命生产迅速好转的情况,这标志着杭丝联在克服困难后取得了积极进展。1977 年 5 月,杭丝联作为浙江省的先进企业之一,参加了全国"工业学大庆"会议,与会的还有浙麻、杭一棉等其他运河地区的老厂。这次会议不仅是对杭丝联在"文化大革命"后迅速恢复生产的肯定,也是对其在丝绸印染行业中领先地位的认可,展现了杭丝联在行业内的卓越表现和对国家工业发展的贡献。

3. 市场地位与行业影响

杭丝联在丝绸行业中具有举足轻重的地位,影响力不限于杭州地区。20 世纪90 年代,杭丝联是杭州乃至全国丝绸行业的领军企业。20 世纪 90 年代初,其厂区规模已相当庞大,面积达 34 万平方米,建筑面积 19 万平方米,资产原值8810 万元,生产能力卓越,年产绸缎 1200 万米、各类印染绸 4000 万米、服装20 万套,总产值 4.745 亿元,销售收入 23662 万元,实现利税 2108 万元。这一时期的杭丝联,无疑是丝绸印染行业的佼佼者。

---

① 吴国梅. 我与杭丝联结缘一生[EB/OL]. (2020-02-20)[2024-07-12]. https://www. hangchow. org/index. php/base/news_show/cid/5993.

② 吴国梅. 我与杭丝联结缘一生[EB/OL]. (2020-02-20)[2024-07-12]. https://www. hangchow. org/index. php/base/news_show/cid/5993.

随着改革开放的深入推进,杭丝联迎来了前所未有的发展机遇。在政府的支持和鼓励下,杭丝联积极引进国外先进的印染技术和设备,致力于提升产品质量和技术水平。同时,杭丝联不断拓展市场,与国内外多家知名丝绸企业建立长期稳定合作关系,产品得以畅销国内外市场,为国家创汇作出了重要贡献。然而,随着市场经济体制改革的深入和市场竞争的日益激烈,杭丝联体制僵化、管理落后等弊端逐渐显现。为应对这一挑战,杭丝联决定进行产业结构调整与转型升级。20 世纪 90 年代后期,杭州朝阳丝织厂、杭州绸厂、杭州震旦丝织厂先后并入,此举扩大了企业规模,为企业带来了新的发展机遇。1999 年 9 月,杭州丝织总厂、杭州红雷丝织厂、杭州幸福丝织厂也相继并入,进一步增强综合实力。经过这一系列调整改革,杭丝联在市场竞争中逐渐找准定位,开始新征程。

4. 困境中的挣扎与重组

改革开放后,丝绸印染行业竞争日趋激烈,杭丝联庞大的产业链在客户需求和产品快速更新换代的冲击下逐渐失去优势。民营经济的崛起进一步挤压了杭丝联的市场份额,使其在 20 世纪末逐渐失去昔日的辉煌。1997 年,杭丝联拥有资产净值 11834 万元,从蚕茧到成品,年产各类绸缎 1000 万米,印染绸缎 4500 万米,服装 50 万件套。1999 年 11 月 9 日,杭丝联厂长骆继昌在中层干部会议上宣布了将多家丝织厂的资产整体划归杭丝联这一决定,并提出了减少亏损的目标。然而,面对持续的经营压力,2000 年杭丝联不得不考虑更严峻措施。4 月 26 日厂务会纪要显示,已经开始讨论破产和资产重组的可能性。同年 7 月,杭丝联累计亏损 6768 万元,资产负债率达 100.25%,财务状况岌岌可危。最终,2000 年 10 月 8 日,杭州市中级人民法院裁定杭州丝绸印染联合厂(包括杭州丝织总厂、杭州红雷丝织厂、杭州幸福丝织厂、杭州震旦丝织厂、杭州新华丝厂等企业)捆绑破产,这一消息震惊了整个丝绸行业。

2001 年 10 月,破产的杭丝联参加了杭州市产权交易中心挂牌的企业部分资产的竞拍,回购了部分资产,实现了企业重组。重组后的名称是"杭州丝联实业有限公司",吸纳了 400 多名原杭丝联失业职工就业。面对市场竞争,杭州丝联实业有限公司将产业链延伸拓展至文化创意产业。2007 年,公司利用改造后的厂房建立了丝联 166 文化创意产业园(图 1-3-7),成为杭州文化创意产业的重要组成部分。这一转型不仅为公司开辟了新的发展方向,也促进了当地文化产业的繁荣。

尽管杭丝联经历了许多波折和挑战,但在发展过程中仍然取得了显著的经济效益。同时,杭丝联还积极参与社会公益活动,为当地经济发展和社会进步作出了积极贡献。

图 1-3-7　丝联 166 文化创意产业园

(二)都锦生丝织厂:杭州丝绸的璀璨明珠

1.创始传奇与早期发展

1897 年,都锦生出生于杭州的一个农村家庭,自幼便对丝绸具有浓厚兴趣。1919 年,他从浙江公立甲种工业学校(浙江大学前身)机织专业毕业后,敏锐地洞察到丝绸市场的空白——传统丝绸产品缺乏创新与个性。于是,他毅然决定创立自己的丝绸品牌——用丝线织出风景画,填补这一市场空白。

1922 年,都锦生凭借 500 银圆的借款,在杭州茅家埠租了几间民房,创立了"都锦生丝织厂"。短短四年,这个小作坊便发展成为拥有近百台手拉机、130 余名雇工的大工厂。凭借着独特的艺术风格和高品质产品,"都锦生"迅速在丝绸市场崭露头角。至 20 世纪 40 年代,他的营业所已经遍及中国 13 座城市,产品更是远销东南亚和欧美等地,被誉为神奇的"东方艺术之花"。

2.艺术成就与国际荣誉

都锦生的丝绸产品以风景画为特色,深受消费者喜爱。其中,《宫妃夜游图》更是让他在 1926 年的美国费城世博会上赢得了金质奖章,成为中国织锦在国际舞台上获得的第一块金牌。此外，中国第一幅五彩锦绣以及毛主席出访苏联时的外交国礼，均由该厂制作，彰显了其卓越的艺术成就。

3. 爱国情怀与艰难岁月

除了是一位杰出的实业家，都锦生还是一位爱国者。在"九一八"事变后，他坚决抵制日货，并带领工人上街游行。抗战全面爆发后，他拒绝日军的伪职邀请，举家迁居上海，坚持织锦生产。然而，1939 年，他的厂房和机械被日军烧毁，1941 年日军攻占上海租界后，丝织厂被迫倒闭，其余各地门市部也先后被炸毁。在悲愤中，都锦生于 1943 年病逝于上海。

4. 传承与创新

尽管经历了艰难岁月，但"都锦生"的精神得以传承。新一代的"都锦生"人继承并发扬了这一精神，不断推陈出新，将传统丝绸工艺与现代科技相结合，打造出更加精美、时尚的丝绸产品。如今，"都锦生"原厂房成为都锦生织锦博物馆(图 1-3-8)，它是我国第一家专题织锦博物馆。展厅虽不大，却以丰富的具有收藏价值的历史文物、实物、图片、文字、书稿等形式，详细介绍了我国 2000 多年来的织锦历史。

图 1-3-8　都锦生织锦博物馆①

---

① 杭州胜迹：都锦生织锦博物馆[EB/OL].(2024-01-09)[2024-07-12]. https://www. hangchow. org/index. php/base/news_show/cid/11892.

三、丝绸文化和产业综合体

(一)绸业会馆:绸业繁荣的象征

绸业会馆是杭州丝绸业历史文化的重要代表之一,也是杭州城市文化的重要组成部分,作为杭州丝绸业繁荣时期的象征,它承载着丰富的历史文化内涵。绸业会馆前身可以追溯到清嘉庆二十二年(1817年)的观成堂,它初建于忠清里通圣庙侧,是当时杭州最早的丝绸行会。随着丝绸业的不断发展,原观成堂已无法满足丝绸从业者日益增长的集会、议事需求。因此,光绪三十年(1904年),绸业商人集资在现今的杭州市上城区庆春路79号(原直大方伯92号)建造了新的绸业会馆。

这座新建的绸业会馆占地面积约968平方米,建筑风格独特,体现了晚清民初时期建筑中西合璧的特点。正厅坐北朝南,为一层木构建筑,屋顶硬山造,覆小青瓦。南檐设有轩廊,北檐带东厢辅房,临街处开有西式拱门。这样的设计不仅彰显了中华传统建筑的韵味,也融入了西方建筑的元素,形成了独特的建筑景观(图1-3-9)。

图 1-3-9　绸业会馆①

①　杭州文史.绸业会馆旧址[EB/OL].(2020-08-20)[2024-07-12]. https://www.hangchow.org/index.php/base/news_show/cid/6942.

绸业会馆不仅是丝绸业商人商议业务、交流行情、集散丝绸、切磋技艺的场所，更是见证杭州丝绸业发展的重要史迹。它的存在，对研究近代杭州丝绸业的发展状况具有重要的历史文化价值。如今，绸业会馆虽已不再是丝绸业商人集会的场所，但其历史价值和文化意义仍然得以保留。目前，绸业会馆现存的正厅、《杭州重建观成堂记》碑及东侧辅房等建筑，归浙江大学医学院附属第一医院使用。

(二)丝绸城：产业交流与贸易

1987年9月，随着社会主义计划经济向市场经济的转变，杭州市拱墅区（原下城区）政府在丝绸工业集中区域，率先创办了杭州丝绸市场。经中央及省、市相关部门的批准，该市场随后更名为"杭州中国丝绸城"，为丝绸行业搭建了一座连接生产与贸易的桥梁，成为通往海内外的丝绸窗口（图1-3-10）。

图1-3-10　杭州中国丝绸城

最初，杭州中国丝绸城是位于长庆的一条狭窄巷子，仅有72间店面，专卖丝绸面料、丝绸旗袍、丝绸家居服和其他中式服装等丝绸产品。经过多年的发展与创新，丝绸城不断焕发新的活力。如今，这片街区已汇聚400多家丝绸企业，包括喜得宝、都锦生等中华老字号，成为老杭州人选购丝绸的首选之地。为了进一步提升丝绸城的品质，街区不断完善硬件设施，将街面景观改造为江南白墙灰瓦的传统民居风格，以彰显丝绸城的千年风韵。同时，丝绸城还成立了研发中心，为丝绸企业引入高新技术和时尚设计。

(三)中国丝绸博物馆：文化传承与展示

中国丝绸博物馆坐落于西子湖畔玉皇山下，不仅是中国最大的纺织服装类专业博物馆(图 1-3-11),而且更是全世界最大的丝绸专业博物馆,它的发展历程承载着深厚的丝绸文化底蕴。

图 1-3-11　中国丝绸博物馆

资源来源:中国丝绸博物馆官网。

随着中国经济的崛起和文化自信的增强,国家开始高度重视丝绸文化的传承与弘扬。1986 年,国家旅游局正式立项,决定在杭州这片丝绸之乡建设一座专门展示和研究中国丝绸文化的博物馆。经过精心筹备和规划,1987 年 12 月,中国丝绸博物馆在杭州的玉皇山下奠基动工。数年之后,1992 年 2 月 26 日,这座博物馆正式对外开放,向世人展示了中国丝绸的辉煌历史和精湛技艺。

随着时代的变迁,中国丝绸博物馆的管理体制和职能也在不断完善。1997 年,博物馆对陈列内容进行了系统性的调整和优化,使展览更加全面和深入。同时,博物馆还积极开展公众教育活动,普及丝绸文化知识,提高公众对丝绸文化的认识和兴趣。1999 年,其管理权从浙江省丝绸公司划归浙江省文化厅和浙江省文物局,这标志着博物馆正式成为全国文物系统的一员,承担起了更广泛的社会责任和历史使命。

进入 21 世纪,中国丝绸博物馆的发展步伐更加稳健。2004 年,博物馆实施免费开放政策,进一步扩大了其社会影响力。2010 年,国家文物局评定并批准博物馆设立纺织品文物保护国家文物局重点科研基地,这标志着博物馆在纺织品文物保护方面的专业地位得到了认可。2012 年,中国丝绸博物馆被评为第二批国家一级博物馆,这是对其在丝绸文化保护和传承方面所取得成就的充分肯定。同年,博物馆完成了改扩建工程,新馆的启用进一步完善了博物馆的硬件设施,提升了服务水平。在保护修复项目方面,中国丝绸博物馆也取得了显著成果。例如,河北遵化清东陵纺织品保护修复项目荣获"2021 全国优秀文物藏品修复项目"称号,这是博物馆在纺织品文物保护方面取得的重要成果之一。

博物馆分为丝路馆、非遗馆、修复展示馆和时装馆四个大板块，全面展示了丝绸的历史、技艺、修复及时尚元素。在这里，游客可以领略到古代丝绸之路的辉煌，感受到传统蚕桑、印染等刺绣技艺的精湛，更可以欣赏到现代时装与丝绸元素的完美融合。总之，中国丝绸博物馆开展以中国丝绸为核心的纺织服饰文化遗产的全方位保护以及创新工作，始终秉承"传承丝绸文化、弘扬中华文明"的宗旨，成为活跃的文化中枢，构建起文化遗产链①，为保护和传承中国丝绸文化作出了重要贡献。

（四）杭州织造纪念馆：工艺演示与体验

杭州织造纪念馆是一个展示杭州织造历史和技艺的重要场所。它位于杭州市西湖区花港观鱼公园内，面积约为1000平方米。纪念馆共有三个主题馆，分别是杭州织造历史文化馆、《红楼梦》丝绸密码主题馆和杭州织造非遗迹展示馆。杭州织造历史文化馆内展示了杭州织造的文物史料，让人们能够深入了解杭州织造的历史和文化。此外，还有《红楼梦》丝绸密码主题馆，该馆展示杭州织造与《红楼梦》的渊源，让人们领略到丝绸与文学相结合的独特魅力。杭州织造非遗迹展示馆则呈现杭纺绝技，传承匠心技艺，让人们感受到传统丝绸工艺的精湛与独特。

该纪念馆旨在组织开展杭州织造历史的调查研究、发掘再现活动，重现杭州织造的历史架构；组织举办各种形式的丝绸文化研讨，促进丝绸文化的交流与发展；组织开展对古代丝绸艺术的研究，开展丝绸艺术的收藏鉴赏活动，促进丝绸艺术的发展；组织丝绸文物展览，弘扬传统杭州丝绸文化，普及丝绸知识。

（五）丝绸日设立与丝绸荣誉

2007年，中国丝绸协会批准设立"中国丝绸日"，在丝绸之路跨国申遗采风和文化交流活动期间，全国丝绸标准化技术委员会在杭州成立，推动了丝绸行业技术进步。2010年，杭州福兴丝绸厂的"杭罗织造技艺"入选世界文化遗产名录。杭州市丝绸行业协会获评"示范协会"，并承担起"杭州丝绸"地理标志的申报工作。2011年，"中国丝绸日"主题活动举办，都锦生丝织技艺和振兴祥中式服装制作技艺入选国家级非遗名录。同年，"杭州丝绸"获地理标志保护，这成为杭州丝绸发展史上的一个里程碑事件。

---

① 赵丰.文化中枢和遗产链：丝绸传统的传承和创新[J].中国博物馆,2019(3):3-6.

第四章

杭州服装服饰业的演进轨迹

一、服装服饰行业兴起与成长过程

从发展时间脉络看,杭州服装服饰行业的演变与杭州的发展息息相关,从20世纪80年代至今经历了五个时期。

(一)低价加工生产期

第一阶段是低价加工生产期(1981—1990年)。此时正处于改革开放初期,是计划经济向市场经济的过渡时期,杭州服装服饰业以来料加工为主,利润空间小,是杭州女装起步期。20世纪80年代初纺织业兴起,麻纺厂、杭丝联和棉纺一厂都是著名的标杆企业;相比较而言,杭州乃至全国的服装服饰业并不发达,由于完全以低价加工为主,并无设计可言,导致人们在服装选择上非常受限,然而市场需求旺盛。根据相关数据,我们可以看到中国在不同历史时期服装消费的显著增长。例如1952年,全国的服装消费额仅占生活消费品总额的9.3%,然而到了1980年,这一比例显著上升至23%。在这28年间,服装消费的年均增长率达到了7.8%。具体来看,各个五年计划期间的增长情况各有不同。在第一个五年计划时期(1953—1957年),年均增长率为10.2%,显示出了强劲的增长势头。进入第二个五年计划时期(1958—1962年),增长率有所下降,仅为0.7%。但在随后的调整时期,增长率迅速回升至12.1%。第三个五年计划时期(1966—1970年)的增长率为8.6%。第四个五年计划时期(1971—1975年)的增长率为5.2%。到了第五个五年计划时期(1976—1980年),增长率再次上升,达到了13.5%。需特别值得注意的是,1978—1981年服装消费的增长率更是高达18.5%,这一跃升反映了改革开放政策带来的经济活力和人民生活水平的显著提升。浙江基本和全国一样，在 28 年间服装类消费品零售额年均增长率为 9％，党的十一届三中全会以来，增长率为19.3％，比全国稍微快一些。浙江省服装类消费占生活消费品零售额的比重：1952 年为 13.9％，1980 年为 24％，这说明解放初期人民生活水平低，以吃为主，穿的比重很低；到 1980 年随着人民生活水平不断提高，穿的比重快速增加。① 20 世纪 80 年代末，牛仔喇叭裤、的确良衬衫是前卫时尚的标志，时尚需求萌芽，整体市场需求急剧增长，商品供不应求，服装服饰业迎来第一个"黄金期"。大众对于时髦的渴求如海绵吸水一般，稍微时髦点的东西都会引发席卷式的流行，这种流行带着盲目的激情，主导着女装市场的走向。1989 年，原杭州市丝绸工业公司在调整产业结构时提出了"抓服装、带印染、促织造"的方针，使得市属丝绸企业大多先后办起了服装分厂（车间）和中外合资服装企业。

那时，杭州解放路百货商店是最大的百货商店（图 1-4-1），改革开放刚起步阶段，就出现高档毛料一从仓库里拉出来，顾客就哄上来抢的现象。② 小吕宋鞋帽店、龙翔桥和国货路是杭城最市井、最具烟火气的地方，充满了商业活力和生活气息。小吕宋［杭州清泰街 519 号（现 627-2 号）］以经营外国进口的高档商品著称，是大众眼中比较时髦又有品质的购物场所，但事实上卖的东西却非常单调，人们对于高档时尚货的理解最多停留在金利来领带之类的商品上。国货路有几家被称为进口时装店的小店，一般都是有些海外背景的人开的，

图 1-4-1　20 世纪 80 年代的杭州解放路百货商店③

① 何伟云."浙江纺织工业的发展战略问题"［A］.浙江省档案，档号:J105-028-856-222.
② 祝浩泉.杭州解放路:百年老店的前世今生［EB/OL］.（2019-07-24）［2024-07-12］. https://www.sohu.com/a/329001014_204320.
③ 祝浩泉.杭州解放路:百年老店的前世今生［EB/OL］.（2019-07-24）［2024-07-12］. https://www.sohu.com/a/329001014_204320.

售卖的东西价格特别贵,基本上在七八百元到上千元,属于"万元户"才能消费得起的地方,商品多是台湾版和香港版,大多富贵炫目。龙翔桥则以售卖二手洋西装而著称。

(二)自主品牌探索期

第二阶段是自主品牌探索期(1991—2000)。杭州服装服饰业有 10 年的加工历史,有了一定的原始资本积累,但还处于来料加工的低端制造水平,企业只是为他人作嫁衣,工厂没有知名度,缺乏自主经营能力,产品利润低下。20 世纪90 年代初期,杭州纺织服装业具有一定的加工基础和品牌意识[1],开始探索创建自主品牌的道路。与此同时,杭州国有、集体丝绸服装企业的改制也为杭派女装的崛起注入了新的活力。一批具有丰富实践经验的骨干、受过高等教育的毕业生以及从事服装经营的专业户开始走进市场,探索"前店后坊"式的服装生产经营模式。杭州女装进入早期的"杭派"女装发展阶段。

到了 1993 年末,杭州的丝绸服装年产量达 820 万件(套),全市的服装服饰年产量更是高达 6016 万件(套)。此时的杭州纺织服装业已不再局限于传统的丝绸生产,而是拓展到了更广泛的服装制造领域。随着中外合资企业的兴起,杭州的纺织服装业开始引入外资和技术,进一步提升了整体的技术水平和生产效率。此后,杭州的丝绸服装服饰企业如雨后春笋般涌现,一些民营及合资企业从创业之初,便占据了较高的发展起点,由于它们拥有先进的设备和技术力量,以及科学的管理理念和手段,发展速度迅猛。

到了 20 世纪 90 年代中后期,杭州的女装生产和经营企业得到了快速发展,知名企业如杭州浪漫一身服饰有限公司等。这些企业的发展推动了专业市场的繁荣,四季青服装批发市场的辐射力不断扩大,武林路则逐渐形成了以女装为主导的个性服装店集群,新声路市场四区开设杭派女装服饰城。杭州的时尚前沿地带如国货路、龙翔桥等地,涌现出众多经营港货、外贸货或中山石狮货的小店。随着进货渠道逐渐开放,这些店铺的服装价位大幅下降,从原先的千元左右降至三四百元。休闲服的概念在这一时期尤为流行,许多杭州的服装老板因此发家。

在 20 世纪末,杭州已经基本形成了以上城区、下城区、西湖区等老城区为

---

① 谢琳,李超德.论中国服装产业中的接受赋能[J].福州大学学报(哲学社会科学版),2022,36
(3):132-138.

主的品牌女装产业集群，以萧山、余杭等新城区为主的服装加工集群，以余杭区为主的毛针织服装集群和以桐庐县为主的丝针织服装集群。这些集群的形成进一步推动了杭派女装的发展，使其在国内乃至国际市场上都占有一席之地。

（三）行业多元发展期

第三阶段为21世纪初（2001—2010年），此阶段是多元发展期与杭州设计师品牌成形期，品牌发展呈现差异化和多元化发展态势，电商也在此期间萌芽。21世纪初，随着中国加入世贸组织（WTO），一批以外贸服装生产加工为主的企业在为国外品牌贴牌加工服装的同时，充分利用丰富的经营管理经验和过硬的制作技术优势，开始创建自主品牌。外向型服装加工企业华鼎、汉帛在做大做好外销服装的基础上，分别推出多个主打国内高端市场的女装自主品牌。2001年底，杭州市委、市政府制定和实施杭州女装产业发展政策和规划，搭建了女装产业发展的广阔舞台，推动了杭州女装产业的发展。在政府产业发展政策的支持下，杭州女装企业得到前所未有的发展。当时，有一个说法："中国13亿人口，人均有一件衣服来自'四季青'服装市场。"而该服装市场内清一色都是杭州女装，杭州女装在中国女装市场上占有主导地位。2002年，华鼎集团在杭州市余杭区临平工业园区投资5000万美元兴建华鼎工业园，占地530亩，共有13家生产企业入驻。当年工业园内企业生产服装1200万件，生产纺织面料1000万米，形成从面料开发、织造、印染到成衣的一条龙生产模式。据中国服装协会统计，2003年全国30个服装产业集聚地中，杭州服装企业的数量居第九位，服装销售总量列第十一位，与大连、青岛、北京、上海、宁波、温州、石狮等城市形成了中国服装服饰业的黄金连线。

据统计，截至2004年末，杭州市拥有服装企业近2400家，比2000年增加近1000家，销售产值70亿元，与2000年相比增长3倍多；利税合计10多亿元；出口交货额近110亿元；自主品牌500多个，与2000年相比翻了三番多；从业人员达14万人，与2000年相比翻了近一番。杭派女装继续发展壮大，不断推出新的设计理念和产品，积极参与国内外各类丝绸展览和交流活动，展示自身的产品和技术实力，提升了品牌知名度和影响力。同时，杭派女装还注重可持续发展和社会责任，加大环保投入，实现清洁生产，积极参与社会公益活动，为当地经济发展和社会进步作出了积极贡献。与此同时，杭州的设计师开始创立自己的品牌，他们强调设计感、故事性和生活理念，与杭派服饰的风格相得益彰。这一时期,穿上一身"江南布衣""女性日记""浪漫一身""红袖"等品牌的服装成为时尚的标志。这些品牌的设计风格大多蕴含着江南的浪漫与柔美,展现了杭派女装的独特魅力。

(四)信息经济发展期

第四阶段(2011—2015年)是信息经济蓬勃发展时期,杭州成了电商之都。2009—2013年,杭州市GDP增幅在全国15个副省级城市中排名一度处于末位,因此,杭州把经济发展重点转移到信息经济上来。2014年7月,中共杭州市委十一届七次全会审议通过《中共杭州市委杭州市人民政府关于加快发展信息经济的若干意见》,作出发展信息经济的战略部署,正式将"发展信息经济,推动智慧应用"列为一号工程。杭州纺织服装业也实现了从"杭派"到"杭州"转变,强调地区合力、产业集群优势。随着产业发展进程加快,高素质创意人才的加入和人文环境的培植,艺尚小镇、天目里等新业态相继出现,形成良性产业生态圈。在此阶段,杭州的网红女装席卷全国,其中70%以上的网红店都来自四季青地区,显示出四季青在时尚界的强大影响力。同时,四季青地区服饰批发业务的总成交量在该阶段后的2016年达到了惊人的6000亿元以上。杭州四季青服装市场的发展历史可以说是一部充满变革和突破的史诗。从最初的物理扩张,到巨头的崛起和电商的兴起,再到网络批发和时尚引领,四季青始终站在行业的前沿。此外,杭派女装不断加快品牌提升进程,从传统的大批量生产模式,向集约型发展模式转变,注重挖掘品牌的个性与内涵,以设计为主导,着力营造文化时尚氛围。同时,吸取了国际名品的设计理念、销售策略及运作管理经验,促使杭州女装品牌环境实现大幅提升,催生出"秋水伊人""千百惠""歌莉娅"等一大批全国知名女装品牌,助力杭州加速迈向国际性时尚之都。

(五)数字智造发展期

第五阶段为制造业向智能制造转型升级期(2016年至今)。在此期间,杭州实施"数字经济一号工程",强调经济转型、产业结构改革、数字化技术、互联网技术、智能化生产建设等方面的重要性,以数字化改革为牵引,深化制造业升级,强调产业的高质量发展,把握人工智能、工业互联网、云计算等新产业驱动要素带来的工业变革机遇,实现资源的互联互通、协同制造,满足个性化定制需求,使技术和产品在生产和发展的过程中越来越具备鲜明的数字化特点。未来工厂、数字化车间、黑灯工厂、智能工厂和链主工厂、聚能工厂和产业大脑建设，均是这一时期服装产业发展的关键词（图1-4-2）。

低价加工生产期	自主品牌探索期	行业多元发展期	信息经济发展期	数字智造发展期
1981—1990年	1991—2000年	2001—2010年	2011—2015年	2016至今

图 1-4-2 杭州纺织服装产业发展阶段

二、杭州女装的发展和流变

（一）杭派服饰的演变

1. 杭派服饰的形成

杭派服饰的诞生与当时中国服装产业的转型升级以及杭州独特的地理、文化、教育背景紧密相连。20世纪80—90年代，中国服装服饰业正处于产业转型的关键时期，面临着从低附加值、低技术含量向高附加值、高技术含量升级的压力。在这样的背景下，杭州的纺织服装产业凭借其深厚的历史底蕴和丰富的教育资源，开始探索一条具有地域特色的发展道路。一方面，杭州的传统丝绸产业在技术创新和品牌建设上取得了显著成效，为杭派服饰提供了丰富的面料和工艺支持；另一方面，杭州的高等院校如中国美术学院、浙江理工大学、浙江科技大学等，为纺织服装产业培养了大批优秀人才，为杭派服饰的形成与发展创造了得天独厚的条件。那时一大批优秀的毕业生怀揣着梦想与热情，从几台缝纫机开始白手起家，走上了创业之路，自己设计、剪裁、制作服装，逐渐将小店升级为专卖连锁店，并将自己对时尚的独特理解融入每一件作品中。随着这些毕业生的加入，女装生产企业数量大幅上涨，形成了庞大的女装产业集群。据统计，当时杭州已有女装生产企业2000多家，业界统称这一时期的杭州女装为"杭派"女装。这一时期的杭州，见证了纺织服装业的快速崛起与变革，古老的丝绸文化与现代时尚元素巧妙结合，这些都为杭派服饰的崛起提供了深厚的基石。几个本地服装品牌如"蓝色倾情""永远的女人""缥"等崭露头角（表1-4-1），它们依托本地和绍兴轻纺面料市场的面料资源，以数十家服装专业批发市场，特别是四季青市场为主要销售渠道，将产品推向市场。

表 1-4-1　20 世纪 90 年代杭派服饰形成发展关键事件

时间	事件
1996 年	杭州首家以连锁方式经营杭派女装的"浪漫一身"专卖店开业,其独特的连锁经营模式为杭派女装拓展市场开辟了新的道路
1996 年	杭派女装的概念逐渐形成,这是杭派女装发展的一个重要节点
1996 年底	"浪漫一身"在浙江省主要地市开设了 30 家连锁店,开始走出杭州,走向全省,为日后拓展全国市场打下了基础
1997 年	随着新声路市场三区成立杭派女装服饰城,杭派女装概念被正式提出
1998 年	杭派女装服饰城挂牌成立,标志着杭派女装开始走上规模化、产业化的发展道路
1999 年	大量杭派服饰商标得以注册登记,进一步提升了杭派女装的品牌影响力

2. 杭派服饰风格特征

在 20 世纪 90 年代初至 2000 年这段黄金时期,杭州的杭派女装凭借其清新、雅致、柔美、婉约的风格,开始在国际时尚舞台上崭露头角,引领着潮流。这种风格得益于杭州的江南气息,杭州的城市风光与西湖的妩媚交相辉映也为其增色不少。学院派设计师在作品中尽情发挥对服饰的理解。我们从品牌命名上可以看到,杭派女装品牌富有诗意和文化内涵,既体现了江南女子的柔情似水,又彰显了品牌的独特魅力。部分品牌名称温婉柔美,这正是杭派女装细腻、婉约风格的体现。这些企业大多以设计为核心竞争力,注重产品的时尚性和个性化,强调色调的和谐与细节的处理,展现出一种独特的审美追求,逐渐形成了具有鲜明地域特色的杭派女装,而后逐渐形成了庞大的产业群。杭派女装涵盖了少女装、淑女装、学院派、市场派、园林风格、都市休闲风格等多种类型,其总体基调是清新的、婉约的、甜美的。

3. 杭派服饰的发展期

在 2001 年的中国国际服装服饰博览会上,首次组团亮相的杭派女装成为人们关注的焦点。在这次展会上,由 44 家参展企业组成的杭派女装集团包下了面积 2000 平方米的号馆,这是杭派女装第一次以集团军形式参加博览会。杭派女装以其清新脱俗、前卫时尚、精致细腻的风格,迅速捕获了市场。众多品牌如雨后春笋般崭露头角,杭州的女装生产企业数量急剧增加,汇聚成一股庞大的女装产业洪流。这一时期,杭派女装凭借其独树一帜的设计理念和匠心独运的制作工艺,成为中国服装界的一股新兴力量,备受瞩目。

随后,国外服装品牌的纷纷涌入,为杭派女装带来了更为广阔的市场机遇和更为激烈的竞争挑战。在这种激烈的竞争下,传统文化内涵与西方服饰设计理念的结合,使得杭派女装在保持其独特风格的同时,更添国际化与时尚感,焕发出新的生机与活力。在款式设计上,杭派女装深入挖掘传统服饰元素的精髓,并注入现代审美理念,使其焕发新的光彩。在面料选择上,杭州的女装企业也下足了功夫。丝绸、棉麻等天然纤维材料的应用,不仅保证了服装的舒适穿着体验,更凸显出其高贵典雅的气质。除了杭派女装与时俱进,积极开拓创新,杭州的纺织服装企业同样不甘落后,它们积极拥抱智能化、数字化等前沿技术,不仅显著提升了生产效率,更对产品质量进行了全面的优化与升级。这些努力不仅为杭派服饰的未来发展注入新的活力,更为其奠定了稳固的基础。

在这样的背景下,2004 年,杭州的女装品牌企业开启了"华丽转身,迈向国际舞台"的品牌发展战略。秋水伊人、江南布衣、蓝色倾情、三彩等本土品牌纷纷进行了国际化改造。在市场上,这些品牌以带有浓厚"洋味"气息的新形象崭露头角,如秋水伊人的 COCOON、江南布衣的 LESS、蓝色倾情的阿她琪、三彩的 IBUDU 等。它们不仅在设计上注入了更时尚的元素,在价格上体现了品牌的"高贵"价值,还成功打入各大商场,销量跃居同类女装的前列,获得了消费者的广泛认可。这些品牌不仅完美体现了精致、和谐、大气、开放的杭州人文精神,更将杭州女装推向了中国服装市场的新高地。在中国服装协会公布的"2004 年中国服装企业利润总额百强名录"中,华鼎、汉帛、太子龙、万事利、富可达、野风、杭州江宁丝绸制衣有限公司等企业位列前茅。"2005 年中国服装企业销售收入百强名录"显示,杭州市的浙江富可达皮业集团股份有限公司、浙江华鼎集团有限责任公司、万事利集团有限公司等众多企业均上榜。2006 年,杭州整个女装产业的销售额已经达到 600 亿元,拥有 2000 多家女装企业,800 多个注册商标,展现出杭派服饰产业的强大实力和巨大潜力。杭州女装产业形成了完整的产业链和庞大的市场规模。

(二)女装之都定位

2000 年,杭派服装商会的成立将杭州女装推向了一个新的高度。2001 年,杭州提出了打造"女装之都"的战略决策。杭州市政府相继成立了杭州市女装产业发展领导小组,并召开了女装产业发展工作会议,确立了女装产业作为杭州都市工业的战略地位,杭派服饰产业迎来了新的发展机遇。2003 年 12 月,浙江省人民政府发布了《浙江省环杭州湾产业带发展规划》的通知。在布局导向中提出，女装以杭州为核心，依托独特的文化底蕴，突出优秀设计师的培养与引进，举办丰富多彩的女装展示会，走个性化设计、专业订货、多品种的发展道路。① 政府和企业共同努力，加强产业链整合和协同发展，推动杭派服饰产业向高端化、品牌化、国际化方向发展。同时，杭州还将积极引进国内外优秀的服装设计人才和时尚资源，加强与国际时尚界的交流与合作，不断提升杭州女装之都的国际影响力和竞争力。

经过数十载的砥砺前行，杭州女装企业逐渐形成了四大鲜明的类型。第一类，是以杭州喜得宝集团有限公司、万事利集团有限公司等为标杆的丝绸女装企业。这些企业主打丝绸面料，并逐步向其他面料领域拓展，其中规模较大的企业在同行业中占据重要地位。第二类，是以汉帛中国有限公司、杭州达利工业有限公司等为代表的中外合资或独资的外向型企业。这些企业生产规模庞大，设备先进，经营管理理念超前，主要采取定牌加工国外品牌女装并全部返销的生产经营方式。近年来，这些企业逐步转向国内市场，并推出自主品牌，成为推动杭州女装发展的"领头羊"。第三类，是由学院派服装设计人员创办的女装企业，如杭州蓝色倾情服饰有限公司等。这些企业创立了一批具有江南特色的区域性时尚女装品牌，成为杭州女装业的中坚力量以及国内女装业新的亮点。第四类，则是依托服装批发市场的小型作坊式服装加工企业，以及部分专门生产皮革类、羽绒类、针织类女装的企业，如浙江富可达皮业集团股份有限公司等。这些企业有的颇具规模，在全国同行业中已名列前茅。

三、杭州女装当前面临的挑战与未来发展

（一）受到国外品牌的冲击

随着服装风格的多样化，大量国外中高端一线女装品牌及其副牌涌入中国市场，如 H&M、ZARA、C&A 等。我国本土品牌受到不小的冲击。由于杭派女装定位在清新淡雅的印花风格，风格比较单一，难以满足市场多元化需求，同

---

① 浙江省人民政府."关于印发浙江省环杭州湾产业带发展规划的通知"[A].浙江省档案，档号：ZJZB-2004-09-06.

时其在品牌营销和设计力量上不足，难以跻身高端市场。比如，杭州某商场在短短一个月内撤掉了五个杭派女装品牌。此外，杭州作为丝绸和女装的制造基地，长期以来饱受贴牌生产的困扰，不少企业不得不面临从"造牌"到"贴牌与品牌"的艰难抉择，这使得杭州的服装企业在服装产业链中处于低端位置，附加值低，原创品牌稀缺。

（二）受到宏观环境的影响

2012年，受宏观经济低迷、生产成本居高不下以及电子商务迅猛发展的多重冲击，杭州的传统服装产业面临前所未有的挑战。此时，中低端产品供应过剩与高端产品供应短缺并存现象的凸显，标志着杭州服装产业进入了深度的调整阶段。具体表现如下。

首先，产值连续四年呈现下滑趋势。从2012年至2015年，杭州服装产业的总产值逐年减少，降幅分别为2.6%、0.9%、0.9%和0.5%，与此同时，全省服装产业总产值则保持增长态势。此外，杭州服装产业的销售产值也呈现出类似的下降趋势，2012—2015年的降幅分别为2.0%、0.5%、1.4%和0.1%。

其次，盈利状况堪忧。据统计，2015年杭州纺织服装、饰品业的企业数量较上年有所减少，而亏损企业数量却显著增加，亏损面高达23.9%，这一比例高出全市工业平均水平的5.9个百分点。

最后，企业开工不足成为普遍现象。根据浙江省经济信息中心万家企业监测系统的数据，2015年第四季度，杭州服装服饰业中设备利用率低于70%的企业占比超过一半，高达50.7%，高出全市工业平均水平8.6个百分点。其中，更有21.7%的企业设备利用率不足50%，呈现出明显的产能过剩和半停工状态。

曾经辉煌的杭州服装产业为何会陷入如此困境？这主要归因于宏观环境的恶化。从全球视角看，世界经济复苏乏力，发达经济体增长低迷，新兴经济体增速下滑，全球贸易低增长状态难以扭转。加之美元加息政策导致全球金融市场波动加剧，新兴市场与发展中经济体的政府债务负担加重，经济发展的不确定性显著增加。从国内角度看，工业品价格下降、实体经济盈利下降、财政收入下降以及潜在风险上升，均显示出我国经济下行的压力仍然较大。服装服饰业作为一个典型的以劳动密集型、出口导向型为特点，以民营经济和中小企业为主的行业，对环境变化尤为敏感。此外，劳动力成本的刚性上涨也成为服装企业面临的重大压力。因此，在2016年，杭州的传统服装产业进入更为深入的调整阶段,以应对宏观环境的不景气、高昂的生产成本以及电商冲击等多重挑战。

(三)业内人士对杭派服饰的分歧

对于杭派服饰,业内专家和业内人士对此持有不同观点。一种观点认为,杭州服装服饰业在追求个性与实现规模化之间存在矛盾。小批量多品种的生产方式有利于满足个性化需求,但打造大品牌则需要实现规模化生产。因此,提出杭派服饰的概念,或许是尝试解决这一矛盾的一种办法。然而,也有人对此提出批驳,认为杭派服饰仅仅是对一种风格的概括,而构成服装品质的关键要素还包括面料、设计和加工等,仅凭杭派服饰的概念来统领整个杭州服装服饰业,这一做法显得过于单薄,且无力带动整个行业的发展。另一种观点认为,杭派女装品牌众多且大多盈利,这本身就是一种成功,说明其市场定位和发展方向是正确的。杭派女装以婉约、秀丽为特色,是大时尚范畴中独具一格的一支。然而,也有人对此产生质疑,认为仅仅盈利并不能代表成功,与国际大牌和本省其他地区的服装品牌相比,杭派女装仍有较大差距。此外,杭派女装过于强调传统和江南味道,可能限制了其市场适应性。

事实上,杭派女装目前大多由规模较小的企业生产,产量有限,且这些企业在运营机制上尚未构建完善的现代企业制度,部分仍带有家庭作坊的影子。这些企业虽然看似重视市场信息,但基本上是各自为战,难以发挥行业的信息整合效应。尽管杭派女装产业规模不断扩大,但缺乏具有全国影响力的知名品牌,这在很大程度上制约了杭州女装业的发展。此外,杭派女装品牌的文化内涵丰富,但市场张力不足。杭派女装企业大多由非管理专业人才管理,他们缺乏专业管理知识与经验,在面临新的管理阶段时,往往显得力不从心。随着企业规模的扩大,管理层需要不断提升自身的能力和素质,以适应企业决策的需要。大多数杭州企业的营业额规模徘徊在300万~2000万元,难以取得突破性进展。杭派女装独特的品牌特色在一定程度上也成为其发展的限制因素。这些特色与中国女装市场整体需求存在一定差异,仅着眼于局部,缺乏足够的包容性,因此市场适应性也相对较弱。

第五章

杭州化学纤维行业的兴起与成长

　　中国是目前世界上最大的化纤生产国与出口国,在全球化纤产业链中占据重要地位。杭州化学纤维产业非常发达,主要得益于其得天独厚的资源禀赋和优越的地理位置。杭州位于中国东部沿海的繁华地带,不仅交通网络四通八达,物流体系也极为完善,这为化学纤维的原材料高效采购和成品快速流通提供了极大的便利。此外,杭州还聚集了众多顶尖的科研机构和高等学府,它们为化学纤维领域的研究和创新提供了源源不断的技术支撑和人才保障。

一、萧山——化纤产业的领军者

　　萧山区党山镇和衙前镇分别被誉为"中国化纤织造名城"与"中国化纤名镇",进一步巩固了其在国际化纤产业中的地位。萧山区之所以成为化纤产业的重镇,具有以下诸多优势。

　　产业基础与地理优势:浙江省化学纤维产量占全国的48.65%,其中杭州地区作为产业集聚地,拥有在全国乃至全球有竞争力的化学纤维企业。萧山地理位置优越,紧邻上海,拥有发达的交通和物流网络,包括四通八达的公路和铁路,以及杭州萧山国际机场,为产业的高效运营提供了有利条件。

　　劳动力资源与产业链的完整性:萧山拥有丰富且素质高的劳动力资源,具备扎实的产业工人基础。这为化学纤维企业提供了人力资源保障,确保了生产线的稳定运行。此外,萧山化学纤维产业链完整,已建成 PTA、CPL、PTMEG等多套生产装置,形成了从原料—化纤—织造—印染—服装以及针织、经编、绣花、家纺等较为完整和具有特色的产业链结构,涵盖原材料供应、纤维制造、织造、印染等多个环节,有效降低了生产成本,提高了生产效率和产品质量。

技术创新与产业集群效应：杭州地区的纺织企业和研究机构为化学纤维的研发和生产提供了技术支持。例如，萧山化纤企业在 2016 年的利润总额达到 189.2 亿元，工业新产品产值率高达 24.28%，省级（含）以上相关企业技术中心有 9 家，获得有效发明专利授权 46 项。荣盛石化作为全球最大的 PTA 生产商之一，年营收上千亿元，全国排名第六，对萧山化纤产业起到了引领作用。产业集群的形成吸引了更多的上下游企业前来投资，进一步巩固了萧山在化学纤维产业中的领先地位。

产业规模与品牌建设：萧山在产业规模、品牌建设、技术装备水平等方面，均居全国领先水平。恒逸集团、荣盛集团等跻身"中国企业 500 强"和"中国民企 500 强"之列，不仅在国内具有广泛影响力，还推动了产业的高质量发展。

政策支持与可持续发展：早在 1989 年，鉴于资源有限，萧山在发展重点企业过程中，为避免与大工业争夺资源，着重帮助企业寻求横向合作、拓展外向型业务，为大工业提供配套服务。当时全市乡镇企业棉纺生产规模较大，萧山注重引导这些企业与外地棉纺集团企业开展横向联合，组织棉花加工业务，以此充分发挥本地棉纺行业的设备、劳动力优势。[①] 同样，杭州市委、市政府积极响应国家政策，实施改革开放政策，鼓励化纤产业发展，利用地理和经济优势吸引投资，推动本地产业发展。政府还积极引进国内外先进生产技术和设备，举办相关论坛和会议，鼓励企业积极采用环保技术和材料，降低生产过程中的环境污染和能源消耗，推动产业向绿色、低碳方向发展。如中国化纤产业链创新论坛，促进产业链上下游的务实合作，推动产业高质量发展。

二、杭州化纤行业的发展历史

（一）发展历史阶段

杭州化学纤维的发展起步于 20 世纪 50 年代，彼时化学纤维开始在纺织工业中应用。1980 年我国人均纤维消费不到 3 公斤。那时，世界人均纤维消费水平为 6.65 公斤，其中美国为 24.5 公斤，西德为 20 公斤。1980 年，国外化纤占

---

① "1989 年坚决贯彻治理整顿方针促进乡镇企业健康发展"［A］.浙江省档案馆，档号：J101-052-218-047.

纺织原料的比重在 46.5% 以上，而我国只占 13.8%。随着石化工业的发展，化纤比重必然有较大的提高。[①] 20 世纪 80 年代为发展阶段，杭州化纤厂追求高速化、大型化、连续化以取得最佳经济效益，伴随而来的是企业趋向集中，规模日趋扩大。化纤企业的大型化是一个不可逆转的发展趋势。[②] 化纤企业大型化，首先带来的是节约投资费用，提高经济效益。此外，化纤织物在性能方面不断改进，一些化纤仿棉、仿丝、仿毛产品的外观及服装使用性能逐渐接近甚至优于天然纤维织物，化纤纺织品的地位逐渐提升。2005 年，杭州化纤产业步入快速增长阶段。与此同时，杭州化学纤维及纯化纤布产量总体呈现较快的增长态势。随着经济发展、科技进步以及化纤用途的拓展，杭州化纤纺织行业仍将保持较快的发展速度。

(二)杭州化学纤维厂与蓝孔雀化纤厂的承接历程

杭州化学纤维厂作为中国化学纤维产业的先驱之一。在杭州的工业发展史上，杭州化学纤维厂和蓝孔雀化纤厂之间的更替，见证了这座城市化学纤维产业的兴衰与成长。

1.初创时期(1958—1965 年)

杭州人造丝厂于 1958 年 4 月开始筹建并正式成立，标志着杭州在化学纤维产业领域的初步探索。经过几年的筹备和建设，1965 年 5 月，筹建处正式更名为杭州化学纤维厂，成为中国大陆首批建造的四家化纤厂之一。在当时，杭州化学纤维厂有着独特的标识，图 1-5-1 为杭州化学纤维厂的厂牌。这一时期，杭州化学纤维厂与周边的杭州第一棉纺厂、杭州毛纺厂、红雷丝织厂等大型工厂共同构成了杭州轻纺工业的重要组成部分。

---

① 何伟云.浙江纺织工业的发展战略问题[A].浙江省档案，档号：J105-028-856-222.
② 李立风，徐葆菁.我省化纤工业发展的规模设置与工艺路线初探[J].浙江纺织，1989(4):24-26.

图 1-5-1　杭州化学纤维厂徽章①

2.发展壮大(1980—1990 年)

进入 20 世纪 80 年代,随着科技的不断进步和市场的日益成熟,化纤织物在性能方面不断改进,性能与天然纤维相媲美,化纤纺织品的地位逐渐提升。1983 年,杭州化学纤维厂生产的黏胶人造丝获得了同类产品第一个国家银质奖,标志着其产品质量达到了国内领先水平。自从 1983 年 4 月上级批准自营出口权后,企业如虎添翼。1990 年,杭州化学纤维厂被评为浙江省先进企业、杭州市文明企业,进一步巩固了其在行业内的领先地位。1992 年,杭州化学纤维厂荣列全国同行业 50 家最佳经济效益企业。

3.技术创新(1993—2000 年)

为了适应市场变化和企业发展的需要,1993 年,企业开始进行大规模的技术改造和产业升级。杭州化学纤维厂正式更名为蓝孔雀化纤厂,注册地址为杭州北部莫干山路花园岗,公司产品大量出口到欧洲、美国,供当地进行二次加工。当时公司主要经营黏胶长丝、锦纶长丝、涤纶短纤维、涤纶毛衣、涤纶聚酯切片、棉浆粕、针纺织品、化纤制品、化学纤维生产设备及配件、化纤原辅料、纺化生产工程承包及技术咨询。公司在册时,员工人数为 4000 人,注册资本 1364 万元,员工福利待遇比公务员等公职人员更好,许多人削尖脑袋都想要从政府部门转到蓝孔雀公司。1993 年、1994 年,蓝孔雀化纤厂被评为综合经济效益利税经营规模百强企业。1993 年底,蓝孔雀化纤厂与香港保兴投资有限公司合资成立新公司,注册资本为 2727 万美元,总投资达到 6000 万美元。这一举措为企业注入了新的活力,推动了企业的快速发展。1994 年,蓝孔雀化纤厂的黏胶

---

① 孔夫子旧书网.杭州化学纤维厂徽章[EB/OL].(2023-06-11)[2024-05-12]. https://mbook. kongfz.com/4541/5972494421/.

人造丝产量达到 8000 吨,位居全国第二。同时,其产品质量和性能持续领先,出口量迅速增长,相当于前五年出口量的总和。1994 年,外销每吨黏胶人造丝,比内销增加效益 2000 元,全年增利 500 万元。自 1988 年至今,孔雀牌黏胶人造丝进入国际市场,出口量由 1988 年单一品种 150 吨,发展到 1994 年两个品种、五种规格 2684 吨,共计出口创汇 5100 万美元。1995 年,公司已拥有全资子公司 4 个,控股公司 2 个。年底,公司净资产达 1.37 亿元,实现工业总产值9867 万元,生产涤纶长丝 4552 吨,其中涤纶弹力丝 3618 吨,全年利税 470 万元。1996 年,杭州蓝孔雀化学纤维股份有限公司实现销售收入 41640 万元。

4. 转型与创新(2000 年至今)

进入 21 世纪后,蓝孔雀化纤厂继续保持着强劲的发展势头。然而,21 世纪初环保政策的收紧给企业发展带来了一定压力。蓝孔雀化纤厂积极响应国家号召,加大环保投入,推行清洁生产,从而实现了企业的可持续发展。2008 年,蓝孔雀化纤厂进行搬迁,其杭州总部转型为 LOFT49,[①]成为一个集创意、文化、商业于一体的新型空间(图 1-5-2)。截至目前,蓝孔雀化纤厂已发展成为一家拥有完整产业链、技术创新能力强的现代化企业。其生产的孔雀牌黏胶长丝在国内享有较高的声誉,并出口到多个国家和地区。

图 1-5-2　杭州化学纤维厂旧址改造[②]

---

① LOFT49 是指蓝孔雀化纤厂杭州总部搬迁后,原厂区经过改造转型而成的一个文化创意产业园区。LOFT 一词通常指的是由旧工厂或仓库改造而成的开放式空间,常用于艺术工作室、设计公司、创意办公等用途。数字"49"可能代表该园区的具体编号或位置标识。因此,LOFT49 是一个集创意、艺术、设计等多种文化元素于一体的综合性空间,成为当地文化创意产业的重要聚集地。

② 李博超. 杭州化纤厂旧址改造:修旧如旧,整旧如新[EB/OL]. (2021-03-25)[2024-07-12]. https://www.archiposition.com/items/20210325035031.

三、化纤产业链分析

(一)龙头企业

1. 荣盛控股

浙江荣盛控股集团总部位于萧山区,作为一家具有深厚历史积淀的企业。自1989年成立以来,已经逐渐发展成为一家多元化的现代企业集团。该集团涉足石化、化纤、房地产开发、物流以及风险投资等多个领域,拥有员工超过2800名。荣盛控股集团的化纤业务起源于20世纪80年代末,其创始人李水荣,一位具有远见卓识的企业家,放弃了原有的木材业务,转而投身于当时充满不确定性的纺织行业。

李水荣先生采取了以市场需求为导向的产品定位策略,这一战略决策有力推动企业的快速扩张。历史数据显示,至1995年底,企业的生产能力从最初的8台织机激增至100台,这标志着其创业初期取得显著成就。然而,1996年纺织化纤行业陷入市场低迷,众多企业面临倒闭或转型的压力。在这一背景下,李水荣先生展现了其卓越的领导力和前瞻性,决定逆市扩张,投资涤纶加弹丝项目。1998年,随着纺织业市场的复苏,涤纶加弹丝的需求量激增,荣盛控股集团实现了产值的飞跃式增长,达到了1亿多元,确立了其在萧山纺织业的领军地位。

进入21世纪,荣盛控股集团继续沿着快速发展的轨迹前进。李水荣先生不仅向上游扩展了企业的产业链,延伸至PTA、聚酯、纺丝、加弹等环节,形成一体化生产体系,而且高度重视技术创新和品牌建设。荣盛控股集团通过引进高端智能自动化设备,实现了生产流程的全面自动化,显著降低了生产成本,增强了产品的市场竞争力。至2006年,荣盛控股集团产值已突破100亿元大关,成为纺织行业的领军企业。目前,荣盛控股集团已经发展成为一家拥有完整产业链和强大技术实力的民营大型综合企业,并在《财富》杂志发布的"财富世界500强"榜单中占有一席之地,彰显了其在全球经济中的重要地位和影响力。

2. 恒逸集团

恒逸集团自20世纪70年代起步,创始人邱建林先生18岁时在萧山区衙前镇加入村办珍珠养殖场,开始其商业活动。并因其杰出表现被任命为厂长。

随着纺织行业的兴起,他投资购置织布机,创建了萧山工艺布厂,自此正式踏入纺织领域。在随后的几十年中,邱建林先生引领恒逸集团实现了跨越式的发展。1974 年,萧山县衙前公社针织厂成立,1994 年,恒逸集团成立。在这期间,集团逐步构建了从化纤纺丝、织造到印染的一体化生产经营体系。至 2022 年,恒逸集团的营业收入达到了 3856.61 亿元,同比增长 18.21%,其在全球《财富》500 强企业排名中跃升至第 264 位,较 2021 年上升了 45 位。

在这一过程中,恒逸集团不仅经历了多次行业变革和市场挑战,而且在 1997 年亚洲金融危机期间,邱建林先生采取了果断措施,缩减了印染业务,转而专注于上游原料的开发与生产。作为行业的领头羊,恒逸集团积极响应国家的"碳达峰、碳中和"战略,将绿色发展理念融入产品创新。目前,恒逸集团已发展成为一家资产总额达 1500 亿元、员工人数超过 26000 人的现代化大型民营企业。恒逸集团重视研发,其研发投入占主营业务收入的 1.41%,研发人员占公司总人数的 6.18%。

恒逸集团致力于石化产业、石化贸易、石化金融和石化物流等领域的发展。通过不断的技术创新和工艺流程优化,恒逸集团的产品已经遍布全球多个国家和地区,成为全球最大的 PTA - 聚酯和己内酰胺 - 锦纶双产业链化纤生产商之一,其业务领域广泛,涵盖石化、化纤、纺织、金融、贸易和物流等多个行业,主要投资产业包括房地产、建筑、产业园开发和创业投资四大板块,并扩展至酒店经营、工程设计和物业服务等多个相关行业。通过其多元化的业务布局和持续的创新驱动,恒逸集团在全球市场上确立了其领导地位,并为行业的可持续发展做出了重要贡献。

(二)化纤产业链

化纤行业承接上游石化行业,与下游纺织服装相关行业紧密相连,同时受原料价格波动及宏观经济景气度影响,整体呈现上涨趋势。完整的化学纤维产业链涵盖了从原材料供应到最终产品的多个环节。首先,原材料供应环节是化学纤维产业链的基础。杭州及其周边地区拥有丰富的化学纤维原材料资源,如聚酯、聚酰胺、聚丙烯等。这些原材料通过采购和加工,为后续的纤维制造环节提供了稳定的原料供应。接下来是纤维制造环节,这是化学纤维产业链的核心。杭州拥有多家在化学纤维领域具有影响力的企业,这些企业利用先进的生产设备和技术,将原材料加工成各种类型的化学纤维,如涤纶、锦纶、腈纶等。这些化学纤维具有优良的性能和广阔的应用前景,可用于纺织、服装、医疗、汽车等多个领域。在纤维制造环节之后，是织造和印染环节。这些环节将纤维加工成各种面料，为后续的服装制造和家居用品生产提供了基础材料。杭州的织造和印染企业也具备先进的技术和设备，能够生产出高质量的产品。最后是化学纤维的终端应用领域，杭州的化学纤维产品广泛用于纺织、服装、医疗、汽车等领域。其中，纺织和服装是最主要的应用领域。杭州的纺织品和服装产业发达，对化学纤维的需求量很大。同时，随着医疗和汽车等产业的不断发展，化学纤维在这些领域的应用也越来越广泛（表1-5-1）。

　　总的来说，杭州化学纤维的产业链涵盖了从原材料供应到最终产品的多个环节，形成了一个完整的产业链条。这个产业链不仅为杭州的经济发展做出了重要贡献，也为全国乃至全球的化学纤维产业提供了重要的支撑。

表 1-5-1　主要化学纤维品种介绍

类别	产品名称	主要性能	主要应用领域
合成纤维	涤纶（聚酯纤维）	涤纶是最常见的化学纤维，强度高、弹性好，表面光滑抗皱，但耐酸碱性弱于丙纶	广泛运用于各种服装面料、装饰材料和产业织物
	锦纶（聚酰胺纤维、尼龙）	锦纶强度高，抗冲击能力强，耐疲劳、易染色，但易吸水，耐酸碱差	用于衣料服装，产业和装饰地毯等三大领域
	腈纶（聚丙烯腈纤维）	质轻、保暖、手感柔软，被称为"合成羊毛"。但强度不高，耐磨性和耐酸性差	多用于混纺织物，或代替羊毛制成膨体绒线、腈纶毛毯、腈纶地毯
	氨纶（聚氨酯弹性纤维）	氨纶弹性好，但强度差，耐酸碱性较差，在化学纤维中质量最轻，强度高	用于内衣、游泳衣、松紧带、腰带等弹性织物或与其他纤维混纺
	丙纶（聚丙烯纤维）	不吸水、耐酸碱性好，做成的面料具有导湿排汗功能。但光热稳定性差，染色性差，采用纺前着色	常用于箱包织带、工业织物和运动服装面料
	维纶（聚乙烯醇纤维）	吸湿性、保暖性好，被称为"合成棉花"，但强度差，织物易起皱	多与棉花混纺，或用于制作帐篷、帆布、渔网
	碳纤维	是高强度、高模量的高性能纤维，兼具碳料材料强抗拉力和纤维柔软可加工性两大特征	多用于国防军工和部分民用领域
	芳纶（芳香族聚酰胺纤维）	具有高强度、高模量和耐高温、耐酸耐碱、重量轻、绝缘、抗老化、生命周期长等性能	用于防弹制品、特种防护服装、电子设备等领域
再生纤维	黏胶纤维、醋酯纤维、铜氨纤维等	以天然产物为原料制成的纤维，其中黏胶纤维最为常见，吸湿性、染色性良好，但强度低、弹性差，耐磨性差，织物易起皱，耐碱不耐酸	黏胶纤维用于制作服装面料、床上用品及装饰织物

第二篇

产业的运行与劳动力动态分析

杭州，被誉为"时尚 e 都"，不仅以其秀美的自然风光和深厚的文化底蕴吸引着世界的目光，更凭借强大的纺织服装产业实力彰显了这座城市的现代工业魅力。2021—2023 年，杭州纺织服装产业工业总产值显著增长，分别为 1733 亿元、1736.7 亿元和 1783.39 亿元，持续在全省纺织服装产业中占据约 17% 的比重。2023 年，杭州规上纺织服装企业 1079 家，占全省规上纺织服装企业数的 20.6%。全年实现营业收入 2540.28 亿元，占杭州市规上工业企业营业收入的 12.05%，占全省规上纺织服装产业营业收入的 22.52%①，充分彰显了其作为纺织服装产业强市的地位。

如今，杭州纺织服装产业正站在一个新的历史起点上，既面临着前所未有的发展机遇，也需应对来自各方面的挑战。本篇将深入剖析和探讨杭州纺织服装产业的优势，洞察其未来发展的机遇，以期为该产业的持续繁荣和转型升级提供有价值的参考。

第一章

杭州纺织服装产业的优势与机遇

一、核心竞争力与优势分析

(一)产业基础扎实

自古以来，杭州便是丝绸之府，其纺织技艺源远流长，精湛的手工织造技艺享誉中外。进入现代，杭州纺织业不仅保留了传统工艺的精髓，而且积极拥抱科技变革，引入智能化、自动化生产线，提升生产效率与产品质量，是杭州的支柱产业和特色优势产业。

---

① 杭州政府网.浙里智造供全球"服装产业数质新业态"项目启动[EB/OL].(2021-03-25)[2024-07-12].https://www.hangzhou.gov.cn/art/2024/4/25/art_812262_59096221.html.

1.初级生产要素分析

生产要素包括劳动力、土地、资本、企业家才能等。在初级生产要素方面，杭州拥有丰富的天然资源，如生丝、棉花等，为纺织服装产业提供了原材料保障。在区位资源方面，杭州地处长三角腹地，区位优势明显，是长江三角洲区域中心城市和历史文化名城，也是长三角发展战略实施的主要阵地，为纺织服装产业发展提供了得天独厚的区位条件。在知识资源方面，杭州拥有一批高水平的纺织服装科研院所和高等院校，为纺织服装产业提供了技术创新和人才培养的支撑。在资本资源方面，杭州纺织服装产业具有较强的融资能力和投资吸引力，吸引了国内外多家知名纺织服装企业和品牌入驻，如阿里巴巴、网易易购等。在基础设施方面，杭州交通便利，拥有杭州萧山国际机场、杭州火车东站、汽车西站等重要的物流枢纽，为纺织服装产业提供了便捷的运输和贸易条件。与此同时，在产业发展进程中，杭州纺织服装产业面临初级要素成本上升的压力，环境保护成本高，实现碳达峰碳中和成本高，导致综合成本迅速上升。纺织服装产业作为一种劳动密集型产业，其发展动力在很大程度上依赖充足的劳动力资源。[①]

2.高级生产要素分析

高级生产要素包括先进技术、数据、创新人才等，是推动产业高质量发展的核心要素。杭州致力于打造高端纺织服装产业，通过加强科技创新和人才培养，积极引入数字化等先进手段，提升产品质量和附加值。数字化作为信息技术的高级阶段，为产业高质量发展指明方向。杭州纺织服装产业充分利用信息技术、数据等高级生产要素，积极推进从"杭州制造"到"杭州智造"的转型升级与结构性改革，有效缓解了初级要素成本上升的压力。在数字化应用方面，"犀牛智造""宏华数码印花""意丰歌（伊芙丽）""卓尚服饰"等龙头企业通过数字化工厂建设（全链路的建设、应用 ERP、MES＋等），构建小单快反、柔性制造等供应链体系，借助新制造、新模式提高生产效率。江南布衣建立智能仓储"联成华卓"，运用产品生产、物流一体化协同数字平台项目，年产量达到 600 万件（套）以上，年吞吐量 1000 万件（套）以上，节约了 70％的人工，空间利用率提升 30％以上，库存周转率提升 10％左右，亩均效益大幅提升，成为 2023 年浙江省制造业重点行业亩均效益领跑者，助推了辖区内企业的数字化改革进程。

---

① 陈晓芬.基于钻石模型的杭州市纺织服装产业高质量发展研究[J].丝绸,2023,60(6):74-81.

(二)产业链建设完整

产业链建设的完整性是产业高质量发展的关键,它直接关系到产业链供应链韧性的增强与发展水平的提升。在杭州纺织服装产业领域,这一优势尤为显著。杭州凭借良好的产业基础,构建了一条从上游到下游全面覆盖、紧密衔接的产业链生态体系(图 2-1-1)。上游环节,茧丝、化纤制造、织造、染整等产业完备,为整个产业链提供了坚实的原料保障与技术支持;中游则以服装服饰设计制造业为核心,汇聚了"意丰歌""江南布衣""卓尚"等一批行业领军企业,引领着设计创新与智能制造的潮流;下游则广泛覆盖传统百货商场、时尚街区、购物中心以及蓬勃发展的电子商务等多元化销售渠道,形成了线上线下融合、国内国际并进的销售网络。

尤为值得一提的是,杭州四季青服装市场作为服装批发的重要集散地,其独特的"前店后厂"模式极大地增强了女装产业的集聚度,进一步强化了产业链的协同效应。同时,阿里巴巴集团等电商巨头的崛起,不仅为杭州纺织服装产业注入了新的活力,更带动了整个产业向数字化、智能化转型。这些电商企业依托杭州的城市发展定位,积极推动电子商务的快速发展,助力部分优秀纺织服装品牌的电商业务在国内乃至国际市场上脱颖而出,使这些品牌成为行业标杆。此外,杭州还凭借其在信息基础设施建设方面的领先优势,为纺织服装产业提供了强大的技术支撑和平台保障。

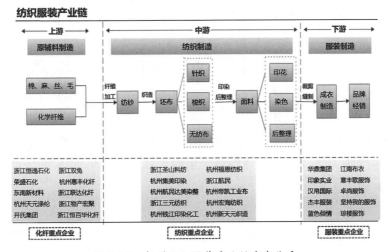

图 2-1-1 杭州纺织服装产业链生态体系

（三）产业集群与龙头企业双重优势

杭州纺织服装产业的发展得益于显著的产业集群效应和行业龙头企业的带动。经过多年的发展，杭州形成了余杭家纺、萧山化纤、桐庐针织等多个大型产业集群，这些集群不仅集聚了众多规模以上企业，而且在国内外市场上占据了重要地位。例如，萧山化纤集群汇集了全国化纤行业销售收入排名前 30 位中的 8 家企业，而余杭家纺集群则拥有 394 家规模以上家纺企业。

另外，行业龙头企业的崛起与带动作用，是杭州纺织服装产业快速发展的另一大引擎。浙江荣盛、恒逸集团、意丰歌、江南布衣等企业，作为各自领域的佼佼者，通过持续的技术创新、品牌塑造和数字化转型，不仅实现了自身的跨越式发展，也为整个产业注入了新的活力与动力。恒逸集团依托其在 PTA 和聚酯产能上的技术领先优势，引领了化纤行业的转型升级；万事利集团则凭借其丰富的技术专利和创新能力，成为全球丝绸行业的领军企业；而意丰歌等本土设计品牌，则通过"设计驱动"策略，不断提升产品附加值，拓展国内外市场，为产业注入了更多时尚元素和文化内涵。

如果说产业集群为产业发展提供了良好的生态环境和坚实的基础支撑，那么龙头企业则以其强大的创新能力和市场影响力，引领和推动了整个产业的持续升级与繁荣发展。这种双重优势的结合，不仅为杭州纺织服装产业赢得了当前的竞争优势，也为其未来的可持续发展奠定了坚实的基础。

（四）区域商贸与电商协同优势

杭州作为长江三角洲南翼的重要中心城市，拥有显著的区域商贸中心区位优势。作为中国东南地区的重要交通枢纽和华东地区商品及生产要素的集散地，杭州拥有多个全国知名的服装专业批发市场，其中杭州四季青服装市场在"中国商品交易市场百强市场"中排名第 37 位、在服装专业市场类中排名第 3 位，还有建筑面积达 6 万平方米的意法服饰城。此外，距离杭州仅 60 公里的绍兴柯桥轻纺城，作为全国乃至亚洲最大的纺织品生产基地，为杭州女装产业提供了面料和信息上的优势。

杭州的电商行业协同优势同样显著。作为互联网经济发达的城市，杭州区域内电商平台服务集聚，阿里巴巴、淘宝等大型网络平台为服装产业提供了强大的支持。杭州服装产业在"互联网＋"、国内网销、跨境电商方面起步早、发展快,不仅激活了产业活力,还赋能纺织服装传统产业带开展数字化转型升级。在新零售浪潮的推动下,杭州纺织服装企业加快了"智能终端、智慧门店"的建设,有效推进了供给侧结构性改革,引领了纺织服装产业运营模式的创新。

(五)产业环境与政策扶持优势

杭州以其经济活力和创新能力在全球城市中名列前茅,当前正处于转型升级的关键时期。杭州市政府致力于打造"全国数字经济第一城"和"全国数字治理第一城",使杭州成为继北京、上海、深圳之后的又一个时尚产业聚集高地。截至2023年12月,杭州在智能制造和数字化转型方面取得了显著成效,多家服装企业入选"未来工厂"和"数字化车间"培育企业名单。杭州市委、市政府高度重视纺织服装产业和时尚产业的高质量发展,出台了一系列政策措施,包括数字经济"一号工程""新制造业计划"以及"三化融合"战略部署,推动杭州"时尚e都"建设,进一步促进传统制造业的数字化、智能化转型,助力产业实现高质量发展。

二、产业发展劣势分析

受劳动力、原材料成本上涨,环保压力加大、土地制约等因素影响,杭州服装产业发展遭遇瓶颈,主要问题如下。

(一)传统企业数字化改造动力和能力不足

杭州纺织服装企业多为中小型传统制造企业,多以"工业园区＋农居作坊"的服装产业形态呈现:一方面,企业依赖订单加工,贴牌生产现象较为普遍,处于价值链的中低端;另一方面,管理模式较为粗放,服装营销渠道以直营、加盟店、经销商分销为主,销售形式单一。

(二)产业链发展不均衡

从历年杭州纺织服装产业整体发展数据来看,化纤业和纺织业发展态势良好,而服装服饰业处于比较弱势的地位,其生产总值不到化纤业的1/4,不到纺织业的1/3。化纤业处于产业链上游,为纺织业提供原材料;纺织业处于中游,为服装服饰业提供面料;服装服饰业处于下游,直接面向消费者。这说明杭州产业链上游和中游发展基础较好，下游服装服饰业发展滞后，导致产业链发展不均衡，这也从另一个角度表明服装服饰业作为最终面向消费者的环节，需提升品牌效应和市场竞争力。

（三）品牌影响力、创新力和竞争力不足

如上所述，杭州服装服饰业在品牌建设意识、产品创新能力等方面仍存在制约短板，大部分只能被称为"服装企业"而不是"服装品牌"，特别是部分企业以加工贸易和贴牌生产为主，对原创设计投入较少，自主研发设计力量薄弱，技术创新、时尚创新相对滞后，缺乏一批具有核心竞争力的服装企业，产品同质化严重，行业发展后劲不足。同时，对于现有服装品牌，也缺乏相应的宣传与建设，导致一些在大商场销售额达上百万的杭州服装品牌，其品牌认知度排名却靠后。

（四）时尚产业领军人才、实用型人才不足

上述情况表明，服装服饰行业缺少一批能够引领产业发展的国际化、高端化、权威性的创意设计和品牌运营管理人才，也缺乏一批能够将互联网、物联网、大数据、云计算等技术应用于时尚产业的专业化、实用型人才。由于行业特性、薪资待遇、职业发展空间等因素的限制，许多优秀人才离开该行业，转向其他更具吸引力的领域。同时，产业转移也加剧了人才流失。随着社会经济的发展和年轻一代观念的更新，纺织服装行业在社会中的地位和认可度相对较低，职业吸引力不足。许多年轻人更倾向于选择互联网、金融等热门行业作为自己的职业发展方向，而对纺织服装行业则持观望甚至排斥态度。

三、策略性措施与建议

一是提高生产效率和数字化水平，借助先进技术降低成本，提升品质。数字化转型是提升纺织服装产业竞争力的关键所在。持续鼓励运用数字技术，对纺织服装产业展开多层级、宽角度、全链条的改造，以此提升生产效率，缓解劳动力资源短缺的状况。鼓励企业大力推进数字车间、未来工厂建设，打通工厂与供应链平台数据互联通道，运用ERP、MES＋等管理系统，实现资源优化配置和产能高效协同；借鉴"犀牛智造""宏华快反"等先进模式，依托中国服装科创

研究院等科研机构,在临平区建设服装产业大脑,搭建个性化定制、柔性化生产、小单快反的产业互联网平台,创新企业接单模式、提升品质,精简作业流程,从而降低成本,增加效益,提高企业核心竞争力。通过深化数字化在生产、运营、管理和营销等诸多环节的应用,实现企业及产业层面的数字化、网络化、智能化发展。

二是加强跨界融合和人才培养,引进外部资源,培育创新能力。产业的高质量发展需要重视复合型人才队伍建设,人才作为产业发展要素、创新驱动和数字化转型的保障,同时通过对要素进行向后的垂直整合来提升纺织价值链的竞争力。依托浙江大学、中国美术学院、浙江理工大学、浙江工商大学、浙江科技大学等高校相关专业优势,以"校企协同培养""联合教学培养"等形式培育专业人才。借鉴并推广浙江理工大学与卓尚服饰有限公司共建众创空间的成功经验,鼓励校企开展产学研合作,进行复合型人才培养和人才梯队建设,以保障企业的高质量发展。

三是注重创新发展,培育自主品牌,提升市场认知度。实现高质量发展,需通过优化产业品牌创新设计,深化品牌文化赋能,来促进产业增收。借助杭州国际时尚周、中国(杭州)国际服装产业供应链展、中国(杭州)时尚产业数字贸易博览会等活动,加大企业自主品牌宣传推广力度,提升杭州服装品牌影响力,扩大市场占有率;依托"天目里艺术空间综合体""艺尚小镇"等设计师集聚平台以及双创孵化园等时尚园区,打造设计师原创品牌培育基地,鼓励各品牌加大研发费用投入,推动"杭州设计"向"杭州品牌"转变,提升产品附加值。

四是创新营销模式,拓展渠道策略,增加客户黏性。提升企业应对市场变化的能力,鼓励企业找准市场定位,依托杭州数字经济、电商直播等优势,集中开展直播带货、云端秀场、社群营销、时尚展会、工业旅游等展销活动,做好产业链的终端管理工作。同时,学习借鉴"伊芙丽"建立全链路数字化系统的经验,积极拓展市场。建立杭州服装营销网,推动产融合作,全力开拓国内、国际两大市场,打通国内外双循环通道,降低对国外市场的依赖度。

五是搭建产业平台,促进产业融合发展,形成产业集群效应。加快推进服装产业小微园建设,重点打造"一核三园"格局,以"艺尚小镇"和萧山化纤纺织产业园为核心,推动"桐庐横村时尚智造产业园""临平乔司时尚创意产业园"等协同建设。鼓励和引导企业"入园",通过降低土地成本、缩短供应链距离等方式降本提效;鼓励企业配建职工宿舍,缓解招工难、留人难等问题。支持中国服装科创研究院、浙江省服装产业创新服务综合体等产业服务型平台的系统化建设和产业落地项目建设，推进产业集聚发展。

六是优化产业环境，加强生态建设，实现绿色可持续发展。加大产业集群建设推进力度，完善产业生态建设相关工作。从整体视角，挖掘特定区域的竞争优势，举办创业创新论坛、资源交流对接展会等活动，为企业搭建学习交流平台与供求对接平台、畅通对接渠道、完善对接机制、创新服务方式。进一步营造良好的创业创新环境，强化企业服务力度，提升服务质量，积极为企业排忧解难，并及时发布政策导向信息。

第二章

三大行业运行态势分析(2014—2023 年)

一、工业总产值指标的定量分析

工业总产值指标分析有助于深入理解该产业的运行状况和发展趋势,能为政策制定、投资决策以及行业规划提供重要的参考依据。首先,工业总产值是衡量一个产业规模和经济实力的重要指标。我们通过分析杭州纺织服装产业的工业总产值,可以清晰地了解该产业的总体规模和产出水平,进而评估其在国民经济中的地位和影响力。其次,工业总产值的增长情况能够反映产业的发展速度和趋势。持续增长的工业总产值意味着产业处于扩张阶段,表明市场需求旺盛且发展潜力大。相反,如果工业总产值出现下滑,则可能意味着产业面临市场饱和、竞争加剧或技术落后等问题,此时就需要及时调整发展策略。此外,工业总产值还能反映产业的内部结构变化。例如,我们通过分析不同细分行业的工业总产值占比,可以了解到哪些行业是主导产业,哪些行业具有发展潜力,从而为优化产业结构、促进产业升级提供决策依据。

同时,工业总产值也能揭示产业与外部环境的互动关系。例如,在全球化与贸易保护主义交织的背景下,杭州纺织服装产业工业总产值的变化情况,能反映出该产业在国际贸易中的地位和竞争力,以及应对外部风险和挑战的能力。该指标的关键在于其综合性和实时性。工业总产值涵盖产业内的所有生产活动,能够全面反映产业的整体状况。而且,工业总产值是一个实时更新的指标,能够及时反映产业的发展动态和市场变化。

我们通过深入分析和解读杭州纺织服装产业的工业总产值,可以更好地了解该产业的运行规律和发展趋势,为制定科学合理的产业发展政策、推动产业转型升级提供有力支持。同时,这也有助于增强产业的市场竞争力,提升其在全球价值链中的地位和影响力。

（一）产业整体走势

杭州纺织服装产业历史悠久，其发展历程在表 2-2-1 与图 2-2-1 中得以呈现。以 2014 年产业总产值 1972.4 亿元为起点，2017 年和 2018 年出现短暂调整，分别为 1505 亿元和 1582.5 亿元。此后，产业迅速展现出强劲的回升势头，并于 2019 年攀升至 1867.8 亿元的高位。然而，突如其来的新冠疫情致使其总产值在 2020 年骤降约 400 亿元，跌至 1473 亿元。在随后的三年里，尽管面临重重挑战，产业总产值仍保持稳步增长态势，至 2023 年已逐步回升至 1783.9 亿元，基本恢复到 2015 年的同期水平。

表 2-2-1　近十年产业工业总产值情况　　　　　　（单位：亿元）

年份	纺织业总产值	服装服饰业总产值	化纤业总产值	总产值合计
2014 年	1009.3	295.7	667.4	1972.4
2015 年	922.7	290.6	583.1	1796.4
2016 年	863	265.9	488.4	1617.2
2017 年	742.6	234.4	528	1505
2018 年	742.3	217.6	622.6	1582.5
2019 年	723.2	211.7	932.9	1867.8
2020 年	638.4	178	656.5	1473
2021 年	704	203.8	825.1	1733
2022 年	669.1	229.1	838.5	1736.7
2023 年	658.1	222.4	903.4	1783.9

数据来源：杭州市统计局。

观察整个发展曲线的可知，2016 年、2017 年、2018 年和 2020 年的总产值处于低谷，这反映出产值的下降并非仅由新冠疫情引发，而是受到整体经济大环境的深远影响。在这 10 年中，2014 年的总产值表现尤为突出，堪称十年间的最佳表现。这反映了当时杭州纺织服装产业可能受益于宏观经济环境的正面影响，国内经济的稳健增长和居民收入水平的提高，有力地激发了市场对纺织服装产品的需求。杭州作为中国电子商务的核心枢纽,2014 年,电子商务对纺织服装产业产生了显著推动效应,线上销售的激增为产业总产值的提升注入了强劲动力。此外,政策层面的扶持也是不可忽视的。2014 年,杭州市委、市政府出台了一系列加快信息经济发展的政策措施,涵盖税收优惠、财政补贴和产业升级指导等,以此推动产业的快速发展。

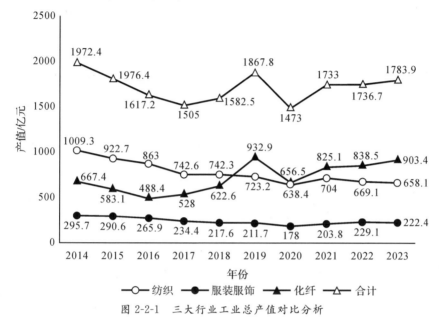

图 2-2-1 三大行业工业总产值对比分析

数据来源:杭州市统计局。

从近十年的整体态势看,纺织业呈现逐渐下滑的态势,服装服饰业虽有小幅波动,但总体保持平稳,而化纤业则呈现逐年上涨的趋势。从产业结构来看,化纤业和纺织业依旧是该产业的主导力量,服装服饰业在整体产业中的占比相对较小。然而,在全球经济一体化和消费升级的大背景下,过度依赖原材料和中间产品的产业结构,极有可能遭遇增长瓶颈。因此,杭州在稳固化纤和纺织业竞争优势的同时,迫切需要积极探索产业升级和转型路径,以提升整个产业链的价值。加强与服装设计、品牌营销等下游产业的联动,推动产业链向高附加值领域延伸,将成为杭州纺织服装产业未来发展的关键所在。这就要求城市管理者和规划者深入剖析产业结构,制定相应的发展策略,加强与服装设计、品牌营销等下游产业的联动,推动产业链向高附加值的方向发展,以实现经济的均衡发展和产业的升级转型。

从图 2-2-1 的数据分析可知，纺织业与服装服饰业呈现出较为平稳的下跌态势，这一现象可能暗示着传统产业在转型与升级的压力之下，正经历着市场需求的调整。相较之下，化纤业则展现出更为剧烈的波动。这种大幅起落既彰显了其强大的市场活力，也预示着行业内部正在发生深刻的变革，这表明新兴产业虽已崭露头角，但同时面临着较高的市场不确定性。这些走势的波动反映了产业的技术创新、市场需求的变化，更受到行业政策调整的深刻影响，为杭州纺织服装产业的未来发展方向提供了重要启示。这也进一步表明，杭州的经济结构偏向于原材料和中间产品的生产，特别是在化纤生产领域，在原材料供应方面具有较强的竞争力，而不是最终消费品的生产方面。这可能对城市的出口结构和经济增长模式产生影响，同时揭示出杭州在国际或国内市场中的定位主要是原材料和中间产品的供应方，而不是最终消费品的生产和销售端。基于此，这就需要在技术创新和产业升级方面加大投入，以提升产品附加值和市场竞争力。这也为城市产业的发展指明了方向：政府可以通过优化投资环境、出台优惠政策来吸引更多的下游产业投资，以实现产业链的延伸和多元化发展，推动产业链的完善。比如，可鼓励服装服饰业的进一步发展，提升产品的附加值。

（二）霸主地位更替

图 2-2-1 详细描绘了纺织行业的演变历程。纺织行业与化纤行业在近十年工业总产值合计上呈现出相似的规模，但走势却截然相反。2019 年之前，纺织行业在纺织服装产业中占据绝对主导地位，总产值占比高达 50%。然而，从 2014 年的 1009.3 亿元起，这一数字逐年下滑，至 2018 年已降至 742.3 亿元，跌幅近 1/4。随后，化纤行业迎头赶上，纺织业丧失了其昔日的霸主地位。特别是 2020 年，受新冠疫情影响，口罩、防护服等卫生防疫用品需求激增，化纤行业借此契机实现飞跃式发展。其工业总产值从 2018 年的 622.6 亿元猛增至 2019 年的 932.9 亿元，涨幅超过 300 亿元。尽管之后有所回落，但化纤行业始终保持着产业内的领先地位。至 2023 年，其总产值已达 903.4 亿元，占据整个产业近 50% 的份额。纺织业则呈现逐步下跌趋势，至 2023 年，其总产值已降至 658.1 亿元，在整个纺织服装产业中的占比为 37%，与 2014 年相比，减少了近 350 亿元，而服装服饰业在整个产业中的占比相对较小，总产值始终维持在 200 亿～300 亿元之间，在近十年的发展中较为低迷，始终未能展现出强劲的增长势头。这一现状不仅反映了该行业面临的挑战，也表明在未来的发展中需要

更加关注并寻找突破口。

(三)产业面临的挑战与转型

纺织行业的下跌趋势,与全球经济环境及国内经济结构的调整密切相关。随着全球一体化进程的加速,纺织产业面临着国际市场的激烈竞争。同时,国内经济的转型升级,也对纺织行业提出了更高要求。在此背景下,纺织企业需要不断提升技术水平和创新能力,以适应市场的变化。化纤行业的崛起则反映了产业结构的调整与升级。化纤行业以其高效、多功能等特点,在市场中逐渐占据优势地位。此外,新冠疫情对纺织服装产业的影响不容忽视。2019年新冠疫情暴发,口罩、防护服、医用材料等产品需求大幅增加,推动了化纤行业的快速发展,但这种需求并不具有持续性。随着疫情得到控制,相关产品的需求也趋于平稳,化纤行业的总产值也随之回落,而传统纺织行业面临原材料价格波动、劳动力成本上升、环保要求提高等多重压力,导致其竞争优势逐渐减弱。显然,新冠疫情之后,消费者需求的变化也对服装服饰行业产生了影响,消费者更加注重舒适性、环保性和多功能性,这就要求纺织服装企业不断调整产品结构,以满足消费者的多元化需求。

总之,纺织服装产业正经历着深刻的变革和调整。这表明在全球化和经济转型升级的大背景下,传统产业需要不断创新和升级,以适应市场的变化。同时也说明,未来纺织服装产业的发展将更加注重技术创新、绿色环保以及品牌建设等方面。因此,对于纺织服装企业来说,要想在未来市场中立于不败之地,就必须加大科技创新和人才培养的投入,提升产品质量和附加值;同时,要密切关注消费者需求的变化,及时调整产品结构和市场策略;此外,还要加强与国际市场的合作与交流,拓展更广阔的发展空间。面对未来,产业需要更深入地剖析市场需求,加大技术创新和产业升级的力度,以实现更为稳健和可持续的发展。

二、近十年 R&D 投入分析

2018—2022年,杭州纺织服装产业的研发投入呈现出稳步上升的趋势。具体来看,规模以上工业企业在研发上的投入比例逐年增加,纺织业从1.6%的起点上升至2.8%,不仅大幅超过了全国平均水平0.87%,更显示了其在研发领域的强劲动力。服装服饰业同样表现出色,研发投入从1.6%增长到2.1%,超出了全国平均水平0.75%。尽管化纤业的研发投入从0.67%增长到1.1%,但与全国平均水平1.64%相比,仍有一定的差距。根据欧盟的标准,研发投入强度超过5%的企业被认为是高研发强度和具有显著的竞争力;1%~2%的投入强度则被认为是中低强度;而低于1%的投入强度则被归类为低强度。在杭州的这三大行业中,纺织业的研发投入强度最高,显示出其在研发上的领先地位;服装服饰业的研发投入强度处于中低强度区间;而化纤业虽然目前处于低强度区间,但其增长潜力和提升空间同样不容忽视。

从研发经费的具体数额来看,2018—2022年,整个纺织服装产业的研发费用分别为18亿元、21.8亿元、52亿元、42.6亿元和42.7亿元。这些数据清晰地表明,2022年的研发费用与2021年基本持平并低于2020年,但与疫情前相比,整体研发投入增长了超过2倍(表2-2-2),综合反映了即使在新冠疫情期间,纺织服装产业技术创新的步伐也未曾放缓,反而在不断加强。

表2-2-2 2018—2022年杭州纺织服装规上工业营业收入和研发费用情况

年份	指标名称	纺织业	服装、服饰业	化学纤维制造业
2018年	营业收入/亿元	635.2	173.7	758.8
	研发费用/亿元	10.2	2.8	5.1
	投入强度/%	1.6	1.6	0.67
2019年	营业收入/亿元	593.1	168.1	873.3
	研发费用/亿元	11.6	2.8	6.8
	投入强度/%	1.95	1.7	0.7
2020年	营业收入/亿元	660.6	196.5	1073.7
	研发费用/亿元	13.4	3.5	13.2
	投入强度/%	2.0	1.8	1.2
2021年	营业收入/亿元	730.4	219.8	1490.5
	研发费用/亿元	18.4	4.2	20.0
	投入强度/%	2.5	1.9	1.3
2022年	营业收入/亿元	686.7	234.7	1592.0
	研发费用/亿元	19.4	5.1	18.2
	投入强度/%	2.8	2.1	1.1

数据来源:杭州市统计局。

三、新产品产值指标分析

一个产业的新产品产值指标是反映该产业创新能力和市场竞争力的重要量化指标。一是创新能力。新产品高产值直接体现了企业在技术研发、产品设计、工艺创新等方面的投入和成效。当新产品产值较高时,说明该产业具有较强的创新能力,能够不断推出符合市场需求的新产品,满足消费者的多样化需求。二是市场竞争力。新产品的推出往往意味着企业在市场上的新机遇和竞争优势。新产品产值高,意味着该产业在市场上的新品占比大,具备更强的市场竞争力。这有助于企业占领更多市场份额,提升品牌知名度和影响力。三是产业结构优化。新产品产值指标也可以反映产业结构的优化程度。随着技术的进步和市场的变化,传统产业需要不断转型升级,发展新兴产业和产品。新产品产值的提升,往往意味着产业结构正在向更加合理、高效的方向发展。四是经济效益。新产品产值通常具有较高的附加值,能够为企业带来更高的经济效益。因此,新产品产值指标也可以作为衡量产业经济效益的一个重要参考。对于政府和企业来说,关注新产品产值指标,有助于更好地把握产业发展趋势,制定科学的发展策略。

(一)近十年新产品产值分析

1.三大行业新产品产值呈现大幅上升态势

图 2-2-2 清晰地显示,纺织业、服装服饰业以及化纤业这三大行业的新产品产值均呈现稳健的上升态势。值得注意的是,尽管纺织业和服装服饰业的新产品产值增长相对平稳,但化纤业的走势却成为决定杭州纺织服装产业整体走势的关键因素。特别是在新冠疫情期间,面对冲击,这三大行业并未出现预期的下滑,反而展现出令人瞩目的增长势头。这一现象深刻地表明了杭州纺织服装产业在应对外部挑战时的强大韧性和创新能力。在新冠疫情的压力下,这些行业不仅未受影响,反而通过推出新产品、优化产业结构等方式,实现了产值的逆势增长。这既反映出这些行业对市场需求变化具备敏锐的洞察与快速的响应能力,也体现了它们在技术创新和产品研发方面的持续投入及深厚积累。此外,化纤业作为决定整体走势的关键力量,其强劲的增长势头无疑为杭州纺织服装产业的未来发展注入了强大的动力。这也预示着,在未来的市场竞争中,

化纤业将继续发挥其引领作用，带动整个产业向更高水平迈进。由于杭州纺织服装产业难以抵制新冠疫情所带来的影响，在 2019 年小幅增长后，在 2020 年出现走低。然而，与疫情前的 2018 年相比，除服装服饰业新产品产值（74.4 亿元）略微较低，纺织业和化纤业的新产品产值均高于 2018 年的同期水平。

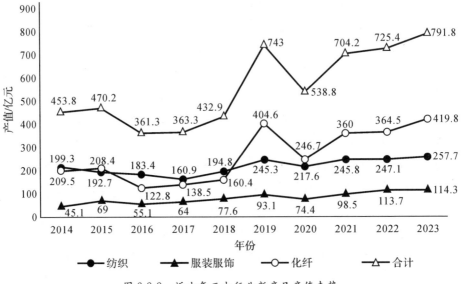

图 2-2-2　近十年三大行业新产品产值走势

数据来源：杭州市统计局。

　　以上种种现象不仅展示了杭州纺织服装产业在应对新冠疫情挑战时的卓越表现，也揭示了其未来发展的广阔空间和巨大潜力。

　　2.纺织业新产品产值

　　在 2014 年至 2023 年的十年间，纺织业的工业总产值呈现出逐步下跌的趋势，而与此同时，其新产品产值及其占比却呈现出截然相反的增长态势（图 2-2-3）。这一鲜明对比，不仅凸显了纺织产业在创新方面的活力与努力，也深刻揭示了产业结构的调整与变革。

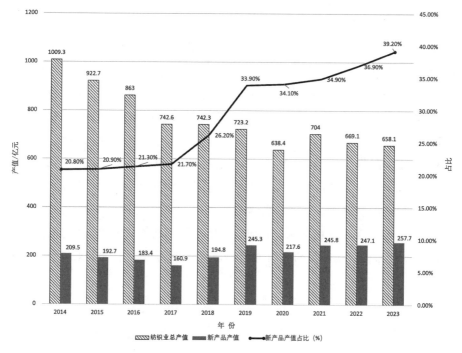

图 2-2-3　纺织业工业总产值与新产品产值的关系

数据来源：杭州市统计局。

　　首先，新产品产值的稳步上升和占比的逐渐扩大，是纺织业创新能力的直接体现。这意味着，在面临市场竞争加剧、原材料价格波动等多重挑战时，纺织企业并没有故步自封，而是积极投入研发，不断推出符合市场需求的新产品。这些新产品不仅丰富了产品线，也提升了整个产业的附加值和竞争力。其次，新产品产值与工业总产值走势相反，也反映了纺织产业结构的调整与优化。这表明随着科技的进步和消费者需求的变化，传统纺织业正在逐步向高技术、高附加值的方向转型。这种转型不仅体现在产品层面，更深入到整个产业链的各个环节。通过加强技术创新、提升产品质量、拓展应用领域等方式，纺织业正逐步实现产业升级和结构调整。

　　由上，2014—2023 年纺织业的工业总产值走势与新产品产值和占比的相反变化，不仅揭示了产业的创新性和结构调整的趋势，也表明在全球化、信息化的大背景下，传统产业要想保持持续健康发展，就必须坚持创新驱动、加快结构调整、提升产业附加值。

3.服装服饰业新产品产值

从 2014 年至 2023 年,服装服饰业的新产品产值在其工业总产值中的占比呈现出逐年上升的显著趋势。具体来说,这一占比从 2014 年的 23.8% 稳步攀升至 2023 年的 51.4%,增幅显著。这一变化背后,一方面是服装服饰业的工业总产值在这十年间呈现下跌趋势,另一方面则是其新产品产值呈现平稳上升的态势。具体来看,服装服饰业的新产品产值从 2014 年的 69 亿元持续攀升,至 2023 年已达到 114.3 亿元,上涨了近 50 亿元,这一增长体现了服装服饰企业在产品研发和创新方面的持续投入的成果。这种趋势表明,服装服饰业正在经历一场深刻的转型和升级。随着消费者需求的日益多样化和个性化,传统的服装服饰产品已难以满足市场需求。因此,企业需要不断推出新产品,以满足消费者的新需求。同时,新产品的高附加值和市场竞争力也为企业带来了更多的发展机遇(图 2-2-4)。

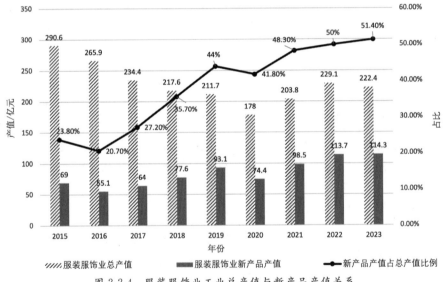

图 2-2-4 服装服饰业工业总产值与新产品产值关系

数据来源:杭州市统计局。

4.化纤业新产品产值

图 2-2-5 清晰地展示了化纤工业总产值与新产品产值之间的紧密关系。从 2014 年至 2023 年,工业总产值稳步增长,从最初的 667.4 亿元攀升至 903.4 亿元,增长了 240 亿元,呈现出稳健的发展态势。与此同时,新产品产值从 2014

年的 199.3 亿元大幅跃升至 2023 年的 419.8 亿元,涨幅显著,凸显了化纤行业在创新研发方面的强劲势头。纵观整个趋势,化纤工业总产值与新产品产值均呈现出虽一波三折,但总体上升的走势。特别是在 2019 年,化纤行业工业总产值出现了急剧上升的情况,同比 2018 年上涨了近 100 亿元。同时,其新产品产值也实现了惊人的增长,同比上涨超过 240 亿元,涨幅尤为显著。新产品产值在工业总产值中的占比同比 2018 年上涨了近 18 个百分点,这充分表明了在新冠疫情期间,人们对原材料的迫切需求,以及防护服、口罩等卫生用品对化纤行业的依赖性。

尽管 2020 年仍处于新冠疫情期间,化纤行业的工业总产值和新产品产值涨幅有所回落,然而其工业总产值和新产品产值仍然高于 2018 年的水平。这显示了化纤行业在面对疫情挑战时,依然能够保持较强的韧性和增长动力。随着疫情逐渐得到控制,化纤行业的工业总产值和新产品产值等数值在后续呈现出逐渐攀升的趋势,预示着行业未来的发展前景依然广阔。

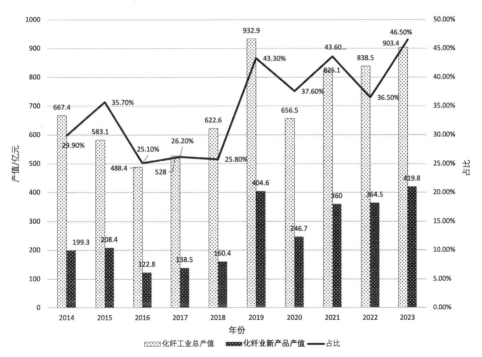

图 2-2-5　化纤工业总产值与新产品产值关系

数据来源:杭州市统计局。

(二)工业总产值与新产品产值走势相反

以上对各个细分行业的工业总产值和新产品产值关系进行了分析,深刻揭示了杭州纺织服装产业在工业总产值与新产品产值方面的鲜明对比。两者走势关系如图 2-2-6 和表 2-2-3 所示。整体上,除化纤业,工业总产值呈逐步下降的态势,而新产品产值则呈稳步上升趋势。具体到分行业,纺织业和服装服饰业的工业总产值均跌宕起伏,但总体呈下滑趋势,而其新产品产值则相反,尽管存在波动,但总体保持持续增长态势。化纤业呈现出不同景象,其工业总产值与新产品产值均逐年上涨,呈现同步态势,这表明该行业在保持总量增长的同时,积极推动新产品的开发与推广。这一趋势不仅体现了行业的创新活力,也预示着产业结构的优化与升级。

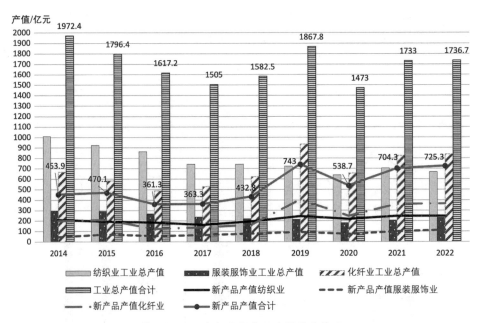

图 2-2-6　三大行业新产品产值总体情况

数据来源:杭州市统计局。

表 2-2-3 工业总产值与新产品产值对比分析

年份	工业总产值/亿元				新产品产值/亿元			
	纺织总产值	服装总产值	化纤总产值	总产值合计	纺织新产品产值	服装新产品产值	化纤新产品产值	新产品产值合计
2014 年	1009.3	295.7	667.4	1972.4	209.5	45.1	199.3	453.8
2015 年	922.7	290.6	583.1	1796.4	192.7	69.0	208.4	470.2
2016 年	863.0	265.9	488.4	1617.2	183.4	55.1	122.8	361.3
2017 年	742.6	234.4	528.0	1505.0	160.9	64.0	138.5	363.3
2018 年	742.3	217.6	622.6	1582.5	194.8	77.6	160.4	432.9
2019 年	723.2	211.7	932.9	1867.8	245.3	93.1	404.6	743.0
2020 年	638.4	178.0	656.5	1473.0	217.6	74.4	246.7	538.8
2021 年	704.0	203.8	825.1	1733.0	245.8	98.5	360.0	704.2
2022 年	669.1	229.1	838.5	1736.7	247.1	113.7	364.5	725.4
2023 年	658.1	222.4	903.4	1783.9	257.7	114.3	419.8	791.8

数据来源:杭州市统计局。

(三)产业创新:细分行业的新产品产值的增长趋势分析

从图 2-2-7 中三个细分行业的新产品产值占比情况来看,这三个行业均呈现出显著的上涨趋势,这充分展示了产业的创新活力和发展动力。首先,服装服饰业的新产品产值占比呈现出势不可挡的上升趋势,从最初的 15.2% 逐步增长至 50%,这一变化表明了服装服饰业在满足消费者多样化、个性化需求方面的积极努力,以及市场对新产品的广泛认可和接受。其次,纺织业的新产品产值从原先的 20.8% 平稳上升至 36.9%,呈现出稳步上扬态势,这显示了纺织业在技术创新和产品升级方面的持续投入和坚定决心。纺织业作为传统产业的代表,能够在激烈的市场竞争中保持稳定的增长态势,实属不易。这也表明纺织业正在逐步摆脱对传统生产模式的依赖,向更加高效、环保、智能化的方向发展。然而,化纤业的新产品产值占比增长过程则显得较为曲折。虽然总体呈现上涨趋势,从 2014 年的 29.9% 增长至 2023 年的 36.5%,但其间不乏波动和调整。这反映了化纤业在面临市场变化和技术挑战时的复杂性和不确定性。这得益于其在新材料、新技术方面的不断突破和创新。

图 2-2-7 三大行业新产品产值在各自工业总产值中的占比情况

数据来源：杭州市统计局。

以上现象表明，随着科技不断进步、市场日益成熟，各行业积极谋求创新突破和转型升级。新产品产值占比的上升不仅代表了行业内创新能力的提升，也预示着未来产业发展的新趋势和新方向。同时，不同行业在创新进程中面临的挑战和机遇也各不相同，需根据自身特性制定恰当的发展战略和措施。

四、产业利润总额分析

杭州的纺织服装产业在近十年间经历了显著的利润跌涨起伏（表 2-2-4）。产业总利润从 2014 年的 157.86 亿元起步，短暂微增至 2015 年的 174.62 亿元后，便步入了持续下跌通道。至 2023 年，利润总额为 104.95 亿元，较 2014 年跌幅近 1/3。这一变化凸显了纺织服装产业正从高利润时代逐步转入微利竞争的新阶段，行业竞争愈发激烈。

表 2-2-4　近十年三大行业利润总额(亿元)

年份	纺织利润总额	服装利润总额	化纤利润总额	总利润
2014	48.59	12.67	96.60	157.86
2015	47.96	12.74	113.92	174.62
2016	44.62	11.99	71.78	128.39
2017	31.09	8.80	29.31	69.20
2018	38.26	12.97	86.55	137.78
2019	24.41	10.08	85.91	120.40
2020	42.57	5.69	75.04	123.30
2021	36.25	10.14	93.14	139.53
2022	26.32	8.79	80.15	115.26
2023	24.00	14.15	66.80	104.95

数据来源:杭州市统计局。

在细分行业中,相比较而言,纺织行业的利润走势表现尤为惨淡。从 2014 年的 48.59 亿元大幅下降到 2023 年的 24 亿元,跌幅近半。这表明纺织行业在面临市场变化、成本上升等多重压力下,盈利能力遭受了严重冲击。相比之下,服装服饰业虽然利润增长有限,但从 2014 年的 12.67 亿元小幅增长到 2023 年的 14.15 亿元,表现出一定的韧性,整体利润维持在一个比较平稳的状态。化纤业作为产业链的重要环节,也面临着利润下滑的严峻挑战。从 2014 年的 96.6 亿元降至 2023 年的 66.8 亿元,显示出利润下滑的严重态势。在纵向比较中,2015 年整个纺织服装产业的利润达到一个高峰,总利润达到了 174.62 亿元,同比 2014 年增速高达 10.6%。然而,随后几年中,产业利润开始波动下滑,特别是在 2017 年,三个细分行业的利润总额均处于近十年的最低点,因此毫无悬念,整个产业利润也跌至近十年来的最低点,仅为 69.2 亿元,同比跌幅超过一半。2017 年正好处于 2018 年经济危机爆发前夕,全球经济形势的动荡对纺织服装产业产生了深刻影响,导致行业增长乏力,利润严重缩水。化纤业的利润总额走向决定了整个行业利润总额的走向(图 2-2-8)。

图 2-2-8　三大行业年利润总额走势

数据来源:杭州市统计局。

五、规上企业数量与亏损指标分析

(一)三大行业规上企业数量和亏损企业数量对比

在近十年的纺织服装产业发展历程中,各行业的规上企业数量及其变动趋势呈现出鲜明的特点(图 2-2-9 和表 2-2-5)。三大行业中纺织业规上企业数量长期稳居榜首,规模体量最大,基本保持在 630~800 家。值得注意的是,2014年纺织业规上企业数量达到峰值,共计 798 家,但随后在 2018 年遭遇低谷,企业数量降至 633 家,减少了 165 家,这反映了纺织业在市场波动中的敏感性。

服装服饰业作为纺织业的下游产业,规上企业数量虽然不及纺织业,却保持着相对稳定的规模,数量介于 230~362 家之间。然而,受近年来新冠疫情等因素的影响,服装服饰业市场出现萎缩趋势,规上企业数量在 2021 年达到最低点,为 234 家。这表明疫情对服装服饰市场的冲击较为显著,企业需要更加灵活地调整市场策略以适应市场变化。相比之下,化纤行业作为纺织业的上游产业,由于行业自身特点,其规上企业数量相对较少,主要集中在 100~152 家之间。尽管化纤行业在新冠疫情影响下经历了短暂的波动,但近年来产业规模呈现出急剧扩大的趋势。特别是在 2023 年,化纤行业规上企业数量达到高峰(152 家)。这既表明化纤行业产业规模的急剧扩大,也意味着有更多的资本和资源投入该行业。

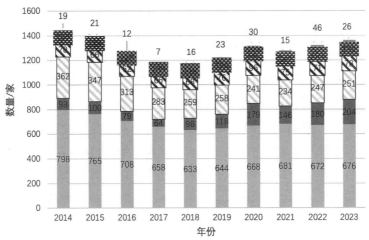

图 2-2-9　三大行业规上企业数量与亏损企业数量

数据来源:杭州市统计局。

表 2-2-5　各行业规上企业数量和亏损企业数量/家

年份	纺织		服装		化纤	
	企业单位	亏损企业	企业单位	亏损企业	企业单位	亏损企业
2014	798	93	362	70	122	19
2015	765	100	347	66	118	21
2016	708	79	313	62	110	12
2017	658	64	283	66	109	7
2018	633	96	259	68	116	16
2019	644	118	258	76	124	23
2020	668	179	241	96	132	30
2021	681	146	234	75	142	15
2022	672	180	247	71	151	46
2023	676	204	251	78	152	26

数据来源:杭州市统计局。

从整体来看,纺织业(不包含服装服饰业)规上企业数量长期处于优势地位,服装服饰业规上企业数量处于中间水平,而化纤行业规上企业数量相对较少。然而,在产值方面,纺织业与化纤业的差距呈缩小趋势。以 2014 年和 2023 年为例,尽管纺织业规上企业数量远超化纤行业,但其工业总产值未能与企业数量成正比。2014 年,纺织业规上企业数量是化纤行业的 6 倍以上,但其工业总产值不到化纤行业的 2 倍;2023 年,纺织业规上企业数量是化纤行业的近 4.5 倍,但其工业总产值不到化纤行业的 73%(表 2-2-6)。这揭示了一个重要现象:在当前的工业结构中,尽管纺织业的企业数量众多,但化纤行业凭借技术创新和市场优势,在产值上逐渐追赶并超越了纺织业。这表明在工业发展中,企业数量并非决定产业竞争力的唯一因素,技术创新、市场策略以及产业链整合等因素同样重要。对于纺织业而言,纺织业虽然企业数量众多,但面临着转型升级的迫切需求。通过加大研发投入、提高产品质量和附加值、拓展国际市场等方式,纺织业可以进一步提升自身竞争力。同时,化纤行业作为纺织业的上游产业,应持续加强技术创新和市场拓展力度,以巩固和提升自身在产业链中的地位。

表 2-2-6　2014 年与 2023 年的三大产业工业总产值的对比情况

年份	工业总产值/亿元			
	纺织总产值	服装服饰总产值	化纤总产值	总产值合计
2014	1009.3	295.7	667.4	1972.4
2023	658.1	222.4	903.4	1783.9

数据来源:杭州市统计局。

(二)规上企业亏损率

图 2-2-10 清晰地展示了纺织业、服装服饰业和化纤业这三大产业的规上企业数量及亏损企业数量。具体来看,纺织业的亏损企业数量在 60~204 家之间波动,年均亏损企业数量高达 126 家,显示出该行业面临较大的经营压力。服装服饰业的亏损企业数量则在 60~100 家之间变化,年均亏损企业数量为 73 家,虽然相较于纺织业有所减少,但同样不容小觑。化纤业的情况相对较好,亏损企业数量维持在 7~46 家之间,年均亏损企业数量仅为 22 家。

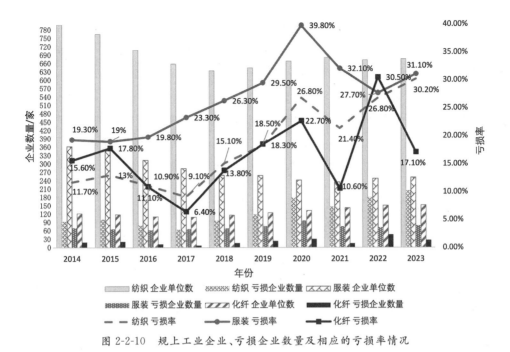

图 2-2-10　规上工业企业、亏损企业数量及相应的亏损率情况

数据来源：杭州市统计局。

　　图 2-2-10 进一步揭示了这三大行业的亏损率变化。其中，服装服饰业的亏损率尤为突出，在 2014 年其规上企业亏损率接近 20％，显示出行业内部存在经营压力。特别是在 2020 年，亏损率飙升至 39.8％，这一显著的增长表明该行业在那一年遭遇了前所未有的经营困境，可能是受全球经济形势、新冠疫情影响、消费者需求变化以及行业竞争等多重因素叠加所致。纺织业的亏损率在 2019 年之前一直处于相对较低的水平，但之后却呈现出明显的上升趋势，从 2014 年的 11％稳步攀升至 2023 年的 30.2％。这一变化可能是行业内部竞争加剧、成本上升以及市场需求变化等多种因素作用的结果。化纤业的亏损率则呈现出较为明显的波动趋势。在 2022 年达到最高点，亏损率为 30.5％，这表明该行业在某些时期同样面临着较大的经营压力。然而，最低点出现在 2017 年，仅为 6.4％，这表明化纤行业处于蓬勃发展期。值得注意的是，在新冠疫情期间，化纤行业的亏损率经历了显著变化。从 2020 年的 22.4％下跌到 2021 年的 10.6％，这可能反映了该行业在新冠疫情初期市场的产品需求变化，这种变化有效地缓解了经营压力。然而，在随后的 2022 年，亏损率却迅速攀高，达到 30.5％，这也许是全球经济复苏缓慢、原材料价格上涨以及国际贸易摩擦等多

种因素共同作用的结果。但值得欣慰的是,到了 2023 年,亏损率又快速下跌到 17.1%,这揭示了该行业在应对外部挑战时所展现出的较强的韧性和适应能力。

以上各项数据均表明不同行业在面对市场变化和外部冲击时,其盈利能力和经营稳定性会受到多种因素的影响。因此,企业需要根据行业特点和自身实际情况,灵活调整经营策略,积极应对市场变化,以实现可持续发展。同时,政府和社会各界也应加强对行业发展的支持和引导,为企业创造更好的发展环境。

六、总结

杭州纺织服装产业在过去十年间,展现出强大的创新能力与市场适应能力。在工业总产值方面,尽管呈现出起伏不定的趋势,但新产品产值始终保持强劲增长势头。随着消费者对时尚、品质和个性化需求的不断提升,该产业持续推出契合市场需求的新产品,新产品产值占比逐年攀升。尤其是在化纤行业,由于新材料、新技术的不断应用,新产品产值增长更为显著。这一变化不仅反映出杭州纺织服装产业在创新驱动发展战略下的积极转型,也预示着其正不断朝着高端化、智能化、绿色化方向迈进。在工业规上企业数量方面,纺织与服装服饰行业呈稳步下跌趋势,而化纤业则稳步上升,体现了产业结构的调整与优化。在亏损率方面,整体上亏损企业数量有所控制,但在特定时期,部分企业可能面临较大的经营压力,亏损率有所上升。

第三章

三大行业出口贸易动态分析(2014—2023 年)

出口是纺织服装产业高质量发展的关键指标之一。出口交货值是衡量该行业国际竞争力的重要指标之一。[①] 出口交货值是从工业企业层面反映报告期生产并用于出口的工业产品总价值量,是工业销售产值的构成项之一,是衡量工业企业生产的产品进入国际市场的重要指标,是现阶段衡量我国大型工业企业融入世界经济的主要参数。其主要指工业企业自营(委托)出口(包括销往港澳台地区)或交给外贸部门出口的产品价值,以及外商来样、来料加工、来件装配和补偿贸易等生产的产品价值。了解出口交货值有助于了解工业企业的出口规模和产品竞争力,为企业制定出口战略和营销策略提供参考。分析纺织服装产业出口产品的状况,其核心和关键在于准确了解杭州纺织服装产业出口产品的状况。

一、杭州纺织服装产业出口规模与增速分析

早在 1986 年,国务院就把杭州列为全国沿海 12 个纺织品出口基地城市之一。1987 年外贸收购值 1.32 亿元,其中布匹占全省出口布总数的 50%,提花家私布、沙发布占 100%。1989 年棉纺织外贸出口达 1.86 亿元,其中杭二棉创汇 2320 万美元,杭一棉创汇 1070 万美元,色织总厂创汇 337 万美元。1990 年,棉纺织个体企业外贸出口额达 2.38 亿元。[②] 相比较而言,近年来杭州纺织服装产业出口规模成百倍扩大。

---

① 陈晓芬,董宏坤.杭州市皮革产业的发展、挑战和应对策略研究(2019—2022)[J].皮革科学与工程,2024(4):106-110.

② 浙江省轻纺工业志编辑委员会."纺织志草稿(12)关于送上《浙江省纺织工业志》第二篇纺织工业修改稿请姜礼均公知审阅提出修改补充意见的函及相关材料"[A].浙江省档案馆,档号:J11-053-055.2-001.

(一)2014—2023年的出口交货值总体变化情况

根据详细的数据统计(表2-3-1),从2014年到2023年,纺织、服装产业的出口交货值总体呈现逐年下降的趋势。具体来看,2014年纺织、服装、化纤行业的总出口交货值高达381.3亿元,而到了2023年,这一数值下降至286.79亿元,累计降幅超过了1/4。从整体趋势来看,2014年和2015年是这十年间表现最为强劲的年份。然而,2016年行业出口交货值急剧下滑至218.9亿元,为2014—2023年的最低点。尽管随后几年有所回升,但2020年受到新冠疫情的冲击,出口交货值再次降至221.2亿元,这一系列数据反映出整个行业的波动性。深入剖析细分行业中的纺织业、服装服饰业与化纤业出口交货值的差异化走势,可以观察到不同行业的独特命运。数据显示,纺织业出口总额约占整个纺织服装产业的近半边天,是稳健的出口巨头,并且占比总体呈现回升态势。这表明杭州服装产业的出口以纺织业为主。紧随其后的是服装业,其占比约为整个出口交货值的1/3,由2014年的近40%,呈现逐年下跌趋势,2023年为19.7%,将近下跌一半。在整个占比中,化纤业体量相对较小,由2014年的12.3%一路上涨至2023年的33%,增幅达168%。

表2-3-1　杭州纺织服装产业及各细分行业的出口交货值

年份	纺织/亿元	服装/亿元	化纤/亿元	总出口/亿元	纺织占比/%	服装占比/%	化纤占比/%
2014	183.42	150.79	47.09	381.3	48.1	39.5	12.3
2015	163.78	154.16	35.32	353.26	46.4	43.6	10
2016	120.52	68.76	29.62	218.9	55	31.4	13.5
2017	142.76	104.86	36.79	284.41	50.2	36.9	12.9
2018	150.76	96.51	42.86	290.13	52	33.3	14.8
2019	140.5	90.5	42.7	273.7	51.3	33	15.6
2020	126.5	61.8	32.9	221.2	57.2	27.9	14.9
2021	141.9	63.5	52.2	257.6	55.1	24.7	20.3
2022	147	64.7	74.64	286.34	51.3	22.6	26
2023	135.53	56.52	94.74	286.79	47.25	19.7	33

数据来源:杭州市统计局。

图 2-3-1 清晰直观地呈现了 2014 年至 2023 年整个产业出口交货总值的变化趋势。在这十年间,2020 年的出口交货值降至最低点。令人欣慰的是,即便受到疫情影响,产业出口并未一蹶不振,而是展现出顽强的复苏势头,呈现出先跌后强势回升的态势。

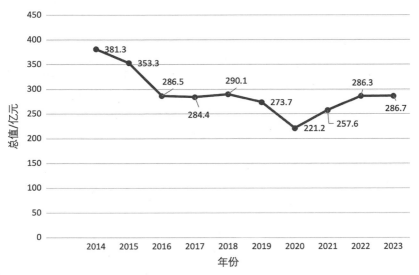

图 2-3-1 2014—2023 年杭州纺织服装产业出口交货总值趋势

数据来源:杭州市统计局。

由图 2-3-1 可以看出,2022 年和 2023 年杭州纺织服装产业的出口交货值与 2016 年和 2017 年的出口交货值颇为接近,均稳定在 286 亿元左右,产业出口迅速恢复了稳定态势。此外,从整个走势来看,尽管后续年份的出口交货值有所波动,但 2014 年的产业出口交货值在近十年中仍处于最高点,凸显出该时期产业出口的强大实力和广阔市场空间。图 2-3-1 的走势,不仅揭示了新冠疫情对整个产业出口的影响,还展现了产业在逆境中坚韧不拔、稳步前行的发展态势。这一趋势提供的宝贵历史数据,能为未来产业发展提供有益参考和启示。

如图 2-3-2 所示,近年来,虽受多重因素影响,总体上,在三大行业中,纺织业出口交货值依然展现出相对平稳的下跌趋势,由 2014 年的 183 亿元逐步下滑到 2021 年的 141.9 亿元,但随后又逐渐恢复至 2023 年的 135.53 亿元。有意思的是,即便在 2019 至 2021 年期间,其整体交货值也表现得相当稳定,维持在高位,显示出行业深厚的底蕴与强大的市场适应能力。

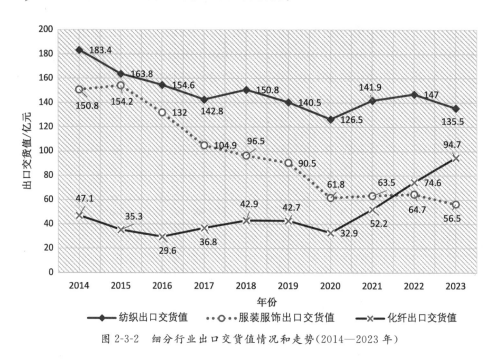

图 2-3-2　细分行业出口交货值情况和走势(2014—2023 年)

数据来源:杭州市统计局。

　　相比之下,服装服饰业的出口走势堪称惊心动魄,出口交货值下跌趋势更为显著,从 2014 年与 2015 年的约 150 亿元的水平迅速下降至 2023 年的 56.52 亿元,跌幅高达 2/3。回顾 2014 年的辉煌,当年出口交货值高达 150.8 亿元。2016 年,该行业出口交货值出现了显著的断崖式下跌,跌幅超过一半,而后有所回升。到了 2021 年,这一数字已锐减至 63.5 亿元,跌幅近 2/3。这说明服装服饰业受新冠疫情影响非常大,消费者信心不足,同时也表明消费者消费需求的变化。2023 年数值继续下降至 56.25 亿元,表明出口的恢复仍然需要很长一段时间。这些巨大落差不仅揭示了服装服饰业面临的挑战,也凸显了全球经济环境的剧烈变动。杭州的服装服饰出口在三大行业出口交货值中的占比较低且逐年下跌,这可能与以下几个因素有关:一是国际市场需求的变化。随着全球经济的发展和消费者需求的变化,国际服装市场的竞争日益激烈,对服装的品质、设计和品牌要求也越来越高,而杭州的服装产业在品牌建设、设计创新等方面难以满足国际市场高端需求的现状。二是杭州服装产业在劳动力成本、汇率环境、贸易壁垒等方面的比较优势正在下降,这使得杭州服装产业在价格上难以与国际竞争对手抗衡,产业也不断向越南、孟加拉国、印尼等国家转移。三是贸易环境的变化。近年来,国际贸易环境复杂多变,贸易壁垒和贸易摩擦不断增多,这也对杭州的服装出口产生了一定的影响。

化纤业出口的发展态势独具特色。尽管此前该行业在一段时间内保持相对平稳发展态势,出口交货值在 2014 年至 2020 年稳定在 30 亿～50 亿元之间,从整体趋势看,仍呈现出稳步上升的趋势。然而,自 2020 年起,这一行业迎来了显著的增长动能,其出口交货值飙升。特别是在 2020 年至 2023 年期间,化纤业的出口交货值每年都以近 20 亿元的幅度持续攀升。2023 年,这一数值更是跃升至 94.74 亿元,相较于 2022 年增速达 21.22%,与 2014 年相比几乎翻番。这一显著的增长不仅彰显了化纤业在市场策略调整方面具备敏锐的洞察力和高效执行力,更凸显了其在全球市场中的稳定性和竞争力。

总体上,从走势来看,纺织业出口交货值一度呈现下跌态势,但随后逐渐趋于平缓,这显示出该行业在应对挑战、适应市场变化方面取得了一定成效,而服装服饰业在经历相似下跌走势后,虽有波动,但整体仍处于下跌态势。这可能得益于行业内部的创新调整和市场需求的改善。然而,服装服饰业在此期间遭受了更为严重的打击,可能需要更多的时间和政策扶持来应对当前的困境。与此同时,化纤业作为技术密集型产业,在全球市场上展现出相对稳定的竞争力。其出口交货值的变化整体较为平缓,波动不大,这说明该行业在面对全球经济环境变化时具备较强的抵御风险能力和市场稳定性。

这些趋势对于制定行业政策和规划未来发展具有重要的参考价值。总的来说,这三大行业的出口交货值走势情况,不仅展现出一幅生动的经济画卷,更深刻反映了各行业在全球经济环境中的适应能力、市场策略调整,以及所蕴含的潜在发展趋势。

(二)新冠疫情期间海外市场变化情况

在新冠疫情期间,纺织服装产业的海外市场经历了前所未有的变化。全球疫情使得消费者需求出现了显著波动,这对纺织服装产业的供应链和市场布局产生了深远影响。受严峻复杂的国外形势影响,原材料价格大幅上涨、海运成本持续走高、汇率波动、全球化进程加速,越来越多的国家涌入纺织服装出口市场,国际市场竞争加剧,美欧等发达国家和地区以及其他一些产业相同的出口国和生产国进行联合抵制,杭州纺织服装产业出口面临各种贸易障碍,订单出现延迟、缩水、退单等现象,相当一部分企业面临业务萎缩的风险。同时,国际物流运输受阻也进一步加剧了纺织服装产业的困境。然而，随着新冠疫情逐渐得到控制，纺织服装市场逐渐复苏。疫情后，消费者的消费行为发生了改变，对于舒适、健康、环保的纺织服装产品需求增加。同时，线上购物逐渐成为消费者购买纺织服装产品的主要方式，这也为纺织服装产业提供了新的发展机遇。

在 2019 年至 2023 年期间，全市纺织服装产业规模以上工业企业的出口交货值经历了一段波折（表 2-3-2）。具体来看，2019 年至 2020 年期间，该值呈现全面下滑趋势，特别是在服装服饰和化纤领域，下滑情况尤为严重。然而，到了2021 年，形势出现了积极的转变，所有相关数值均由负增长转为正增长，尤其是化纤产业的增长幅度显著，这在一定程度上是因为其前期基数较低。2023 年1 月至 12 月，纺织、服装服饰和化纤行业规模以上工业企业的出口交货值分别达到 135.5 亿元、56.52 亿元和 94.7 亿元。然而，2023 年，纺织和服装服饰的出口交货值分别下滑了 8.5% 和 14.5%，而化纤则实现了 21.2% 的增长。这显示出纺织和服装服饰行业同比再次出现负增长。

表 2-3-2 杭州纺织服装产业出口同比增减情况（2019—2023 年）

行业名称	同比增减/%				
	2019 年	2020 年	2021 年	2022 年	2023 年
纺织	−3	−16	7.7	3	−8.5
服装服饰	−21.5	−30.8	2.5	1.8	−14.5
化纤	−15.5	−26	59.4	42.9	21.2

数据来源：杭州市统计局。

受新冠疫情影响最为严重的是服装服饰业，2019—2023 年其规模以上工业企业出口交货值分别为 90.5 亿元、61.8 亿元、63.5 亿元、64.7 亿元、56.5 亿元，同比增减 −21.5%、−30.8%、2.5%、1.8% 和 −14.5%（图 2-3-3），波动明显。通过对纺织业、服装服饰业和化纤业出口总值的比较发现，在新冠疫情的同等影响下，原材料的市场需求不减反增，这也表明杭州纺织服装产业原材料优势明显。也从另一个角度说明尽管部分企业外移到东南亚，但东南亚纺织服装产业目前无法取代中国，因为中国产业体系和链条完整，拥有高效、高水平、灵活的技工队伍等条件。

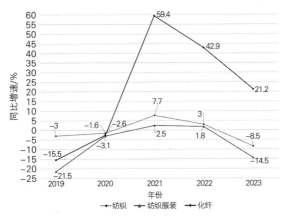

图 2-3-3　产业规模以上工业企业出口交货值同比增速情况(2019—2023 年)

数据来源:杭州市统计局。

从同比增速值走势来看,2021 年各数据呈现上扬趋势,部分原因是前期基底较低。其中,化纤业出现较大增幅,增长率达到了 59.4%,这表明全球对原材料的需求旺盛。首先,疫情防控期间,全球范围内对防护用品的需求激增,特别是口罩、防护服等关键医疗物资。这些产品的主要原材料之一就是化学纤维,因此,随着防护用品需求的增加,化学纤维产业也迎来了大幅度增长。其次,新冠疫情期间人们的生活方式和消费习惯发生了改变,对舒适、透气、易清洁的纺织品需求增加。化学纤维具有耐光、耐磨、易洗易干、不霉烂、不被虫蛀等优点,能够满足这些需求,因此在纺织品市场的份额有所提升。最后,各国政府为应对疫情,采取了一系列经济刺激措施,以支持相关产业的发展。化学纤维产业作为重要的基础原材料产业,也受到了政策的支持和推动,进而实现了大幅度增长。

(三)产业出口交货值在销售总产值中的占比

1.杭州纺织服装产业主要以内销为主

出口交货值占比反映了杭州纺织服装产业在国际市场的竞争力。如果出口交货值占比较高,说明该产业的出口能力较强,产品在国际市场上就具有一定的竞争力。出口交货值高需要有高质量的产品、合理的价格定位、有效的市场营销策略和对国际市场需求的敏锐洞察等条件作为支撑。分析其占比,能揭示杭州纺织服装产业对外部市场的依赖程度。高占比可能意味着该产业更加依赖外部市场。因此,全球经济环境的变化、贸易政策调整或国际市场竞争格局的变化都可能对该产业产生较大影响。在这种情况下,产业相关企业需要更加关注国际市场的动态,灵活调整策略以应对潜在风险。

此外,出口交货值占比还可以作为评估杭州纺织服装产业结构和发展水平的指标。如果出口以高附加值、高技术含量的产品为主,那么这通常意味着该产业的结构更加优化,发展水平更高。反之,如果出口产品主要集中在低附加值、低技术含量的领域,那么该产业可能面临转型升级的压力。我们通过与其他地区或行业的对比,可以进一步了解杭州纺织服装产业在全国乃至全球范围内的地位。如果杭州市的出口交货值占比高于其他地区或行业平均水平,说明该产业在出口方面具有明显优势,对地方经济的贡献也更为突出。通过分析杭州纺织服装产业出口交货值在销售总产值中的占比,可以深入了解该产业的国际竞争力、市场依赖程度、产业结构和发展水平等多个方面的问题,从而为制定更加科学合理的产业发展策略提供有力支持。

表2-3-3详细展示了2014年至2023年期间整个产业出口交货值在销售产值中的占比变化情况。数据显示,基本上每年产业出口交货值在整个销售产值中的占比不到1/5,这表明杭州纺织服装产业主要以内销为主。从占比走势图来看,2014年为19.8%,总体呈下跌趋势,至2023年的16.2%,跌幅接近4个百分点。受新冠疫情影响,2020年的出口交货值仅为15.8%,是近十年的最低点。若从出口交货值的绝对值来看,其下跌幅度更是达到了近25%。这一变化趋势不仅揭示了杭州纺织服装产业出口交货值在近年来呈现明显的下降趋势,更深刻地反映出杭州纺织服装产业在出口方面逐年下跌,逐渐失去其在国际市场上的竞争优势。

表2-3-3 纺织服装产业总出口交货值在产业销售总产值中的占比(2014—2023年)

年份	出口交货值/亿元	销售产值/亿元	占比/%
2014年	381.3	1926.3	19.8
2015年	353.3	1756.3	20.1
2016年	286.5	1555.7	18.4
2017年	284.4	1474.1	19.3
2018年	290.1	1541.8	18.8
2019年	273.7	1531.5	17.9
2020年	221.2	1402.0	15.8
2021年	257.6	1485.9	17.3
2022年	286.3	1716.0	16.7
2023年	286.7	1772.0	16.2

数据来源:杭州市统计局。

这种变化及走势受到多种因素的影响,包括全球经济形势波动、国际贸易环境变化,以及国内产业结构调整等。杭州纺织服装产业需要认真审视这些挑战,并采取相应的措施加以应对,以维持其在国内外市场的竞争力。同时,政府和相关机构也应加大支持力度,为产业转型升级和出口市场拓展提供有力保障。

2.三大细分行业在各自销售产值中的占比分析

分析三大细分行业在各自销售产值中的占比,其目的在于多维度深入剖析产业的内部结构、发展趋势以及潜在机会与挑战。一是了解产业结构:通过细分行业占比的分析,可以清晰地看出哪些细分行业是主导产业,哪些是新兴产业或边缘产业,以及它们各自在总销售产值中的贡献度。这有助于识别产业的核心领域和潜在增长点。二是揭示发展趋势:随着时间的推移,某些细分行业的占比可能会发生变化。通过分析这些变化,可以预测或推断产业未来的发展趋势,明确哪些行业可能逐渐崛起,哪些可能面临衰退。三是评估市场竞争力:不同细分行业的市场竞争状况可能有所不同。占比高的行业可能意味着市场竞争更加激烈,而新兴或占比低的行业可能蕴藏更大的发展空间。分析这些信息有助于企业选择适合自身发展的细分领域。四是制定战略决策:对于企业和政策制定者而言,了解各细分行业的占比数据可以帮助他们制定更加精准的市场战略和政策。例如,企业可以根据细分行业的占比情况来分配资源,优先发展具有潜力的领域;政策制定者则可以根据这些信息来制定支持或引导产业发展的政策,引导行业健康发展。五是发现潜在风险与机会:某些细分行业可能受到宏观经济、国际贸易、技术进步等多种因素影响,占比变化往往隐含潜在风险或机遇。及时分析这些变化,有助于应对潜在风险,把握市场机遇。

表2-3-4所呈现的数据展现了杭州纺织服装产业各细分行业出口交货值与销售产值之间的紧密关联。长期以来,纺织业出口交货值占销售产值的比例稳定维持在18%～20%,这体现该行业稳健的发展态势。然而,2021年,这一比例跃升至30.7%,反映出当年纺织业出口的突出表现。但值得注意的是,尽管出口产值的绝对值保持基本稳定,这实际上是由于疫情的影响,销售产值整体下滑,国内需求锐减,而国外需求的相对稳定,成为支撑杭州纺织业出口贸易的重要动力。

虽然服装服饰业出口交货值的绝对值并不突出,但其在2014—2019年销售产值中的占比始终维持在约50%,占据半壁江山。这充分证明了服装服饰业在国际市场具备较强的竞争力与影响力，其出口业务的变化对整个行业销售产值有着深远影响。然而，在新冠疫情的冲击下，这一占比呈下滑趋势，从2020年的37.8%降至2023年的28.8%，这既揭示了国际市场需求的变化，也反映出行业比较优势的下降。同时，凸显了关注市场发展新动向的必要性。

相比之下，化纤业在出口方面的表现则显得相对温和。2014—2021年，其出口交货值在销售产值中的占比仅维持在6%~7%的低位。但令人欣喜的是，2022—2023年，这一占比有了显著的提升，达到了8%~10%。这一变化表明，尽管杭州化纤业此前在国际市场上的表现并不抢眼，但其在国内市场却展现出强大的竞争力与适应性。这也从侧面反映出，化纤业在国内市场的需求稳健，具有广阔的发展空间。

表2-3-4 三大细分行业出口交货值在各自行业销售产值中的占比情况

年份	纺织业			服装服饰业			化纤业		
	纺织出口交货值/亿元	纺织销售产值/亿元	出口占比/%	服装出口交货值/亿元	服装销售产值/亿元	出口占比/%	化纤出口交货值/亿元	化纤销售产值/亿元	出口占比/%
2014	183.4	986	18.6	150.8	292.5	51.6	47.1	647.8	7.3
2015	163.8	908.2	18.3	154.2	286.5	53.8	35.3	561.6	6.3
2016	154.6	838.0	18.4	132.0	256.7	51.4	29.6	461.0	6.4
2017	142.8	731.9	19.5	104.9	231.2	45.4	36.8	511.0	7.2
2018	150.8	729.0	20.7	96.5	212.8	45.3	42.9	600.0	7.2
2019	140.5	688.7	20.4	90.5	200.0	45.3	42.7	642.8	6.6
2020	126.5	598.7	21.1	61.8	163.3	37.8	32.9	640.0	5.1
2021	141.9	462.0	30.7	63.5	207.1	30.7	52.2	816.8	6.4
2022	147.0	662.3	22.0	63.5	212.0	30.0	74.6	841.7	8.9
2023	135.5	645.1	21.0	64.7	224.7	28.8	94.74	902.2	10.5

数据来源：杭州市统计局。

通过深入剖析各细分行业在销售产值中的占比变化，可以更加清晰地认识到杭州纺织业各领域的发展特点与趋势。这一研究成果不仅有助于精准把握市场脉搏，也为相关企业和政策制定者提供了宝贵的决策依据。

二、产业出口产品结构分析

(一)三大细分行业在产业总出口交货值中的占比

图 2-3-4 中代表年度数据的最高柱状图清晰展示了杭州纺织服装产业出口交货值的总和。柱状图的高低起伏,直观呈现出该产业出口交货值随宏观经济环境波动的情况(具体走势详见本章第一节)。关于三大细分行业出口在整个行业中的占比,从图 2-3-4 和表 2-3-5 中 2023 年的出口占比数据来看,纺织业在杭州纺织服装产业出口交货值中占据显著份额(约占 50%)。相比之下,服装服饰业出口占比呈现明显下降趋势,从 2014 年的近 40% 降至 2019 年的19.7%,降幅接近一半。然而,化纤业的表现则截然不同,其出口占比呈逐步上升趋势。从 2014 年的 12.3% 增长至 2023 年的 33%(约占整个产业出口的 1/3),并在2022 年超过了服装服饰业,成为该产业中占比第二的细分行业。这些变化不仅揭示了杭州纺织服装产业的动态发展,也反映了国际市场的需求变化,同时展示了各行业在全球贸易环境中的竞争态势和适应性。

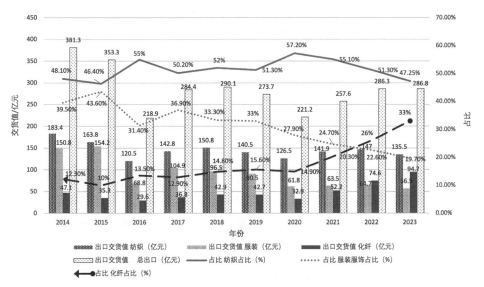

图 2-3-4　纺织服装产业细分行业在产业总出口交货值中的占比

数据来源:杭州市统计局。

表 2-3-5　三大细分行业在产业总出口交货值中的占比情况

年份	纺织占比/%	服装服饰占比/%	化纤占比/%
2014	48.1	39.5	12.3
2015	46.4	43.6	10.0
2016	55.0	31.4	13.5
2017	50.2	36.9	12.9
2018	52.0	33.3	14.8
2019	51.3	33.0	15.6
2020	57.2	27.9	14.9
2021	55.1	24.7	20.3
2022	51.3	22.6	26.0
2023	47.25	19.7	33.0

数据来源:杭州市统计局。

(二)纺织服装出口商品情况分析

由于受限于杭州市统计局的数据,本部分仅对 2019—2022 年的产业出口情况进行分析总结。杭州纺织服装产业出口产品涵盖纱线、面料、服装等多个领域,其中服装类产品占据主导地位。随着消费者对品质和时尚的追求不断提高,企业积极引进先进技术和管理经验,提升产品质量和设计水平,推动出口产品结构优化升级。

统计数据显示,主要出口纺织服装商品总值(图 2-3-6)与产业的出口交货值(表 2-3-4)有所不同。这一差异源于两者定义和计算范围有所不同:出口交货值主要是指工业企业自营(委托)出口(包括销往港澳台地区)或交付外贸部门出口的产品价值,以及外商来样加工、来料加工、来件装配和补偿贸易等生产的产品价值,计算时把外汇价格按交易汇率折成人民币。侧重反映工业企业通过自营、委托或外贸部门实现的出口产品价值,而主要出口纺织服装商品总值是一个更广泛的概念,它涵盖了所有纺织服装商品通过直接、间接等不同渠道实现的出口,甚至包含部分非工业企业的出口,旨在全面反映一个国家或地区纺织服装商品的出口规模和水平。二者虽均反映出口情况,但侧重点和涵盖范围有所不同。

　　表 2-3-6 详细展示了纺织服装产业主要商品的出口情况,从数据中可以洞察到一些深刻的趋势。在 2019 年至 2022 年的四年间,纺织纱线、织物及其制品的出口额稳定保持在近 500 亿元的规模,波动范围在 468 亿～496 亿元之间。而服装及衣着附件的出口额则相对较低,在 320 亿～380 亿元内波动。这一数据对比清晰地表明,每年纺织纱线、织物及其制品的出口额都远超服装及衣着附件的出口额,其超出金额高达 100 亿元。这一现象可能反映了国际市场对纺织纱线、织物及其制品的强劲需求,同时也可能揭示了我国在这些产品领域的生产优势和出口竞争力。然而,服装及衣着附件的出口额虽然相对较低,但仍然保持了一定的增长。这可能意味着随着全球经济的复苏和消费者需求的回暖,未来服装及衣着附件的出口市场仍有较大的增长潜力。

　　表 2-3-6 的数据不仅直观展示了纺织服装产业主要商品出口的情况,还揭示了产业内部不同商品出口的差异和趋势。这对于深入了解产业发展状况、制定出口策略以及优化产业结构都具有重要的指导意义。

表 2-3-6　主要商品出口值情况/亿元

年份	服装及衣着附件	纺织纱线、织物及其制品	总计
2019	362.1340	468.6450	830.7790
2020	299.9847	497.2323	797.2170
2021	320.5290	471.8531	792.3821
2022	380.6398	496.2783	876.9181

数据来源:杭州市统计局。

　　图 2-3-5 所示的主要商品出口情况揭示了两个显著不同的趋势。一方面,纺织纱线、织物及其制品的出口值在 2019 年至 2022 年间整体趋稳,并呈现出逐年微涨的良好态势,其出口值由 2019 年的 468.645 亿元稳步上升至 2022 年的496.2783亿元。这一增长趋势表明,尽管面临诸多挑战,纺织纱线及织物制品仍保持着一定的市场竞争力和需求稳定性。另一方面,服装及衣着附件的出口走势则呈现出较大的波动性。其出口值从 2019 年的 362.134 亿元下滑至 2020 年的近 300 亿元,随后又强劲反弹至 380 余亿元。这种波折不断的走势可能反映出服装行业在应对国际贸易摩擦、市场需求变化以及生产成本上升等面临着挑战和存在不确定性。纺织纱线与服装出口走势的不一致,进一步凸显了不同纺织品在全球市场中的竞争态势和适应能力的差异。

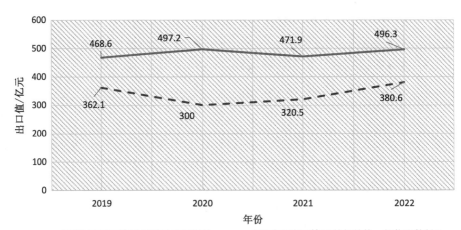

图 2-3-5 主要商品出口走势图（2019—2022 年）

数据来源：杭州市统计局。

这同时也表明，杭州在以出口原材料为主的产业格局下，服装制品等下游产品竞争力相对较弱。上游纺织纱线及织物制品的稳定出口显示了其在市场上的坚实基础和竞争力，而中下游服装行业的波动性则暗示该行业需要更灵活、更具创新性地应对外部环境的变化，以维持其在全球市场的竞争优势。数据显示，2019—2022 年，纺织纱线、织物、服装及衣着附件每年出口总值保持在800 亿元左右，呈逐步增长趋势。其中，纺织纱线的出口值大于服装制品，2020年和 2021 年，两者出口值差值分别约为 200 亿元、150 亿元。这些数据传递了杭州纺织纱线、织物及制品出口产值大于服装及附件出口产值，其原因主要包括以下几点。

（1）产业结构：杭州的纺织业历史悠久，拥有完整的纺织产业链，包括纺织纱线、织物及其制品的生产。这种产业结构使得杭州在这些领域的生产能力和技术水平较高，因此出口量也相应较大。

（2）市场需求：纺织纱线、织物及其制品是服装及附件生产的基础材料，其市场需求相对稳定。同时，杭州的纺织产品以其高质量、良好的性价比和创新的设计赢得了国际市场的认可，从而促进了出口的增长。

（3）政策支持：杭州市政府一直致力于推动纺织产业的发展，通过实施税收优惠、资金扶持等政策，鼓励企业提升产品质量、扩大生产规模、开拓国际市场。这些政策的实施为杭州纺织产业的发展提供了坚实保障。

(4)产业链优势:杭州的纺织产业链上下游协同配合,形成了良好的产业生态。上游的纺织纱线、织物及其制品生产企业在技术创新、产品研发等方面具有优势,能够为下游的服装及衣着附件企业提供优质的材料。这种产业链优势有助于提升杭州纺织产业的整体竞争力,从而推动出口的增长。

综合来看,杭州纺织产业在出口规模、产品竞争力等方面的发展态势反映了产业结构、市场需求、政策支持与产业链协同等要素在全球经济一体化进程中的综合作用机制。对于企业和政策制定者来说,深入剖析这些变化有助于把握市场动态,制定更具针对性的战略和政策,推动行业的可持续发展。

三、出口贸易挑战与机遇分析

(一)总体情况分析

自 2012 年起,杭州市对外贸易处于"内忧外患"的尴尬境地,"内忧"在于产品自身的竞争力方面,面对众多中外竞争者的挑战,杭州市出口产品国际竞争力有所减弱,固有优势产品的市场份额逐步降低;"外患"在于国内外发展环境和竞争对手方面,全球经济增长放缓与竞争加剧,直接导致外贸订单的减少。服装服饰业出口交货值跌势显著,而纺织业和化纤业走势较为平缓,原因主要有以下几点:

从产品竞争力来看,目前杭州市出口产品的国际竞争力还基本体现在低附加值的劳动密集型产品上,以纺织服装等传统优势出口产品和家具、箱包、鞋类、灯具等产品为典型代表,依靠较为低廉的劳动力成本优势,占据产业链低端的低附加值部分;在以研发、营销、品牌为核心竞争力的高端高附加值产业链部分,其竞争力有待进一步培育。纯制造产生的利润较低,全球制造已供过于求。严重依赖廉价劳动力的制造业还存在资源消耗量大、环境污染严重、产品附加值低等巨大隐忧,随着杭州生产生活成本的提高,其在全国范围内成本优势几乎不复存在,而以技术、品牌、质量、服务为核心的出口竞争新优势又尚未形成,杭州出口产品的国际竞争力有所降低。此外,服装生产过程中的原材料、劳动力等成本不断上升,企业利润空间受到压缩。加之国际贸易摩擦致出口成本增加,进一步影响了服装服饰业的出口交货值。

从国内外发展环境来看,杭州市对外贸易发展形势错综复杂、不确定性未根本消除,风险仍然较高。一是国际市场需求尚未得到根本改善。发达国家居民消费和企业投资均缺乏增长动力,市场需求总体依然低迷。新兴经济体需求较为稳定,但难以完全抵消发达市场低迷的影响。外部市场需求疲软直接导致我国出口企业的订单下滑,出口陷入低迷。此外,国际贸易保护主义的抬头也使得服装出口受到一定的冲击。二是杭州经济运行虽然平稳,但风险依然存在。当前杭州正处于工业化、城镇化的重要阶段,经济转型升级处于关键时期,虽具有巨大的发展潜力和空间,但面临的国内外环境复杂,经济平稳运行与风险并存,制约发展的矛盾不断显现。

从市场竞争环境来看,杭州纺织服装产业面临的竞争对手不仅有经济发展水平相当的城市,还涵盖了劳动力成本更为低廉的国家和地区。此外,国际贸易保护主义也进一步抬高了出口门槛。一些国家为了保护本国产业,抢占市场,提高产业竞争力,频繁采取贸易保护措施,如设置关税壁垒、实施反倾销调查等,这些无疑增加了杭州纺织服装产业的出口难度。

(二)杭州纺织服装产业出口面临的挑战与机遇

1.挑战

一是国际贸易保护主义抬头,贸易壁垒增多,给杭州纺织服装产业出口带来一定压力。二是新兴市场的崛起,竞争日益加剧,要求杭州纺织服装产业持续创新,提升自身竞争力。三是原材料价格波动、劳动力成本上升等因素,同样对杭州纺织服装产业出口产生一定影响。

2.机遇

一是"一带一路"倡议和区域经济合作的深入推进,为杭州纺织服装产业拓展海外市场创造了新的机遇。二是消费者对个性化、时尚化产品的需求持续增长,为杭州纺织服装产业创新发展提供了广阔空间。三是智能制造、互联网＋等新兴技术的应用,能为杭州纺织服装产业提升生产效率、降低成本、优化供应链管理等提供有力支持。

四、产业出口贸易结论与建议

我们通过对杭州纺织服装产业出口情况的全面分析,可以看出其出口规模不断扩大、市场分布日益广泛、产品结构不断优化升级。然而,其也面临着国际贸易保护主义、市场竞争加剧等挑战。因此,建议杭州纺织服装产业在保持传统市场优势的基础上,积极拓展新兴市场;加强技术创新和品牌建设,提升产品附加值和竞争力;同时,积极应对国际贸易环境变化,合理利用国际贸易规则和政策,促进出口稳定增长。

为走出当前杭州对外贸易发展困境,提高对外贸易发展的质量和效益,推动出口从传统的生产成本优势向新的以技术、品牌、质量、服务为核心的竞争优势转化,下一步,一是要转型升级,培育出口竞争新优势。围绕产业发展,以市场为导向,引进优质项目、加大技术研发投入、加快智能化建设进程、做优做强,提升产业发展水平。同时,要以市场为导向,以设计和品牌建设为抓手,积极运用高新技术特别是信息技术改造提升传统优势产业,推动传统优势产业向产业链中的高附加值、高技术含量环节延伸拓展,努力提高高附加值传统产品的出口份额。二是要继续落实稳定外贸增长的各项政策,进一步提高贸易便利化水平。完善并落实国家、省、市各项外贸扶持政策,在技改、研发、品牌培育、参展、出口信保等方面给予重点扶持,引导外贸企业调整出口产品结构和市场结构。同时,要积极争取海关、商检、国税等部门的支持,加快通关速度,降低商检费用,提供便捷通关等服务;加强对重点产业和产品出口调查监测分析,完善外贸预警点建设,及时发布预警信息,加大贸易规则的培训宣传力度,做好反倾销、反补贴、保障措施等应对工作。三是积极开拓新兴市场,加快外贸发展方式转变。持续鼓励和扶持企业通过"走出去"、参加境内外各类国际知名展会等途径,大力开拓国际市场,在巩固扩大美国、欧盟、日本等传统市场的同时,更加注重开拓东盟、非洲、拉美、金砖四国等新兴市场。同时,大力发展跨境贸易电子商务,转变传统的外贸营销方式,推动外贸企业借助电子商务开拓国际市场。此外,产业结构调整:随着技术的发展和产业升级,纺织业和化纤业逐渐向高端化、智能化方向发展。这种结构调整使得这些行业的竞争力得到提升,对外部经济环境的依赖度降低,从而在一定程度上减缓了出口交货值的跌势。

第四章

三大行业从业人员结构与变化（1998—2023 年）

　　纺织服装产业作为一种劳动密集型产业,其发展与从业人员的数量和质量紧密相关。在生产过程中,与其他资源相比,人力是主要的消耗对象。例如,1980 年的统计数据显示,一万担蚕加工成丝绸可以为八百人提供劳动就业机会,且该数据表明那些企业还担负着扶持待业青年办集体企业的义务。[①] 反映了当时丝绸企业在促进就业方面的重要作用。从业人员的数量与质量直接影响产业的生产能力和规模,构成产业持续健康发展的基础。本章节通过分析1998 年到 2023 年的从业人员数量变化,揭示了这些数据背后反映的经济发展、产业结构、就业市场、技术进步、政策导向、市场环境以及地区经济差异等多重维度,共同构成了产业发展的全面镜像。

　　劳动力资源的丰富性是纺织服装产业蓬勃发展的关键。当劳动力供应充足时,产业的生产效率和规模可以同步提升。然而,劳动力供应的减少或成本的上升可能会导致产业面临前所未有的挑战。因此,保持稳定的劳动力供应和提升从业人员的技能水平对于产业的可持续发展至关重要。

　　随着社会经济环境的变化,劳动力的供应和需求情况也在不断变化。人口老龄化的加剧和新技术的不断涌现及应用,都可能改变劳动力市场的结构,并对纺织服装产业的发展产生深远影响。现今,中国劳动力结构已经发生了重要转变,劳动力不再是无限供给,制造业劳动力短缺现象将日益严重。[②] 因此,必须充分认识到从业人员数量和质量在产业发展中的重要作用,并不断优化劳动力资源配置,提升从业人员的整体素质,以推动产业的持续健康发展。同时,关

---

　　① 关于丝绸管理体制的一些建议[A]. 浙江省档案馆,档号:J101-043-002-054.

　　② 阮建青,等. 成本上升对中国劳动密集型产业的影响[J]. 浙江大学学报(人文社会科学版),2021,51(6):119-133.

注从业人员就业变化趋势,有助于更准确地预测纺织服装产业的发展方向。纺织服装产业在生产过程中深度依赖劳动力资源。因此,从业人员的数量和质量是产业持续健康发展的基石,这一点在产业的每一个发展阶段都显得尤为重要。

一、劳动力总量与趋势分析

1. 全国农民工监测报告

根据国家统计局发布的 2020 年农民工监测调查报告,2020 年全国范围内农民工的总人数为 28560 万人,相较于前一年减少了 517 万人,降幅为1.8%。[①] 2023 年,统计局数据显示,全国农民工的总人数达到了 29753 万人,相较于 2022 年增长了 191 万人,增长率为 0.6%。在这一群体中,本地农民工的数量为 12095 万人,较上年减少了 277 万人,减少了 2.2%。其中,外出农民工的数量为 17658 万人,比上一年增加了 468 万人,增长了 2.7%。2023 年年末,居住在城镇的进城农民工数量为 12816 万人(图 2-4-1)。[②]

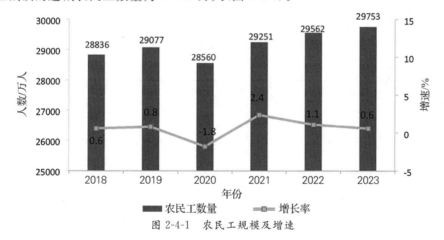

图 2-4-1 农民工规模及增速

数据来源:国家统计局 2023 年农民工监测调查报告。

2023 年,中国农民工的平均年龄达到 43.1 岁(表 2-4-1),较上一年增长了

① 国家统计局. 2020 年农民工监测调查报告[EB/OL]. (2021-04-30)[2024-07-15]. https://www. stats. gov. cn/sj/zxfb/202302/t20230203_1901074. html.

② 国家统计局. 2023 年农民工监测调查报告[EB/OL]. (2024-04-30)[2024-07-15]. https://www. stats. gov. cn/sj/zxfb/202404/t20240430_1948783. html.

0.8 岁，呈现出上升趋势。这一变化在本地农民工中尤为显著，他们的平均年龄为 46.6 岁，而外出农民工则相对年轻，平均年龄为 38.9 岁。从年龄结构来看，40 岁及以下的农民工占 44.6%，表明年轻劳动力占比较大；41～50 岁的农民工占 24.8%，而 50 岁以上的农民工则占 30.6%，这反映出劳动力市场逐渐老龄化的趋势。[①] 在就业领域，农民工的就业结构也发生了显著变化。从事第三产业的农民工占 53.8%，相比上一年提升了 2.1 个百分点，这表明服务业对农民工的吸引力不断增强。与此同时，从事第二产业的农民工占比下降至 45.5%，比上一年减少了 2.3 个百分点，这一变化与制造业等传统产业的转型升级有关。

这些变化表明，随着第三产业的快速发展，农民工的就业机会也在向服务行业转移，这不仅反映了经济发展的新趋势，也体现出农民工群体在就业选择上更加多元化。同时，农民工平均年龄的提高和年龄结构的变化，也对社会的养老服务、医疗保障等提出了新的要求，需要政策制定者在制定相关政策时予以充分考虑。总体来看，农民工群体的年龄增长和就业结构的调整，是中国社会经济发展的一个缩影，对劳动力市场、产业结构调整以及社会政策制定都有着深远的影响。

表 2-4-1　2023 年农民工年龄构成情况

（单位：%）

年龄组	2019 年	2020 年	2021 年	2022 年	2023 年
16～20 岁	2.0	1.6	1.6	1.3	1.2
21～30 岁	23.1	21.1	19.6	18.5	15.4
31～40 岁	25.5	26.7	27.0	27.2	28.0
41～50 岁	24.8	24.2	24.5	23.8	24.8
50 岁以上	24.6	26.4	27.3	29.2	30.6

数据来源：国家统计局。

2. 杭州纺织服装产业从业人员情况

从 1998 年至 2023 年，杭州纺织服装产业的从业人员数量经历了显著的波动。起初，产业人员数量从 17 万人显著上升，于 2007 年和 2008 年达到近 33 万

---

① 国家统计局.2023 年农民工监测调查报告[EB/OL].(2024-04-30)[2024-07-15].https://www.stats.gov.cn/sj/zxfb/202404/t20240430_1948783.html.

人的高峰,占当时杭州市常住人口的 4%。这一增长得益于国际市场对我国纺织和服装产品需求的增加,同时也因城市化进程中农村劳动力向城市的转移。到了 2023 年,整个产业从业人员数量急剧下降至 15.1 万人,几乎减半,回到了20 世纪末的水平。由图 2-4-2 可以看出,纺织业从业人数变化、服饰业从业人数变化、化纤业从业人数变化三条曲线走势分明,这提供了深入剖析产业动态的坚实依据,表明杭州纺织服装产业在过去几十年间的显著起伏。这种变化不仅反映了市场需求的波动,也揭示了经济发展方向的转变,即从劳动密集型向创新发展型产业的转型。同时,产业结构从简单的来料加工向注重创新与技术含量的转变也得到了体现。

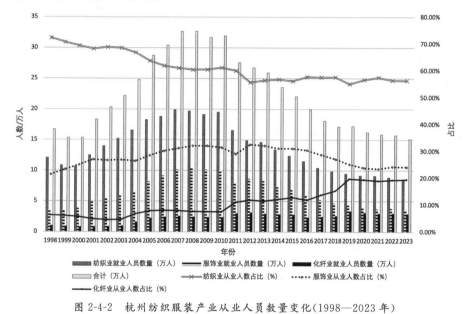

图 2-4-2　杭州纺织服装产业从业人员数量变化(1998—2023 年)

数据来源:杭州市统计局。

　　表 2-4-2 呈现了 1998 年至 2023 年纺织服装产业内不同领域从业人员数量及占比的演变轨迹,清晰展现产业动态。这一时期,纺织业仍占主导地位,但从业人员数量有所减少;而服装服饰业和化纤业则各自呈现出不同的增长态势。这些数据不仅记录了产业 20 多年的变革,也揭示了 2001 年至 2010 年的产业高光时刻。产业从业人员数量的波动,对就业状况产生了深远影响,同时为产业的未来发展带来了新的挑战与机遇,凸显了产业结构调整和创新驱动的必要性。

表 2-4-2　从业人员数量情况（1998—2023 年）

年份	三大行业从业人员数量/万人				从业人员数量占比/%		
	纺织	服装服饰	化纤	合计	纺织	服装服饰	化纤
1998	12.07	3.58	1.04	16.70	72.30	21.46	6.24
1999	10.86	3.57	0.93	15.36	70.69	23.27	6.04
2000	10.65	3.84	0.86	15.35	69.37	25.02	5.62
2001	12.52	4.95	0.88	18.35	68.23	26.98	4.79
2002	14.00	5.43	0.91	20.35	68.83	26.67	4.49
2003	15.21	5.97	1.02	22.20	68.52	26.88	4.60
2004	16.57	6.55	1.67	24.80	66.82	26.43	6.75
2005	18.31	8.19	2.26	28.75	63.68	28.48	7.84
2006	18.82	9.18	2.44	30.44	61.83	30.15	8.02
2007	19.92	10.16	2.57	32.64	61.00	31.11	7.89
2008	19.73	10.48	2.48	32.7	60.36	32.06	7.58
2009	19.17	10.16	2.38	31.7	60.45	32.04	7.51
2010	19.53	10.04	2.38	31.95	61.13	31.44	7.44
2011	16.53	7.99	3.03	27.56	59.99	29.00	11.00
2012	14.87	8.69	3.16	26.72	55.65	32.52	11.83
2013	14.63	8.32	2.98	25.92	56.42	32.09	11.49
2014	13.38	7.32	2.88	23.58	56.75	31.05	12.19
2015	12.39	6.84	2.82	22.05	56.17	31.03	12.80
2016	11.52	6.07	2.37	19.96	57.73	30.39	11.88
2017	10.43	5.20	2.48	18.12	57.57	28.71	13.71
2018	9.87	4.65	2.61	17.13	57.62	27.13	15.25
2019	9.48	4.33	3.40	17.21	55.10	25.14	19.76
2020	9.18	3.88	3.15	16.21	56.65	23.90	19.44
2021	9.12	3.73	3.01	15.86	57.50	23.50	19.00
2022	8.87	3.82	3.03	15.72	56.41	24.28	19.31
2023	8.51	3.65	2.95	15.11	56.32	24.16	19.52

数据来源：杭州市统计局。

纺织业是杭州纺织服装产业的中流砥柱，其从业人员占比始终保持在 60%以上。1998 年，纺织业从业人员数量约为 12 万；至 2007 年，这一数字攀升至历史峰值，高达 20 万。然而，时至 2023 年，受多重因素影响，人员数量锐减至

8.5万,减少了近1/3。尽管数量有所下降,但纺织业在产业中的核心地位依然稳固。特别是从2002年至2013年,纺织业从业人员数量持续保持在高位,繁荣持续了12年。尽管其占比从1998年的72.3%下降至2023年的56.32%,但依然占据产业从业人员总量的一半以上。整体来看,纺织业从业人员数量在2007年之前持续上升,2008年之后则呈现下降趋势。同时,其占比也呈逐年下降之势。

在服装服饰行业方面,其从业人员数量虽有波动,但整体波动幅度相对平稳。具体来看,服装服饰行业的从业人员占比在20%~30%的区间内保持相对稳定,使其成为产业中仅次于纺织业的第二大从业人员群体。1998年,该行业的从业人员数量为3.6万人,此后呈现逐年上升趋势。2005年至2013年间,服装服饰业从业人员数量达到历史高点,2008年达到顶峰10.48万人,2008—2010年一直维持在10万人以上,这一时期可视为服装服饰业的黄金发展期。而后经历了世界经济危机,服装服饰业一路下行。2011年从业人员数量开始逐渐下降,下降趋势一直延续到2023年的3.65万人,与高峰时期相比,下跌了2/3,显示出行业在经历一段调整期后的复苏乏力。

化纤行业在杭州纺织服装产业中呈现出显著不同的增长模式。自1998年起,该行业的从业人员比例从产业总人数的6%稳步上升至2022年的近20%,凸显其作为产业内新兴力量的重要地位。这一增长趋势不仅与纺织业其他分行业的兴衰形成了鲜明对比,而且深刻反映了杭州纺织服装产业内部结构的动态变迁。具体来看,化纤业的从业人员数量从1998年的约1万人增长至2023年的近3万人,实现了近2倍的增长。在这一过程中,从业人员的占比也从6.24%显著上升至19.52%。尤其引人注目的是,化纤业从业人员数量在2019年达到高峰(3.4万人)。之后因全球疫情防控期间产业重组和市场需求转变等因素影响出现下滑,2023年从业人员为2.95万人。这一现象可能在一定程度上加速了化纤行业的技术创新并增强其市场适应性,从而推动了从业人员数量的增长。

从整体趋势来看,化纤业与纺织业的从业人员占比呈现出相反的走势。化纤业的占比逐年上升,而纺织业的占比逐年下降,这意味着纺织业可能面临一定的挑战。这种对比不仅揭示了不同分行业在应对市场变化时的不同策略和适应性,也为理解杭州纺织服装产业的整体发展趋势提供了重要视角。

二、分行业从业人口比例和数量演变原因分析

1998 年至 2023 年,杭州纺织服装产业从业人员数量的变化深刻折射出杭州整体经济和产业布局的动态演变,更在某种程度上反映出全国乃至全球的发展背景与趋势。

杭州纺织服装产业从业人员数量的增减在很大程度上与当地经济的活力和产业的兴衰相关联。随着时间的推移,这一数字的变化不仅反映了杭州在产业布局、结构调整和转型升级方面的努力与成果,也展现了杭州在适应全国乃至全球经济发展趋势中的策略与智慧。从全国范围来看,杭州纺织服装产业从业人员数量的变化是全国纺织服装产业总体发展背景的一个缩影。反映了中国在经济全球化进程中的积极参与和角色转变,以及在全球产业链、价值链中地位和影响力的变化。此外,这一变化还与国际经济环境和全球产业趋势紧密相连。在全球化的浪潮下,杭州纺织服装产业不仅面临着来自国内其他地区的竞争,还要应对国际市场的挑战,把握发展机遇。因此,从业人员数量的变化也在一定程度上反映了杭州在应对全球化挑战、提升产业竞争力方面的努力和成果。

总之,1998 年至 2023 年杭州纺织服装产业从业人员数量的变化是一个极具价值的观察窗口,它不仅揭示了杭州、全国乃至全球的经济和产业发展趋势,还提供了深入分析和思考的素材,有助于我们更好地理解和把握未来发展的脉络和方向。

(一)融入全球贸易

随着全球产业环境的深刻变革,2001 年,中国正式加入 WTO,这标志着中国纺织业正式融入全球贸易体系,开启了向全球纺织中心迈进的新征程。受此影响,杭州纺织服装产业也步入了迅猛发展的快车道,加入 WTO 后,高附加值产品在产业中的比重迅速攀升,中国纺织业迎来了前所未有的发展机遇。随着配额制的取消,贸易自由化进程加速推进,合纤、纺织品、成衣等产业均迅速崛起,成为全球市场的中心。据统计,2001 年我国纺织品出口总额约为 530 亿美元,而到了 2010 年,这一数字已飙升至 2500 多亿美元,充分展现了配额制取消后中国纺织业的强劲发展势头。在持续发展的态势下,2014 年,中国纺织品出口更是达到了历史峰值——3069 亿美元,这不仅是中国制造在纺织国际竞争中

的辉煌成就,更是中国纺织业实力的有力证明。

2001 年,纺织服装产业的从业人员数量实现了显著的飞跃,从 2000 年的 15.35 万人激增至 18.35 万人,一年之内增长了 3 万人。特别是在纺织和服装服饰这两个分行业中,从业人员的增加尤为突出,分别增长了 2 万人和 1 万人。这一上升趋势并未随着时间放缓,在接下来的三年中,每年都保持着 2 万人的稳定增长,这不仅反映出市场对纺织服装产业的极大热情,也彰显了产业本身的蓬勃发展态势。从这个角度来说,加入 WTO 后的十年,对于中国纺织服装产业而言,是一段飞速发展的黄金时代。杭州作为这一产业的关键枢纽,更是在这一时期取得了令人瞩目的成就。当然,这离不开杭州纺织服装产业界不懈的努力与持续的创新精神。

(二)产业的崛起与全球贸易自由化

2001 年至 2004 年间,中国纺织业规模以上企业的固定资产投资累计达到约 3170 亿元,这一投资浪潮不仅推动了纺织业的技术革新,而且提升了高档纺织品和服装的生产比重。特别是在面料的一般贸易出口中,高档纺织品比重超过 85％,而高档品牌服装占据了 25％至 30％的市场份额。

2005 年,全球纺织服装贸易格局发生重大变革,长达 40 年的配额制度宣告结束。根据 ATC 协定,2004 年底已取消 51％的配额,而剩余的 49％配额于 2005 年元旦一次性全面取消,这标志着中国纺织业正式进入后配额时代,得以享受世界贸易组织赋予的贸易自由化权益。随着配额制的废除,中国纺织服装出口迎来了井喷式增长。2005 年,中国纺织业实现了高速增长,对美国、欧盟等原设限地区的出口同比增长高达 62.7％,彰显了中国纺织服装业在国际市场上的竞争力。杭州作为经济强市,其纺织服装产业增加值从 2004 年的 1291.62 亿元增长至 1484.52 亿元,增长率达 14.9％。对外贸易方面,杭州的进出口总额从 222.91 亿美元攀升至 275.67 亿美元,同比增长 23.6％,出口额从 155.13 亿美元增长至近 180 亿美元,同比增长 27.3％。

在全球经济复苏,特别是美国和欧洲经济体强劲增长的背景下,杭州的出口导向型企业获得了广阔的发展空间。多边贸易体系的深化和国际贸易壁垒的减少,为杭州纺织行业带来了更多参与国际竞争的机会。杭州的人均 GDP 从 2004 年的 43912 元跃升至 2005 年的 49810 元,体现了人民生活质量的稳步提升和经济的蓬勃发展。纺织业、服装服饰业从业人员数量也呈现出快速上升的趋势，从 1998 年的 12.07 万人和 3.58 万人增长至 2008 年的 19.73 万人和 10.48 万人。2005 年，纺织服装产业实现了跨越式的大增长，成为杭州经济的支柱产业。这一时期，不仅标志着杭州经济强市的崛起，更预示着其巨大的发展潜力。无论是 GDP 的显著增长、产业结构的优化升级，还是固定资产投资的迅猛增长和对外贸易的强势扩张，都充分证明了杭州经济的腾飞。纺织业规模以上企业数量显著增加，服装服饰业新增近 60 家企业，化纤业规模以上企业数量实现翻番。这一系列的增长成果，归因于国内外宏观经济环境的积极影响，以及杭州精准的发展定位和有效的实施策略。

（三）杭州纺织服装产业的挑战与调整

2008 年爆发的国际金融危机对世界经济造成重大冲击，此后我国纺织出口也出现了萎缩。2011 年全球经济断崖式下跌，杭州纺织服装产业遭遇临界点，进入调整提升期。这一年，发达国家经济普遍疲软；欧元区深陷欧债危机，危机向核心国家蔓延，导致整个欧元区经济全面下滑；美国，次贷危机的影响尚未完全消除，经济复苏之路波折重重；日本经济因地震遭受重创。与此同时，局部政治动荡为全球经济的未来增添了不确定性。这些发达国家的经济疲软不仅影响了自身的复苏，更波及新兴市场，导致全球资金明显从新兴市场流出，流向美国等发达国家市场。在这一背景下，美国为了重振制造业，提出了多项措施，并在贸易领域对中国等国展开调查，这无疑给包括纺织服装服饰业在内的中国制造业和出口贸易带来了沉重打击。

对于杭州的纺织服装产业来说，2008—2011 年无疑是充满挑战的时期。受国内外经济环境的影响，该产业的出口数量增幅明显回落，而平均价格却持续提升。在此期间，杭州的纺织服装产业进入下跌期，面临着生产趋冷、出口增长乏力、订单萎缩、库存持续走高、亏损企业增亏加重等多重问题。企业亏损率除受 2008 年经济危机影响波动较大，其他年份基本保持在 10% 左右。分行业来看，服装服饰规上企业数量在 400～600 家，亏损率约为 20%；与之相反，化纤业全面进入上涨期，规上企业数量达到了 80～90 家，比之前增长了近 2.4 倍。虽然其企业亏损率呈现出跌宕起伏的趋势，但整体上与服装服饰业的亏损率较为接近。

（四）劳动力变迁

杭州纺织服装产业人口红利消失，产业转型成为必然趋势。杭州作为中国的纺织服装重镇,其产业的发展历程与劳动力市场的变迁紧密相连。纺织服装产业作为典型的劳动密集型产业,长期以来依赖着庞大的廉价劳动力。然而,随着时间的推移,这一产业红利正在逐渐消失,从业人员数量的减少成了一个不容忽视的现象。表2-4-3显示,从业人员数量从2014年的23.58万人下降到2023年的15.11万人,减少了近8万人。值得注意的是,纺织业人数的下降尤为明显,由约13.38万人锐减至约8.87万人,减少近5万人。服装行业的人数自2014年以来近乎减半。化纤业却呈现出平稳的发展态势,甚至在稳定中有所增长。这一变化不仅反映了杭州纺织服装产业的结构调整与市场需求的演变,也为产业政策制定者、企业决策者及学术界提供了宝贵的数据支撑。通过对这些数据的深入分析,相关人员可以更准确地把握行业发展趋势,预测未来市场动向,从而指导产业发展与人才培养工作。

表2-4-3所显示的数据,反映出人口红利逐步消失的现实。一方面,是由于人口结构的变化。随着老龄化社会的到来,劳动力市场的供给逐渐减少,而纺织服装产业对劳动力的需求却依然旺盛。另一方面,年轻一代的就业观念也在发生变化。与过去人们愿意从事简单重复的工作不同,现在的年轻人更加追求工作的多样性和发展性,不愿意再进入工厂从事传统的劳动密集型工作。面对这种情况,产业转型和升级成了必然的选择。这意味着企业需要通过技术创新和自动化设备的引入,减少对人工的依赖,提高生产效率;同时,政府和社会也需要加强对职业技能培训和职业教育的投入,提升劳动力的技能水平和就业竞争力。

表2-4-3 产业就业人员数量情况(2014—2023年)

年份	纺织业就业人员数量/人	服装服饰业就业人员数量/人	化纤业就业人员数量/人	合计/人
2014	133,825	73233	28756	235814
2015	123,853	68430	28215	220498
2016	115,243	60652	23713	199608
2017	104,329	52033	24853	181215
2018	98710	46468	26120	171298
2019	94821	43266	34006	172093
2020	91831	38750	31519	162100
2021	91188	37274	30136	158598
2022	88656	38169	30348	157173

数据来源:杭州市统计局。

杭州纺织服装产业从业人员的减少，反映出该产业正经历一系列的结构性调整和优化。首先，杭州长期作为纺织服装产业的重要集聚地，地理位置优越、交通便捷、市场发达，但随着经济发展、人口结构变化以及全球化浪潮下市场竞争的加剧，劳动力成本逐渐上升，为降低成本、提高效率，这使得一些企业将生产基地转移到劳动力成本更低、政策环境更优惠的周边地区。

其次，劳动力成本的上升不仅导致企业减少用工数量，还促使企业转向使用更高效的自动化设备替代人工，此举进一步加剧了从业人员数量的下降。体现杭州纺织服装产业主动适应市场变化、加速产业升级的发展态势。同时，也反映出劳动力市场格局变动和企业成本管控需求。然而，需要注意的是，产业转移和外迁并非唯一原因。产业升级、技术进步和市场竞争加剧等均对从业人员数量产生影响。

在产业升级与转型方面，随着技术进步和市场变化，纺织服装产业可能从传统的生产方式转向更高效、自动化的生产方式，或从低附加值的加工制造向高附加值的设计、品牌等方向转型。这些变化可能导致部分从业人员失业或转行。与此同时，在市场竞争加剧的背景下，企业可能通过裁员、合并或关闭生产基地等方式来降低成本、提高竞争力，加剧从业人员数量的减少。

杭州纺织服装产业从业人员的减少，或在一定程度上反映出该产业存在产业转移和外迁现象。不过，还需关注其他因素对从业人员数量变化的影响，并采取积极的措施应对这些挑战，以促进产业的可持续发展。总的来说，杭州纺织服装产业从业人员数量的下降，既是挑战，也是机遇。这一现象提醒相关部门与从业者，必须正视人口红利消失的现实，积极推动产业转型与升级，从而适应新的经济发展阶段。同时，这也表明需要更加重视人力资源的开发和培养，为产业的可持续发展提供坚实的人才支撑。

（五）从业人员结构变化情况分析

近年来，纺织服装产业的从业人员结构发生了一系列变化，这些变化不仅反映了产业内部的调整，也揭示了外部经济环境的影响，主要受技术进步、市场需求、产业结构调整以及全球经济环境等因素驱动。

首先，在技术层面，自动化、智能化等技术的不断发展，使得大量传统手工和机械操作岗位被自动化设备和智能系统所取代。这导致一些低技能岗位数量的减少，而高技能、高技术含量岗位需求攀升。产业对技术人才的渴求愈发强烈,传统手工劳动者则面临就业压力。其次,市场需求的变化也对从业人员结构产生了影响。随着消费者需求的多样化和个性化,促使纺织服装产业需要更多的设计师、市场营销人员等创意和营销类人才。同时,随着环保意识的增强,绿色、环保生产方式和产品需求也在增长,这要求产业吸纳更多环保技术和管理人才。此外,产业结构调整也对从业人员结构产生了影响。一些传统的纺织服装制造企业逐渐向高端制造、品牌经营转型,这要求从业人员具备更高的专业素质和技能水平。同时,一些企业开始注重产业链的整合和优化,加强了上下游企业之间的合作,这就需要从业人员具备更强的协调和合作能力。最后,全球经济环境的变化也对纺织服装产业从业人员结构产生了影响。随着国际贸易环境的变化和市场竞争的加剧,企业需要更多的国际化人才来拓展海外市场和应对国际竞争。同时,一些国家对纺织服装产业的政策支持,也为从业人员提供更多的发展机遇。

从产业内部结构来看,不同行业领域的从业人员数量变化存在差异。例如,纺织业的从业人员数量下降幅度较大,而化纤业则保持平稳态势甚至稳中有升。这种差异可能与不同领域的技术发展、市场需求以及产业政策有关。作为传统的劳动密集型产业,纺织业受技术进步和市场需求变化的影响较大,因此从业人员数量下降较快。相反,化纤业则可能因技术创新和产业升级,保持了相对稳定的从业人员数量。此外,年轻一代就业观念也发生变化。相较于过去,如今的年轻人不再满足于简单重复工作,而是更加追求工作的多样性和发展性,这导致一些传统的劳动密集型岗位面临招聘难的问题,进一步加剧了从业人员数量的下降。

三、从业人员工作状况综合分析

(一)工资收入情况

1. 20 世纪和 21 世纪纺织工人工资对比

杭州作为中国重要的纺织服装产业基地之一,拥有众多的纺织服装企业和从业人员。工人工资水平无疑是焦点话题。1981 年,杭州国营工业企业,呈现出职工个人收入增长与生产增长不协调的现象。这一年,劳动生产率只增长

1％，但除了固定工资以外的其他各项工资性支出却大幅增加。尽管国家一再强调控制奖金发放金额，全市奖金支付金额虽然稍有控制，比 1980 年减少 3.91％，但超额计件工资及各类加班工资支出，分别增长了 7.3 倍和 36.95％。如缝纫机厂，1981 年除粮贴、副食品补贴以外职工的加班加点工资、其他津贴以及奖金三项合计达 72.31 万元，占工资总额的 43％。全厂职工月平均工资为 49 元，而三项额外收入达 37 元，月平均收入达 86 元。按全年折算，职工额外收入相当于多拿了 9 个月的工资。其中，平均每人每月加班工资 15.51 元，折算下来每人每年加班天数高达 113 天，是固定假日的天数的 2 倍。[①] 尽管每年的具体增长率因各种因素而有所波动，但整体上呈现的是积极向好的发展态势。

2023 年，从整体工资水平来看，浙江省制造业平均工资的上升速度超过了全国平均水平。[②] 同样，杭州纺织服装产业从业人员的平均工资较全国平均水平略高。这主要得益于杭州较强的经济实力，使得杭州有着相对较高的生活成本。2023 年 8 月，杭州市人力资源和社会保障局基于企业薪酬调查，通过薪酬调查填报系统，抽样采集 2022 年企业人工成本和从业人员工资报酬数据，并在对调查数据进行筛选、分类、汇总、分析的基础上确定。采用更具代表性的百分位数（10％、25％、50％、75％、90％）进行统计。相较于平均数易受极端值的影响，百分位数能更好体现数据的相对水平。因此，在本书中使用百分位数，其中 n％的数据表示小于此数据。例如 50％表示被调查中 50％的人小于此数据。杭州纺织服装产业的工资统计情况如表 2-4-4 所示。

① 杭州市 1981 年市属国营工业企业经济效益的分析[A].浙江省档案馆,档号:J105-028-719-131.
② 阮建青,等.成本上升对中国劳动密集型产业的影响[J].浙江大学学报(人文社会科学版),2021,51(6):119-133.

表 2-4-4 2023 年杭州市人力资源市场工资价位及行业人工成本信息①

（单位：元/年）

序号	行业门类及大类	分位值				
		10%	25%	50%	75%	90%
分行业门类和大类企业从业人员工资价位	制造业	51600	66451	88392	128832	211590
	纺织业	46200	56386	70838	88913	112475
	纺织服装、服饰业	47142	55448	62467	81467	106697
	化学纤维制造业	63735	76106	87925	102347	157784
分职业小类企业从业人员工资价位	纺织服装工程技术人员	45130	56856	68832	95791	134292
	纤维预处理人员	45800	52413	58978	65539	89450
	纺纱人员	38262	45384	56236	69172	79701
	织造人员	47071	55800	69780	84048	95087
	针织人员	35018	43857	50000	62851	84392
	非织造布制造工	45721	49608	56801	64835	74605
	印染人员	55065	67263	79000	93012	110746
	其他纺织、针织、印染人员	42657	49310	66427	79067	94089
	纺织品和服装剪裁缝纫人员	46190	53006	61434	74496	90318
	皮革、毛皮及其制品加工人员	38186	47484	67977	91741	117441
	羽绒加工及制品充填工	36342	40110	86640	104888	112155
	鞋帽制作人员	48043	51299	57540	69391	81161
	其他纺织品、服装和皮革、毛皮制品加工制作人员	44719	48000	54497	64918	87716
	化学纤维原料制造人员	66425	71877	81754	88922	106581
	化学纤维纺丝及后处理人员	68520	78713	87716	95658	103725
	其他化学纤维制造人员	62130	70943	86113	96757	117599
分职业中类企业从业人员工资价位	纺织、针织、印染人员	47229	58786	73903	87661	104583
	纺织品、服装和皮革、毛皮制品加工制作人员	46272	52176	60343	73513	89562

数据来源：杭州市统计局。

---

① 杭州市人力资源和社会保障局. 2023 年杭州市人力资源市场工资价位及行业人工成本信息 [EB/OL]. (2023-08-01)[2024-07-12]. https://zjjcmspublic. oss-cn-hangzhou-zwynet-d01-a. internet. cloud. zj. gov. cn/jcms_files/jcms1/web3095/site/attach/0/e2cacbfe8e154db7a1c851be1b233660.pdf.

表 2-4-4 详尽地揭示了 2023 年度不同行业、不同岗位人员的实际工资报酬水平。从行业细分和大型企业员工的工资水平来看，化纤业傲居榜首（其中 50％的员工年收入高于 8.7 万元），纺织业紧随其后（50％的员工年收入低于 7 万元），而服装服饰业（50％的员工年收入低于 6.2 万元）则位列三者之末。

杭州市制造业人员的工资水平数据显示，50％的制造业人员年收入低于 8.8 万元，25％的年收入低于 6.6 万元。相比较而言，杭州市纺织服装产业从业人员工资水平均低于制造业平均水平，这意味着纺织服装产业的劳动密集型特性和较低的附加值导致其从业人员的工资水平相对较低。同时，也表明纺织服装产业可能更多地依赖基础操作岗位。表 2-4-4 数据显示，纺织、服装服饰和化纤这三大行业的员工工资普遍不高，25％的年收入低于 5.6 万元，即使是收入较高的化纤业也未能与制造业整体水平相匹敌，特别是高收入这个区间。例如，制造业 75％的员工年收入低于 12.89 万元，而化纤业 75％的员工年收入低于 10.23 万元（表 2-4-4）。

同样，受岗位技术品类差异影响，这三大行业的员工工资呈现出不同的特点。整体而言，这三大行业从业人员的年收入中位数集中在 5 万～7 万元。化学纤维相关的原料制造人员、纺丝及后处理人员等岗位的工资水平较高，这些岗位 50％的员工年收入不低于 8 万元。然而，针织工人的年收入则相对较低，50％的年收入低于 5 万元。其他如纺织品加工制作人员、非织造布织造人员、鞋帽制作人员以及纤维预处理人员的工资水平也偏低，纺纱人员的年收入 50％的员工工资低于 6 万元。尽管部分岗位如印染人员和羽绒加工及制品充填工等岗位的从业人员年收入接近 8 万元，但从职业特点来看，这些岗位的工作环境相对较差，工作强度较大，从事这些岗位工作的人属于较为辛苦和劳累的工种，这可能意味着较高的工资水平是对较差工作环境和较大工作强度的一种补偿。以上这些数据与网上招聘所显示的职务级别对应的薪资水平相契合，充分体现出市场因素对工资水平的直接影响，反映了劳动力市场对不同岗位的需求和供给状况。

2. 招聘网显示的数据

根据最新招聘网统计的数据，普通纺织工人的月工资大约在 4000～6000 元，而技术工人和管理人员的月工资则可以达到 8000 元以上，甚至更高。根据 2023 年杭州市人力资源统计数据，约有 10％的其他纺织、针织、印染人员年收入不低于 9 万元。职集网 2024 年的统计数据（图 2-4-3）表明，该网站最新招聘工人的月工资基本在 1.1 万～1.6 万元。需要注意的是，职集网统计的这一工资数据,可能因样本选取范围有限,存在一定的局限性,因此该数据仅供参考,并不具代表性。

浙江恒逸集团有限公司 ¥16.1K	浙江正凯集团有限公司 ¥14.7K
14.2万人气／服装/纺织/皮革／10000人以上	2.1万人气／服装/纺织/皮革／1000-4999人
"一家专业从事化纤与化纤原料生产的现代…	"一家专注于全球PET与纺织两大产业发展…
杭州万事利丝绸文化股份有限公司 ¥13.4K	达利（中国）有限公司 ¥13.2K
4.3万人气／服装/纺织/皮革／1000-4999人	5.8万人气／服装/纺织/皮革／1000-4999人
"让世界爱上中国丝绸"	"是一家集丝绸印染、后整理和成衣设计及…
浙江凯喜雅国际股份有限公司 ¥12.5K	西纳维思(杭州)服装服饰有限公司 ¥11.6K
3.9万人气／贸易/进出口／10000人以上	6.1万人气／服装/纺织/皮革／1000-4999人
"国际丝绸联盟主席单位和浙江省丝绸协会…	"布诚信之道、养企业精魂、做百年品牌"

图 2-4-3　2024 年 7 月在职集网显示的纺织服装产业的招工工资待遇情况

资料来源:职集网。

工资的构成与计算方式对于工人来说至关重要。在杭州纺织服装产业中,特别是服装服饰业,工人们通常按照流水线作业,工资实行计件制,且往往没有固定休息日。这意味着他们的月工资直接取决于所完成工序的数量、产量、质量以及市场行情。不同岗位的工资水平存在显著差异。其中,生产线上的普通工人和缝纫工的工资相对较低,而具备一定的技术和经验的工人,工资便会明显提升。例如,熟练的裁剪工和样衣师傅的工资通常高于普通工人。此外,涉及设计、研发和管理的岗位,如服装设计师、工艺师和生产经理等,薪资通常较高,月薪可达到 1 万元以上。但此类岗位仅占少数,其工资水平具有较高的行业标杆性。据杭州市调查显示,约 10% 的纺织服装工程技术人员年收入超过13 万元。同时,受旺季与淡季影响,工人的工资往往会有显著的差异。随着杭州纺织服装产业逐渐向高端化、智能化转型,高技能人才和技术型岗位需求持续增长,相应岗位的工资水平也在不断上升。

3.岗位工资分析

(1)服装服饰业——车间工人。例如,临平区乔司镇五星村是女装产业集群的核心地带,是一个典型的"服装村"。这里聚集了 800 多家各类规模的服装及辅料加工厂,吸引了超过 3 万名外来人口,其中七成以上人员从事服装行业。每年上半年,进入淡季,工人们主要制作工价较低的薄款女装。技术娴熟的工人一天能赚取 200～250 元,而技术稍逊一筹的则能赚取 150～190 元。根据统计数据,普通纺织工人的月工资在 4000～6000 元,技术工人和管理人员的月工资则可以达到 8000 元以上,甚至更高。个别手脚麻利、技术精湛的工人能突破万元大关。为了增加收入,许多工人自发选择加班,尽管有时加班并不总能带来满意的回报。因此,工人们为寻求更高工资而频繁跳槽的现象屡见不鲜①。

(2)服装服饰业——制版师。据 BOSS 直聘网统计,杭州 83.8% 的服装制版岗位月工资为 8000～15000 元,2023 年杭州服装制版岗位平均月工资较 2022 年增长了 56%。按学历统计,大专及以上学历人员的月平均工资为 12800 元。按工作经验统计,具有 1～3 年工作经验的月平均工资为 11900 元,且工资随着经验的增长而提升。按区域统计,临平区纺织服装产业从业人员月平均工资为 12800 元。

(3)服装服饰业设计师。同样地,BOSS 直聘依托其平台近一年内企业发布的公开薪酬数据(涵盖杭州地区服装与纺织设计行业的 499539 份样本)进行深入分析,结果显示,2023 年 4 月该领域的平均工资水平已攀升至 10166 元(图 2-4-4)。尤为值得注意的是,在杭州服装设计师的薪酬结构中,超过半数(53.3%)的岗位月薪介于 8000～15000 元,这一区间不仅反映了行业内较为普遍的薪资水平,相较于 2022 年,薪资水平显著增长,增长率高达 12%。

进一步观察应聘设计师岗位的年龄分布可见,该领域正展现出强烈的年轻化趋势:约 63% 的求职者年龄集中在 24 岁以下,体现了新生代设计师的蓬勃活力与创造力;紧随其后的是 25～29 岁,占比达到 26%,这部分人群往往拥有丰富的实践经验和一定的行业认知;而 30～34 岁的设计师仅占 7%,35 岁及以上的资深设计师则更为稀少,仅占 4%(图 2-4-5)。这一系列数据不仅印证了服装设计师职业的高度吸引力,也揭示了该行业在吸引并保留年轻人才方面的独特优势。

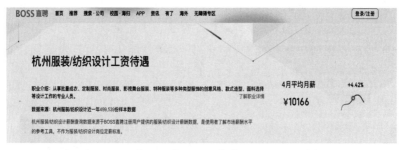

图 2-4-4　2024 年 5 月在 BOSS 直聘网上显示的样本数据

资料来源:BOSS 直聘网。

① 孙敏慧.奋斗与艰辛——制衣厂缝纫工人现状[D].杭州:浙江大学,2018.

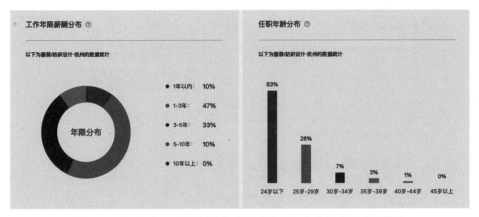

图 2-4-5 2024 年 5 月 BOSS 直聘网显示的工作年限薪酬分布情况

资料来源:BOSS 直聘网。

(4)纺织工人。根据看准网数据,截至 2023 年 5 月 22 日,数据来源于 6037 份样本,杭州纺织工人的平均月薪为 5993 元,中位数为 6285 元(图 2-4-6)。职友集网站还提供了杭州服装厂的工资待遇信息,其中 69.2% 的岗位工资在 6000~15000 元/月,照这样估算,这部分岗位工人年薪在 7 万~18 万元。根据职友集网站相关数据统计,杭州纺织工人的平均年薪 2023 年较 2022 年下降了 15%(图 2-4-7)。

┃ **杭州纺织工人薪资平均值约** 数据来源于6037份样本,结果仅供参考。 2024年05月22日 23:07 更新

¥5,993/月

┃ **纺织工人薪资详情**

经　　验: 不限

城　　市: 全国

已　　选: 〔杭州 ×〕

图 2-4-6 2024 年 5 月在看准网显示的纺织工人薪资情况

资料来源:看准网。

图 2-4-7 2024 年 5 月在职友集上显示的纺织工人薪资情况①

资料来源:职友集。

此外,影响工资水平的因素还包括企业的规模和性质。大型企业和外资企业通常提供更高的工资和更好的福利待遇,而中小型企业和民营企业的工资水平则相对较低。例如,除员工工资上升外,2016 年,由于社保养老金缴费基数和比例提高,仅兴惠化纤集团一个企业一年就要增加 1000 万元以上支出。这主要是因为萧山区企业社保要求与杭州市看齐,使得占全市纺织企业的 70% 以上份额的萧山企业,面临缴费基数和缴费比例双提高的情况。

(二)工人工作生活环境

1. 20 世纪五六十年代

对于工人而言,工资并非唯一考虑的因素,工作环境、福利待遇以及职业发展机会等同样是他们关注的焦点。早在 20 世纪五六十年代,纺织服装产业的一些大厂就非常注重工人生活环境的营造。例如,浙江麻纺织厂每个月都会举办文艺活动,丰富职工的业余生活。另据杭州针织厂员工李刚回忆,当时的杭州针织厂不仅经济效益显著,而且职工的福利待遇也颇具吸引力,每月工资加奖金可达 100 多元,还有年终奖等,这使得该厂成为当时一个备受追捧的就业

---

① 职友集. 杭州服装厂工资[EB/OL]. [2024-07-12]. https://www.jobui.com/salary/hangzhou-all/ind-fuzhuangchang/.

单位。① 正因这些大厂在薪资待遇、工作环境上的突出表现,想进入这些大厂工作是非常困难的。

然而,20 世纪 80 年代,关于杭州市职工住宅情况的视察报告中提到丝绸、棉纺系统住房很困难。杭州市丝绸系统 23 个全民企业中,17 个没有家属宿舍。3 万多名职工里,急需解决的住房困难户有 3506 户,占 11.6%。天成丝绸厂拥有职工 1355 人,青年工人占 65%,主要生产出口真丝绸,1979 年创外汇 1258 万美元,平均每个职工创外汇近 1 万美元。可是,20 多年来国家没有安排住宅投资,导致全厂仅有 2199 平方米的食堂、幼儿园和集体宿舍等生活设施,住房问题极为严峻。当时,该厂急需住房的有 95 户,其中无房户 31 户,待房结婚的 22 户。据 1979 年 9 月对职工住宅的调查,当时杭州市丝绸系统有 30458 名职工,仅统计女方情况(男职工未统计在内),全系统共有 3506 户住房困难户、涉及 9578 人。其中,每人居住面积 2 平方米以下的有 221 户、679 人;3 平方米以下的有 858 户、2547 人;无房户 706 户、1390 人;三代同堂不方便户有 1226 户、3972 人;长期等待房子结婚的 495 户。红峰丝织厂老工人宣素定,一家 8 口,除长子参军、二儿子大学毕业分配在诸暨工作外,身边 6 口人只住 11 平方米的小房子。云裳丝织厂女工翁翠琴,21 平方米的房屋住 8 口人,夫妻俩、6 个孩子,孩子最大的已经 29 岁,最小的 17 岁。她说,做工一辈子,连个睡的地方也解决不了。② 这些既是当时中国住宅情况的缩影,也反映出当时纺织服装产业工人住宿环境的恶劣和艰辛。

2.21 世纪就业环境情况

2017—2018 年,杭州纺织服装集群地五星村一带房租不断攀升,这使得企业生产成本逐年增加。尽管政府出台了一系列针对纺织服装产业的支持和优惠政策,包括税收减免、资金扶持等,但在此期间,这一地区的工厂作业环境却不尽如人意。车间内部布局杂乱,衣物与布料随意堆放,地面常见碎布与废纸,鲜少干净整洁。据工人们反映,夏日车间内酷热难耐,仅有的立式空调和水空调难以抵御杭州夏季的酷热,企业有时甚至需要调整工作时间,采取白天休息晚上上班以避开高温。这样的工作环境亟须得到进一步的改善和提升。③

---

① 浙江工人日报. 92 岁"杭针"厂,走过的燃情岁月[EB/OL]. (2016-08-26)[2024-05-15]. http://epaper. zjgrrb. com/html/2016-08/26/content_2559372. htm.

② 关于杭州市职工住宅情况的视察报告[A]. 浙江省档案馆,档号:J001-001-018-013.

③ 孙敏慧. 奋斗与艰辛—制衣厂缝纫工人生存现状调查[D]. 杭州:浙江大学,2018.

　　值得欣慰的是，杭州市劳动和社会保障局的数据显示，近年来，杭州纺织服装产业的企业已开始重视改善工作环境和提高劳动保护水平。众多企业纷纷投入巨资，建设现代化的生产车间，配备先进的生产设备，并强化劳动保护措施的落实。例如，一些企业为员工提供了全方位的劳动保护，涵盖防尘、防噪、防暑降温等，确保员工能够在舒适、安全的环境中工作。此外，杭州纺织服装产业在员工培训和职业发展方面也做出了积极的努力。据杭州市人力资源和社会保障局的数据，该产业相关企业每年都会投入大量资金用于员工的培训和技能提升。通过定期举办各类培训班、技能竞赛等，不仅提高了员工的技能水平，也为其职业发展打开了更多的机会之门。

　　在员工生活方面，尽管企业已经尽力提供基本的食宿条件，但仍有诸多不足之处。据调查，部分工厂午饭通常只有一个素菜和一个半荤菜，晚饭则以两个素菜为主，偶尔才能品尝到红烧肉、酸菜鱼等菜品。宿舍空间狭小，十平方米的房间内摆放了两张小床、一个衣柜和一张桌子后，几乎再无多余空间。生活设施也相对简陋，没有热水器，员工们需要轮流使用热得快烧水洗澡；没有空调，夏日里即便电风扇开到最大，也难以抵挡酷热，员工们往往要熬到深夜才能入睡，而工作时间长、休息时间短也是普遍存在的现象，尤其是生产旺季，工人们甚至需要连续工作两周才能休息一天，有的员工为了完成产量，甚至每日都要加班到深夜。[①]

　　事实上，杭州纺织服装产业在改善从业人员收入和工作环境方面已经做了很多工作，也取得了一定的成绩，但仍有诸多问题需要解决。政府、企业和社会协同发力出台了众多政策措施，为从业人员打造更好的就业和发展环境。例如，杭州市各市区县进一步完善人才落地相关政策，吸引高校人才落户创业，有序推进技师、高级技师资格评审推荐工作，组织员工参与岗位技能培训和技能竞赛，为企业培养专业管理和技术人才，不断增强企业软实力；强化园区及企业职工公寓等配套设施建设，配套建设职工公寓、幼儿园、购物广场等基础设施，构建完善的园区生活服务体系，切实为外来务工人员提供全方位生活保障，最大程度提升员工的归属感。

---

　　① 孙敏慧. 奋斗与艰辛—制衣厂缝纫工人生存现状调查[D]. 杭州：浙江大学，2018.

第三篇

产业演进与战略布局:全球化、数字化与计划视角

第一章

全球化与产业布局

　　纺织服装产业的布局目的在于优化资源配置,包括原材料、劳动力和技术的高效利用,有效降低运输成本,提升生产效率,优化供应链。合理的产业布局还能吸引相关企业集聚,形成产业集群,进一步促进产业协同发展。这种集聚效应不仅增强了产业的整体实力,还提高了产品质量和扩大品牌影响力,从而提升产业竞争力,带来大量的就业机会,促进地方经济的发展。杭州纺织服装产业的布局包括产业集群布局、资源导向布局、市场导向布局以及区域协同布局等。

一、历史文化布局与地理分布

(一)纺织服装产业起源地

1.大运河与商贸文化的繁荣

　　杭州作为浙江省省会,历史上曾两度为都(吴越、南宋时期),以西湖而名,因运河而兴。[①] 在华夏文明的悠久历史长河中,京杭大运河在众多人工运河里璀璨夺目。历经数代人的智慧与努力,大运河在元代达到发展巅峰。它从杭州启程,向北穿越浙江、江苏、山东、河北、天津,直至北京,形成了一条数千公里长的水上通道,连接了东部六省市。杭州早期工业以手工业为主,尤其在南宋时期,京杭大运河杭州段自北端的余杭塘栖延伸至南端的钱塘江,总长度大约为39千米,流经杭州市内的余杭、拱墅、下城区(现为拱墅区)、江干区(现为上城区)4个城区(图3-1-1),成为当时重要的航道,凭借优越的交通运输条件,有力推动了手工业的繁荣发展(图3-1-2)。

---

　　① 刘士林.运河六千里-二十一座城[M].上海:上海交通大学出版社,2022:368.

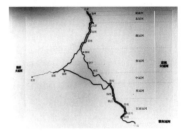

京杭大运河始凿于春秋，至今已有2500多年的历史，大运河流经北京、天津、河北、山东、江苏、浙江四省二市，全长1794公里，是世界上里程最长、工程最大、最古老的人工运河，是中国古代劳动人民创造的一项伟大工程，是至今活着的、流动的重要人类文化遗产。

京杭大运河（杭州段）北起余杭塘栖，南至钱塘江，全长约39公里，贯穿杭州市余杭、拱墅、下城、江干四个城区，2002年杭州市委、市政府正式启动大运河杭州段综合整治与保护开发工程，对运河水质、景观、桥梁、道路、古街、古建筑等进行全面提升改造。京杭大运河（杭州段）两岸已形成一条以自然生态景观为核心主轴，以历史街区、文化园区、博物馆群、寺庙庵堂、遗产遗迹为重要节点的文化休闲体验长廊和水上旅游黄金线。

图 3-1-1　杭州京杭大运河

作为大运河的南端起点，杭州是一个典型的伴河而生、因河而兴的城市。秦初置钱唐县，治陵水道通钱塘江，加强了它与外部的联系。很长时期杭州只是吴郡郡治吴县（苏州）与会稽郡郡治山阴（绍兴）两大城间的山中小县。这一格局到隋代发生了根本的转变，不仅是因为杨素将军修筑了最早的城墙，更重要的是随着南北河流的开通，杭州成为运河的南端。畅达的交通和优越的区位使杭州迅速发展为东南翘楚。运河带来的便捷也是杭州成为南宋都城的重要原因，城市地位因此得以极大提升。元朝修筑从北京直达杭州的京杭运河，杭州仍为南端城市，虽不再是都城，但城市经济依然充满活力，被誉为天堂般的城市。明清两代，钱塘江沟通外海职能逐渐消失，但城内外运河体系对城市发展的作用更加彰显，推动了经济重心的北移。城北运河两岸热闹非凡，出现了"十里银湖墅"和"北关夜市"的繁熙景致，以至坊间流行着"南关衰落、北关独盛"的说法。

Hangzhou is a typical example that owes its existence and growth from the Grand Canal. In the early Qin Dynasty, Qiantang County was established, and Ling waterway was constructed to connect with the Qiantang River, strengthening Qiantang County's connection with the outside world. For a long time, Hangzhou was just a small county in the mountains between Wu County (Suzhou) and Shanyin County (Shaoxing), the two administrative centers of Wu Prefecture and Kuaiji Prefecture. This situation fundamentally changed in the Sui Dynasty, not only because General Yang Su first constructed city walls to establish Hangzhou as a city, but also, more importantly, because Hangzhou became the starting point of the canal in the south with the opening of the North-South Grand Canal. The efficient transportation system and superior location allowed Hangzhou to develop rapidly, making it the most extraordinary city in the southeast side of the country. The convenience brought by the canal was also one of the leading factors for Hangzhou to become the capital of the Southern Song Dynasty, subsequently enhancing its urban status. After the opening of the Beijing-Hangzhou Grand Canal during the Yuan Dynasty, Hangzhou was still located at the southern end. Despite Hangzhou lost its status as the capital city, its economy continued to be flourishing, earning it a nickname of the "Heavenly City". In the Ming and Qing Dynasties, the connection between the Qiantang River and the open sea gradually diminished, but the canal system both within and outside the city played a prominent role in urban development. This shift in drove the economic center to the northern side of the city. The banks in the north side of the city witnessed bustling activity, giving rise to vibrant landmarks such as "Affluent Hushu" and the lively "Beiguan Night Market". This led to a popular saying on the streets, stating that the decline was in the Nanguan (South side of Hangzhou), while prosperity thrived in the Beiguan (North side of Hangzhou).

图 3-1-2　杭州大运河

资源来源：杭州京杭大运河博物馆前言。

2. 大运河与杭州丝织业的辉煌

杭州纺织服装产业的发展历程与大运河的文化空间变迁紧密相连，大运河的开通使杭州成为东南交通枢纽，促进了技术交流和工业发展。唐代晚期，褚载将扬州的丝织技术引入杭州，极大推动了当地丝织业发展。杭州不仅铭记褚载的贡献，还建立了机神庙以示尊敬。此外，杭州积极吸收越州、润州等地的先进技术，极大地提升了丝织业的水平。在唐代江南道的出产中，杭州的丝织品以白编为代表，成为贡品，不仅展现了其卓越的品质，也标志着杭州丝织业的辉煌。随着时间的推移，杭州的丝织业开始出现早期资本主义的萌芽。明代的杭州出现了拥有雇佣织工的丝织工坊，这些工坊的出现标志着杭州手工业和农业部门开始出现资本主义生产关系的萌芽。这一时期的杭州经济结构以小农业与家庭手工业相结合的自给自足的自然经济为主，农民在满足自身需求的同时，也生产了大量的手工业品。清末民初，据文献资料，早期商品主要通过运河源源不断地流向沿线城市，满足了当地商人和消费者的需求，同时吸引了大量外地商人，推动了商贸的繁荣。[1] 19 世纪后半叶，杭州的近代工业首先在运河沿线兴起，运河沿线成为杭州工业的摇篮，率先兴起的近代工业促进了手工业技术的传播。[2] 例如，扬州的丝织技术通过运河传入杭州，为杭州的丝织业注入了新的活力，使得杭州丝织业得以迅速发展，产品质量和数量均位居前列，进一步拉动了本地及周边城市的消费需求。1842 年五口通商开启后，上海迅速崛起成为中国贸易中心，杭州的丝绸作为传统出口产品，由原先的广东出口改为就近运往上海出口，杭州因此被卷入世界资本主义市场。这一重大变革极大地促进了杭州的商品生产和对外贸易，为民族资本主义经济的诞生创造了有利条件，积累了资本和劳动力，还为其开拓了广阔的商品市场。进入 19 世纪 60 年代，清政府放宽产业政策，允许民间设厂开矿，推动了运河工业的崛起。[3] 19 世纪末，随着大纶丝厂、通益公纱厂、世经缫丝厂等近代工业厂房的建立，这一地区逐渐发展成为工业重镇[4]。

　　杭州地区盛产蚕丝，且运河交通便利，促进了拱宸桥、湖墅和塘栖等运河沿岸地区近代大型棉纺厂和丝织厂的建立。同时，杭州繁盛的商业和雄厚的商业资本吸引了一批具有商业头脑的商人和官员投身于金融业。据 1932 年杭州市政府社会课调查，当年杭州运河段沿线地区涌现出众多工厂，如元大染炼厂、元昌染炼厂等。另据 1935 年浙江蚕丝统制委员会调查，杭州运河沿线的缫丝厂

①　江涛，扬歌.推陈出新：杭州历史文化的演绎[M].杭州：浙江大学出版社，2015.
②　楼舒，林轶扬.文旅融合视域下大运河（杭州段）沿线工业遗产活化利用研究[J].中国名城，2024，38(4)：89-95.
③　陶水木，周丽莉.杭州运河老厂[M].杭州：杭州出版社，2018.
④　王玥.杭州工业遗产建筑商业化更新设计方法研究[D].杭州：浙江大学，2020.

有大纶、崇裕、华纶、开源制丝所 4 家,丝车 1270 台,占当年全省 7598 台丝车的
16.7%。这些数据表明,大运河不仅促进了杭州丝织业的技术进步和产业升
级,还为杭州的经济发展和对外贸易提供了重要支撑,成为杭州纺织服装产业
发展的重要推动力。

3.大运河轻纺工业区

如上所述,大运河沿线地区,特别是拱宸桥地区,成了丝绸轻纺工业的聚集
地(图 3-1-3、图 3-1-4)。这一产业集群的形成始于民族资本主义的兴起,在当时
的历史背景下,运河便利的交通条件、桥西地区低廉的劳动力成本,以及便于企
业取水的优势,共同吸引了众多纺织企业入驻,对杭州乃至整个中国的纺织业
发展产生了深远的影响。

图 3-1-3　杭州拱宸桥①(1982 年摄)　　　图 3-1-4　老浙麻码头②

新中国成立后,杭州迎来了新的发展机遇,带动运河工业崛起。为了满足
大规模生产的需求和提高交通便利性,政府将工业区的规划主要集中在大运河
拱墅段附近。该区域也成为主要的工业仓储区,以及产业工人、运河沿岸航运
船夫、个体工商业者的聚居区。塘栖的崇裕丝厂于 1949 年 6 月由杭县人民政
府(1958 年撤县)投资修复后迅速恢复生产,而杭州第一纱厂在市军管会的协助
下,通过军代表参与管理、政府贷款扶持和协调劳资关系等措施,实现了生产的
快速恢复。在浙江省委"积极恢复与重点发展生产"的方针指引下,杭州市委、

---

　　①　澎湃.流淌的史诗——50 张珍贵照片细数京杭大运河今昔巨变[EB/OL].(2018-12-03)[2024-
07-12].https://www.thepaper.cn/newsDetail_forward_2699603.

　　②　澎湃.流淌的史诗——50 张珍贵照片细数京杭大运河今昔巨变[EB/OL].(2018-12-03)[2024-
07-12].https://www.thepaper.cn/newsDetail_forward_2699603.

市政府迅速采取稳定物价、恢复和发展生产等一系列举措，为运河地区发展注入活力。其中，杭州市委、市政府对运河地区及其他区域的私营工商业展开社会主义改造。在此过程中，老厂的生产活动迅速恢复，与此同时，一批新兴国有工厂也如雨后春笋般涌现。以拱宸桥为核心，沿运河边新建、扩建和迁建了一批纺织工厂，如杭州丝绸印染联合厂、都锦生丝织厂、浙江麻纺厂、杭州棉纺织厂、杭州纺织机械厂等（表3-1-1）。在这些新兴工厂中，浙江麻纺厂尤为引人注目。该厂自1949年9月开始筹建，1950年8月1日便正式投产，创造了杭州建厂速度的奇迹。这些工厂的设立不仅提升了运河地区的工业产值，还推动了相关产业链的发展，吸引了众多省市级乃至全国范围内的龙头企业前来投资入驻。至1956年底，杭州运河地区的各工厂成功实现了公私合营，标志着这一地区的社会主义改造基本完成。基于前期打下的坚实工业基础，为了进一步巩固运河地区在轻纺工业中的重要地位，政府还特别将拱宸桥地区规划为轻纺工业区，使其成为杭州市乃至浙江省的轻纺工业中心，并向东、向南进行拓展，形成了更为完善的工业布局。由于棉纺、麻纺、丝织、印染等重要轻纺工厂属于劳动密集型产业，需要大量的女工，因此，纺织女工们每天穿梭拱宸桥上下班，成为了当时城市的一道独特风景线，这种繁荣的景象一直持续到改革开放。

表 3-1-1　19—20 世纪的运河边部分厂房遗址

公司名称	建立年份	地址
杭州第一棉纺厂	1897	拱宸桥运河西岸
杭州新华丝厂	1927	大运河畔塘西镇东日晖桥边
浙江麻纺织厂	1949	拱宸桥以北，京杭运河东岸
杭州印染厂	1949	杭州市拱墅区拱宸桥西吉祥寺弄 16 号
杭州红雷丝织厂	1949	拱宸桥杭州路 29 号
杭州丝织试样厂	1955	拱墅区和睦路 38 号
杭州丝绸印染联合厂	1956	拱宸桥火车站旧址
杭州凯地丝绸股份有限公司	1957	杭州环城北路 15 号

改革开放后，中国开始实行市场经济体制，外资企业逐渐进入中国市场，其带来的更先进的生产技术和更高效的管理方式，使得杭州运河纺织中心的传统纺织业面临着竞争压力。同时，国内消费者对于纺织品的需求也开始发生变化，对于品质、款式和品牌的要求越来越高，而传统纺织业往往难以满足这些需

求。20 世纪 80 年代,杭州运河纺织中心相关产业出现产品滞销情况,纺织、丝绸和二轻等八个工业局所属工厂,在 1981 年末积压滞销的产品产值达 4600 万元,占年末成品资金占用额的 39.5%,其中轻工业局各厂积压产品产值达 1738 万元,占年末成品资金占用额的 24.8%。还有的产品,虽已销售出去,却积压在商业部门。① 20 世纪 90 年代中后期,杭州市传统的棉纺、丝绸等产业普遍经营困难。1995 年起,全省纺织工业出现全行业亏损。为此,省委决定对纺织、丝绸等行业进行整体结构调整,提出以"压缩总量,盘活存量"为主的方案,而运河沿线主要工业是棉纺织、丝绸行业,所以此地成了杭州市压缩、调整的重点区域。运河老厂先后进入兼并重组、改造、转型、搬迁的艰难历程。20 世纪 90 年代至 21 世纪初,纺织行业进入了大规模结构调整时期。在计划经济向市场经济转型、乡镇企业改制崛起、个私经济迅猛发展的同时,国有企业体制和经营机制与市场经济激烈竞争环境的矛盾日益显现。

随着杭州城市定位和总体规划的不断调整,以及人们对风景旅游区环境保护意识、生活质量意识的增强,同时劳动力成本上升,运河沿线以纺织行业为主的劳动密集型、高污染工业已越来越不适应杭州城市总体发展的要求,开始逐步向郊区迁移。许多纺织企业开始将生产线转移到成本更低、环保要求更宽松的地区,以适应新的市场需求。这一系列工业变迁留下了许多具有历史意义的老厂房、仓库等工业遗产,一些老厂房则焕发了新的生机,被赋予了文化创意园区的功能,或成为市政、房地产建设用地(表 3-1-2)。作为杭州工业发展史上重要节点的拱宸桥桥西历史文化街区,位于运河边,面积约 7.83 公顷,见证了这段工业变迁历程。

表 3-1-2 拱墅区工业遗存中建筑遗存数量统计②

工业	工业遗存	遗存数量
轻工业	杭州红雷丝织厂建筑	1 幢
	杭州第一棉纺印染厂	3 幢
	杭州丝绸印染联合厂	1 幢
	杭州长征化工厂建筑群	16 幢

---

① 杭州市 1981 年市属国营工业企业经济效益的分析[A].浙江省档案馆,档号:J105-028-719-131.
② 陈宁玲.拱墅区工业遗存转型中城市公共空间公共性营建策略研究[D].杭州:浙江大学,2023.

　　如今，杭州的工业历史在转型后的遗址中焕发新的生机。原浙江印染厂、杭一棉等工厂的旧址经过改造，成了承载各类国家级专题性博物馆的场所，如中国刀剪剑博物馆、中国伞博物馆等便坐落于此。这些纺织服装工业遗址不仅记录了杭州工业发展的历程，还体现了城市在现代化进程中对工业遗产保护和再利用的理念，是大运河文化的重要组成部分，与整座城市的历史文脉有着紧密的联系。其中，杭丝联 LOFT 创意产业园尤为引人注目，它曾是周恩来总理批准的国家重点建设项目"地方国营杭州丝绸印染联合厂"的所在地。尽管杭丝联已退出历史舞台，但其旧厂房经过改造后焕发新生，成为杭州知名的LOFT 创意产业园，汇聚了众多设计师和艺术家，他们将传统丝绸元素与现代设计相融合，为杭州纺织服装产业注入新活力，使杭丝联 LOFT 创意产业园成为城市文化的新地标。此外，1951 年，杭州市人民政府为筹建浙江省丝绸公司，拱墅区丽水路 7 号大兜路附近的仁和仓旧址，建造了国家厂丝储备仓库。该仓库临近京杭大运河东侧，由四幢三层建筑物组成，总建筑面积约 8873 平方米。仓库建筑呈"田"字形布局，采用清水砖墙、混凝土柱、木楼面、木屋架、小歇山屋顶……仓库各单体建筑平面布局及立面造型一致，具有 20 世纪 50 年代工业建筑简约主义风格。其"田"字形布局的仓库、青砖外墙和屋顶都保存完好，砖上仍留有制砖厂的印记。如今，这座丝绸仓库已华丽转身，成为杭州运河边上的契弗利酒店（图3-1-5），继续见证并参与着杭州的历史与文化发展。这些老厂不仅承载着杭州工业发展的辉煌记忆，也见证了从传统手工生产到机械化、规模化生产的转变，为研究杭州乃至中国近现代工业文明的发展提供了宝贵的历史文化资料。这些老厂遗留下来的建筑和设施设备，不仅反映了杭州城市建设和工业发展的历史，还与当地社会生活紧密相连，孕育出独特的社区文化，成为当地居民重要的记忆载体，在杭州城市经济发展中起到了至关重要的作用。随着老厂的关停、搬迁逐渐成为趋势，杭州这座百年纺织之城也在不断探索与纺织业的和谐发展之路。

图 3-1-5 丝绸仓库（现为契弗利酒店）①

（二）近代工业雏形艮山门

艮山门，坐落于浙江省杭州市下城区环城北路与建国北路交叉口的西北角，是杭城古代的东北门。其名"艮山"源于城北的小山，象征着东北方。同时，因汴京有"艮岳"，寓意着南宋不忘故国，便取名"艮山"。

艮山门作为杭州近代工业的摇篮，见证了杭州近现代以来的繁荣与发展。据历史记载，自宋元以来，这一带纺织作坊遍布，机杼之声比户相闻，此地成为驰名中外的"杭纺"主产地。到 1878 年时，杭州的丝织业已经相当发达，城东艮山门一带成为杭州丝织业的集中地，民间流传着"艮山门外丝篮儿"的说法。东街路（今建国北路）更是机坊林立，织机声此起彼伏。这条街道虽非军事要塞，却因丝绸业的兴旺而成为商业重地。据《东城杂记》记载，城东的园巷、艮山门及相安里（今新华路一带）"机杼之声，比户相闻"②，生动地反映了杭州丝绸业的繁荣与传承。

杭州近代工业的发展，在丝绸业领域以艮山门外的繁荣为起点逐步展开。当时艮山门、东街路北段直至忠清里一带，丝绸市场一片繁荣，熙熙攘攘，丝织业达到了鼎盛。从宝善桥下的"装船埠头"出发，满载着丝绸的船只络绎不绝，沿着城河驶向远方，将杭州的丝绸之美传向世界。除了外地客商，杭州本地的丝绸商人也是这一贸易盛况中不可或缺的一部分。艮山门作为杭州历史文化的重要载体，承载着丰富的历史信息和文化遗产，这也使得丝织品交易在此兴盛。

---

① 杭州文史.国家厂丝储备仓库建筑［EB/OL］.（2020-04-10）［2024-06-12］. https://www. hangchow. org/index. php/base/news_show/cid/6288.

② 厉鹗.东城杂记［M］.北京：中华书局，1958.

（三）余杭临平地区的崛起

早在雍正年间，临平的轻绸机数量庞大，显示了纺织业的繁荣。余杭区，位于浙江省北部，其纺织服装产业的历史可追溯至清末民初，当时丝麻织造业已相当盛行。进入21世纪，临平区以"杭派女装"引领国内市场时尚潮流，乔司地区成为重要的加工生产基地。

随着城市化进程的推进，2010年前，杭州的纺织服装服饰制造业企业开始从西湖区、拱墅区、江干区等地迁移至余杭区和萧山。经过近十年的发展，余杭区和萧山区的企业已经饱和，产业开始向德清、嘉兴、绍兴等周边地区扩展。在这一产业转移过程中，龙头企业如江南布衣、伊芙丽等，选择将总部和研发基地保留在杭州，而将生产制造基地迁往周边区域。

在"十三五"期间，浙江省以"特色小镇"为发展策略，重点发展包括时尚产业在内的"八大万亿产业"。临平区（原属余杭区）的艺尚小镇应运而生，成为推动传统服装行业转型升级的重要平台。2016年，艺尚小镇开园，并成为中国服装论坛·杭州峰会的永久会址，进一步巩固了临平区在时尚产业中的地位。全区有大小家纺企业4000余家，其中规模以上企业153家，产值超亿元企业38家，产品主要有窗帘、沙发布艺、床上用品、静电植绒、花式纱线等，并以"新、特、精"的产品特质在国内外市场赢得了"余杭家纺"的好口碑，也让其拥有"中国布艺名城""中国丝绸织造基地"、全国纺织产业集群试点地区、工信部纺织服装创意设计试点示范园区（平台）、全国首批纺织服装创意设计试点园区、亚洲时尚设计师中国创业基地等国字号招牌。同时，还是家纺外贸转型升级专业型出口基地，成为全国唯一拥有家纺、服装2个行业"国字号"招牌的区县。2018年，临平区家纺规上企业实现工业产值125.86亿元，主营业务收入123.16亿元，新产品产值43.99亿元，利润4.24亿元，纳税3.33亿元。同时，作为临平区（余杭区）外贸出口传统支柱产业，家用纺织品产业在2018年出口23.02亿美元，同比增长15.9％，占全区出口总额的37.4％。①

2021年行政区划调整后，临平区从余杭区剥离出来，被赋予"融沪桥头堡、未来智造城、品质新城区"等新的发展定位。在此基础上，临平区提出了用5年时间再造"工业新临平"的目标，计划打造世界级时尚产业高地，力争到2028年

---

① 中家纺.余杭家纺产业集群《全国纺织产业集群发展报告（2019版）》余杭[EB/OL].(2021-07-15)[2024-07-12].http://www.hometex.org.cn/zjfjq/zjf_jqfc/202107/t20210715_4161846.html.

时尚产业集群规模突破 1000 亿元。随着产业的进一步发展，临平区将继续推动纺织服装产业的创新与升级，全力打造具有国际竞争力的时尚产业高地。

二、杭州产业城市布局与纺织服装产业高质量发展

(一)整体布局

步入"十四五"时期，浙江省致力于推动制造业的高质量发展。其中，打造"九大标志性产业链"成为核心战略。现代纺织与时尚产业作为关键一环，展现出强劲的发展势头。图 3-1-6 通过具体数据直观呈现了杭州现代纺织产业的显著地位。在浙江省现代纺织产业销售收入超百亿元的地区排名中，杭州萧山区位居榜首，拥有 490 家规模以上企业；钱塘区和临平区也表现出色，分别拥有 78 家和 189 家规模以上企业。在区域经济发展的背景下，产业的空间集聚趋势通常伴随着地区专业化的形成，进而促进产业集群的产生。①

	区域	规上企业/家		区域	规上企业/家
★★★	萧山区	490	★	兰溪市	145
★★★	桐乡市	620	★	义乌市	329
★★★	柯桥区	781	★	慈溪市	135
★★	海宁市	751	★	平湖市	129
★	钱塘区	78	★	临平区	189
★	秀洲区	294	★	瓯海区	83
★	北仑区	60	★	南浔区	193
★	长兴县	286	★	鄞州区	123
★	诸暨市	472	★	椒江区	64
★	越城区	256	★	象山县	171
★	吴兴区	131	★	嵊州市	133
★	海曙区	149	★	瑞安市	105

图 3-1-6　浙江省现代纺织产业销售收入超百亿元地区名单

(资源来源:2022 年浙江省经信厅"三品行"会议现场)

---

① 何雄浪,朱旭光.劳动分工、产业集聚与我国地方优势产业形成[J].山西财经大学学报,2007(10):26-31.

　　杭州纺织服装产业体系涵盖上游茧丝、化纤制造,中游织造、染整,以及下游服装设计、制造与销售,各环节相辅相成,形成闭环。同时,纺织机械、染料化工、电子商务、专业市场及特色街区、高校与科研机构等配套资源,为产业发展提供了强大的支撑。如武林路、丝绸城、四季青市场等商贸平台与中国纺织网、丝绸网等电子商务网络,共同构建了高效的市场流通体系。在服装服务业方面,杭州北部地区成为主要聚集地,临平艺尚小镇、家纺布艺城、四季青服装交易市场等各类服装展示平台与交易市场,推动服装产品流通的同时,提升了杭州“时尚之都”的城市形象。杭州高新区(滨江)依托智造、文创、直播等产业优势,为纺织服装产业带来新的市场机遇。此外,杭州还拥有中国服装科创研究院、浙江省服装产业创新服务综合体等一系列特色园区,这些园区不仅提升了产业的创新能力,还打造了“产业＋商贸＋服务”的新产业生态,为杭州工业经济的增长作出了重要贡献。整体而言,杭州的纺织服装产业在产业集聚、产业链完善以及产业创新等方面都展现出强大的实力和潜力。由此可以看出,杭州纺织服装产业已构建起较为完善的产业链体系,各环节间协同发展,形成了强大的产业集群效应。例如,萧山区以其化纤、纺织和染整产业为主导,成为该区域的特色产业;临平区则以家纺布艺和服装产业为主导,展现出其产业特色;上城区以女装和丝绸服饰为主导,凸显了其在高端服装制造领域的领先地位;建德市则以家纺和寝具产业为主导,展现了其在家居用品领域的专业优势;桐庐县则以针织服装产业为特色,彰显了其在这一细分市场的竞争力(表 3-1-3)。各区域产业特色鲜明,协同发展,实现了从上游原材料到下游终端产品的全链条覆盖。随着“十四五”规划的深入推进,杭州持续推动纺织服装产业的高质量发展,巩固各特色产业在国内外市场的领先地位。

表 3-1-3　浙江省现代纺织产业重点区块分布

地市	区县	主导特色产业
杭州市	萧山区	化纤、纺织、染整等
	临平区	家纺、布艺、服装等
	江干区	女装、丝绸服饰等
	建德市	家纺、寝具等
	桐庐县	针织服装等

(二)区域协同布局

　　在杭州市主城区,产业布局主要以上城区、拱墅区和西湖区等区块为核心,定位为杭州创意设计和时尚消费的主要载体,同时也是时尚人才集聚、著名品牌发布、流行趋势发布、时尚论坛举办、时尚文化展示的核心区块,是时尚名城对外宣传和展示的主要平台。在生产制造方面,依据 2022 年高德地图的数据,萧山区凭借 762 家纺织企业(占全市 46%)、189 家化纤企业(占全市 81%)以及 338 家服装服饰企业(占全市 14%),构建了强大的纺织服装先进制造业集群,展现出强劲的竞争力,是纺织服装产业的重要区域。临平区则拥有 351 家纺织企业和 1083 家服装企业(占全市 45%),成为服装服饰生产制造企业的主要集聚地。根据表 3-1-4,通过各区域拥有的细分产业类型及其对应的数量,能够判断各个区域在纺织服装产业中的定位以及细分产业集群的发展状况。

表 3-1-4　杭州市纺织服装产业企业分布数量统计

序号	区县(市)	细分品类		
		纺织/家	服装服饰/家	化纤/家
1	上城	48	255	2
2	拱墅	23	141	5
3	西湖	10	44	0
4	滨江	24	88	3
5	萧山	762	338	189
6	余杭	69	111	2
7	临平	351	1083	18
8	钱塘	48	101	5
9	富阳	22	33	4
10	临安	33	37	3
11	桐庐	196	142	0
12	淳安	17	20	0
13	建德	45	12	3
分类合计		1654	2405	234
总计		4290		

数据来源:高德地图。

　　表 3-1-4 中清晰地展示了各区域在产业链中的分工。例如,上城区不仅拥有 255 家服装服饰企业(占全市服装服饰企业总数的 10.6%),以"中国服装第一街"杭州四季青服装市场为核心,打造了时尚创意设计、新零售等时尚服务业集群。其中,建筑面积达 6 万平方米的意法服饰城,汇聚了数百个杭派精品服

装市场,形成了多个产业特色街区。杭州高新区(滨江)则依托智造供给、文创、直播产业等优势,推动了服装时尚产业的蓬勃发展。同时,桐庐县以横村为核心,构建了针织服饰产业制造集群,为杭州纺织服装产业体系的重要组成部分。各区县(市)在纺织服装产业中的具体分布见表3-1-5。

表3-1-5　杭州各区县(市)纺织服装产业集聚特色

区域	品类	纺织服装产业分布特色
上城区	丝绸服装	拥有四季青服装市场、意法服饰城及万事利集团有限公司等龙头企业
滨江区	服装电商	拥有羊绒世家、春风纺织等服装品牌;在全国直播电商百强地区榜单前十强中,杭州高新区(滨江)高居榜首,集聚了"雪梨""烈儿宝贝""罗永浩"等直播平台头部达人,以及"宸帆""谦寻""君盟""交个朋友"等淘系和抖音头部MCN机构;同步发展供应链、品牌商等生态链上游企业,稳定直播链条,实现了上游企业与直播机构共生共荣
萧山区	化纤、女装、花边、纱艺	具有较为完整的全产业链生态体系,形成了原料—化纤—织造—印染—服饰等特色的产业链环节。聚集了"恒逸""荣盛"等化学纤维产业龙头企业,"航民""福恩"等织造企业,"三元""航民"等印染企业和"联成华卓""达利(中国)""汉帛"等服装生产行业头部企业
钱塘区	印染、化纤	各种时尚创新平台载体大量涌现,下沙片区拥有"卓尚""衣邦人""万事利"等一批国内知名品牌企业,江东片区集聚了"恒逸""万事利"等知名企业
余杭区	家纺布艺	已形成以家纺服装为主体的特色时尚产业集群。截至2020年底,全区共有纺织、服装类规上企业28家,先后培育出"杭丝时装""高明印染""福达纺织"等一批家纺、服装企业,打造了"同泰制衣""衣莎美诺"等新品牌
临平区	女装、家纺	是"杭派女装""家纺布艺"的主产地。截至2020年,临平区共有家纺服装规上企业176家,拥有"艺尚小镇""中国服装科创研究院"等一批创新载体,"伊芙丽""英涉""得体科技"等一批行业龙头企业
桐庐县	针织	拥有针织服饰等相关企业2100余家,主要集中在横村镇、开发区、莪山乡、桐君街道
建德市	家纺寝具	是浙江乃至中国主要的家纺产品生产基地。乾潭镇被中国纺织工业协会命名为"中国家纺寝具名镇"。全市有家纺企业300余家,其中规模以上企业49家
淳安县	丝绸业	重点发展丝绸产业,加快推动传统纺织服饰业向时尚服装服饰业发展

注:资料基于杭州市各区县(市)的纺织服装产业高质量发展方案和市场调研企业走访。

1. 滨江区

在杭州滨江区,一系列杰出的新零售电商企业如雨后春笋般涌现,其中包括谦寻(杭州)文化传媒有限公司和杭州宸帆电子商务有限责任公司等。同时,滨江区也是新兴电商的沃土，孕育了像杭州网易严选贸易有限公司这样的平台型巨头，以及浙江羊绒世家服饰股份有限公司这样的传统服装制造业翘楚，而杭州开源电脑技术有限公司更是扮演着至关重要的角色。该公司通过网络协同制造，为浙江省纺织企业，尤其是长丝织造行业的中小企业，打造了"面向小微企业园的长丝织造行业工业互联网平台"。通过提供"三优化一全员"的数字化服务，有效推动了传统纺织产业的生产力升级，为长丝织造行业的高质量发展提供了有力支撑。

此外，滨江区还成功吸引了 BEASTER 服饰项目，这标志着该区域在时尚产业的进一步发展。有棵树内衣服饰项目也在此顺利扎根，不仅积极投入服装设计软件开发，还大力推动高端服装样衣智造基地的建设。杭州宸帆电子商务有限责任公司更是以"AI 技术＋达人"的创新模式为驱动力，构建了一个跨越服饰、美妆、生活家居、亲子等多个关键垂直领域的多品牌时尚集团。这一系列成果，展现了滨江区在新零售电商和时尚产业的卓越实力和无限潜力。

2. 萧山区

萧山区的纺织服装产业在产业集聚与产业链构建方面达到了较高的水平。该区域依托其深厚的产业基础，成功建立了以化纤材料为核心，以织造印染、时尚服装为特色，以纺织机械、纤纺原料、羽绒制品等若干领域为延伸的"1＋2＋X"现代纺织与服装产业集群。这种产业集群的形成，通过上下游企业的紧密合作，实现了资源的优化配置与共享，构建了完整的产业链条，有效提升了产业的抗风险能力和市场竞争力。

同时，萧山区的纺织服装产业在智能制造与技术创新方面取得了显著成效。该区域积极响应国家智能制造的号召，通过引入人工智能、工业互联网、物联网等新技术，推动纺织服装制造业的智能化改造和升级。在这一过程中，新技术的应用不仅提高了生产效率、降低了成本，还促进了产品的创新与设计。此外，萧山区还积极鼓励企业增加研发投入，建设各类创新中心，提升自主创新能力。在可持续发展方面，萧山区注重绿色生产和环保技术的应用，实施节能减排、资源循环利用等措施，降低了产业发展对环境的负面影响，同时积极推广健康纺织、生态纺织等理念，致力于为消费者提供更加安全、健康的产品。

3. 临平区

临平区致力于打造特色小镇，其中艺尚小镇，成为时尚产业集聚的高地。

艺尚小镇凭借其独特的定位和丰富的资源，成功吸引了众多企业和设计师入驻，为时尚产业的蓬勃发展奠定了坚实基础。此外，临平区还构建了服务平台，将分散的资源整合起来，把"低小散作坊"转变为"数字化园区"，形成了协同创新的新模式，有效提升了企业间的黏合度和合作效率（图3-1-7）。临平区还积极推动时尚产业的数智化转型，通过运用大数据、云计算等先进技术，成功打造了一个数字化、智能化的时尚产业生态系统。这一举措不仅提升了整个产业链的运行效率，还为企业提供了精准的数据支持和决策依据，推动了时尚产业的创新发展。

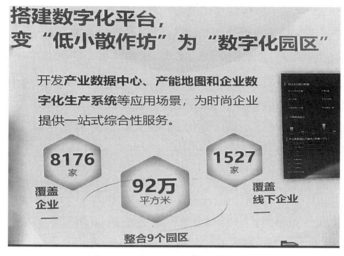

图3-1-7　临平区搭建数字化平台

资料来源：2022年省经信厅会议内容。

在人才培养和引进方面，临平区通过与国内外知名高校和研究机构紧密合作，建立了产学研一体化机制，为时尚产业培养了大量高素质人才。同时，临平区还通过政策引导、资金扶持等方式，积极吸引国内外优秀人才，为时尚产业的持续发展提供了有力的人才保障。

科技创新与成果转化是临平区时尚产业发展的重要支撑。临平区不断加大对新材料、新工艺、新技术等领域的研发投入，催生了一系列具有自主知识产权的创新成果。这些创新成果不仅提升了产品的附加值和竞争力，还带动了整个产业链的升级和发展。此外，临平区还积极探索时尚产业与其他产业的融合发展。通过"文化＋时尚""旅游＋时尚"等模式，临平区将时尚产业与传统文化、旅游业等相结合，打造了具有地方特色的时尚产品和旅游线路。这种融合发展的模式不仅丰富了时尚产业的内涵，也为地方经济的繁荣和可持续发展注入了新的动力。

4.桐庐县

桐庐县以打造"中国时尚针织第一镇"为目标，全力建设横村镇"中国围巾城"，着力打造集展销、办公、交流、接待于一体的针织产业创新服务综合体，努力将其打造成线上购物、线下体验、商品优选、网红培训、文创党建、智慧云仓一体化的创新基地和行业转型升级"窗口"。目前，围巾城企业入驻率已达80%，已与杉杉、奥特莱斯等20余家服装销售企业达成合作意向。此外，桐庐县建设了2个小微企业园。由国投公司投资的横村时尚智造产业园，占地53亩，拟建设10幢标准厂房，定位于招引一批针织、服饰等时尚产业制造、设计、电商等企业；横村镇收储原沁歌服饰地块26.37亩、并开发相邻的工业地块9.17亩，共同建设针织小微园，推进针织服饰上下游配套企业招商、产业链优质企业集聚，优化产业发展空间。此外，桐庐县还建设了圆通物流智创园，打造快递物流服务、电商新零售运营、培训和创业孵化、科技创新、园区服务五大功能模块，助力降低针织服饰行业物流成本。

（三）产业集群布局

目前，杭州纺织服装产业拥有企业技术中心、中国纺织服装科创研究院、新禾联创数字时尚产业园、东方电子商务园、九鼎时尚产业园、太子龙时尚产业园、G5国际时尚创意产业园、浙江省服装产业创新服务综合体等众多创新载体。此外，作为一种新业态和应用模式，工业互联网平台深度融合应用互联网、大数据、人工智能等技术，通过赋能，重塑企业形态、供应链和产业链，助力产业提质、增效和降本。

1.产业园概况

杭州服装工业园区有高地工业园区、永西工业园区、五星村工业园、三星工业园、和睦工业园、博卡工业园、乔司工业园、临平K7工业园、罗卡工业园、萧山经济技术开发区的女装园、新塘羽绒服工业园等（表3-1-6）。此外，杭州现有代表性时尚特色街区约20条、时尚特色小镇2个、大型购物中心约30个、数字营销中心6个，以及跨境电商中心约80家，这些平台分布在杭州的各个城区。其中，上城区、萧山区各建立一个女装产业园区（含女装研发中心、国际女装城），大力引进国内外名牌女装研究、开发和生产企业来园区落户,形成集聚效应和整体优势,并建立产业园和特色街,树立杭州女装整体形象。

表 3-1-6　杭州市代表性时尚创意园区

特征	名称
时尚产业创意园区	杭州时尚创意园、M21 时尚创意园、上正时尚文化产业园、华亚互联网时尚产业园、新禾联创数字时尚产业园、东方电子商务园、九鼎时尚产业园、太子龙时尚产业园、G5 国际时尚创意产业园、经纬天地创意产业园、MG19·时尚创新园、浙江省服装产业创新服务综合体·永东创艺园、乔司时尚创意产业园、LOMO 创意园、九堡镇千驹实业中国服装设计师原创基地等
时尚艺术创意园区	LOFT49、A8 艺术公社、乐富智汇园、唐尚 433、丝联 166 文化创意产业园、西岸国际艺术区、西湖创意谷、白马湖生态创意城、之江象山艺术社区、1949 设计公社、东信和创园、西溪乐谷创意产业园、大美创意园、凤凰御园艺术基地、杭州创意设计中心、聚落五号创意产业园、杭州和达创意设计园等等

这些园区为纺织创意产业的发展提供了空间和创新创意氛围。杭州有十大文化创意产业园,包括西湖创意谷、之江文化创意园、西湖数字娱乐产业园、运河天地文化创意园、杭州创新创业新天地、创意良渚基地、西溪创意产业园、湘湖文化创意产业园、下沙大学科技园、白马湖生态创意城等,还有丝联 166、ADA 国际设计中心、116 时尚设计创意园等特色园区,共同推动杭州纺织创意产生集群效应持续扩展。

2. 萧山女装产业园

萧山女装产业园的发展历史可以追溯到 2001 年,萧山区政府为了推动女装产业的发展,决定在萧山经济技术开发区内建立专门的女装产业园区。

初创阶段,萧山女装产业园主要吸引一些小型女装企业入驻。这些企业以生产加工为主,产品主要面向国内市场。随着园区的不断发展壮大,越来越多的知名品牌和企业开始入驻,例如江南布衣、蓝天制衣、百美、汉帛国际、西纳维思等。园区的产业链也逐渐完善,涵盖了设计、生产、销售等多个环节。为了进一步提升园区的竞争力和影响力,萧山女装产业园积极开展了一系列的品牌建设和市场推广活动。例如,园区定期举办时装发布会、设计师交流会等活动,吸引了众多业内人士和媒体的关注,提升了园区的知名度和美誉度。同时,萧山女装产业园还注重与高校、设计机构等合作,引进先进的设计理念和人才资源,推动女装产业的创新和升级。如今,萧山女装产业园已经发展成为集设计、生产、销售、展示等多功能于一体的现代化女装产业园区。

3. 临平艺尚小镇

艺尚小镇，坐落于浙江省杭州市临平区，自诞生之初便以纺织服装产业为核心驱动力，旨在构建前沿、开放的时尚产业生态圈。该小镇的兴起，是浙江省委、省政府自 2015 年起推动经济转型升级与城乡一体化发展战略的重要成果之一，作为全省首批重点培育的百个特色小镇之一，艺尚小镇以其独特的时尚产业定位脱颖而出。

艺尚小镇自 2015 年 10 月启动建设，至 2016 年 9 月正式开园，艺尚小镇遵循"一年筑基、两年成形、三年见效"的阶段性发展目标，在后续发展中逐渐实现成形、见效，迅速成长为集国际时尚人才汇聚、创意交流、产业引领等功能于一体的综合性平台。其发展成就获得了工信部首批纺织服装创意设计试点园区的认可及浙江省经信领域标杆特色小镇称号。艺尚小镇的地理位置优越，周边有临平纺织印染基地、萧山纺织化纤产业集群、柯桥轻纺基地、海宁皮革城等。

在人才与产业引进方面，艺尚小镇已吸引包括"中国织锦艺术大师"、加拿大及国内顶尖设计师在内的 30 余名行业精英入驻，其中不乏金顶奖与全国十佳设计师等重量级人物。此外，小镇还汇聚了超过 130 万名线上签约设计师，以及 84 家区域性服装企业总部和 1792 家企业，特别是时尚产业相关企业占比高达 54%，涵盖了伊芙丽、JAC、INXX 等多个知名品牌及其区域总部。小镇积极探索"设计师＋网红""品牌＋红人""供应链＋直播"等新型商业模式，吸引了如赵大喜领衔的大喜自制总部、迪尚服装行业全产业链数字化平台等前沿项目入驻，构建起强大的产业生态链。为了吸引更多优秀人才和企业入驻，小镇引进了多个创业创新平台，如"梦想的翅膀"年轻设计师创业中心、"中法青年时尚设计人才交流计划"基地等，推动产业创新发展。此外，加拿大知名设计师 ROZE、荣获金顶奖和中国十佳等国内外设计师也纷纷入驻开设工作室。这些举措不仅提升了小镇的时尚产业水平，也为当地经济发展注入了新的活力。

不仅如此，艺尚小镇还致力于构建国际化的设计交流平台，如亚洲设计师中国基地、港澳青年实习创业基地、韩国 3D 服装设计总部等，这些平台不仅为国内外设计师提供了交流学习的广阔空间，也促进了时尚创意与技术的深度融合，进一步巩固了小镇在全球时尚产业中的影响力与竞争力。

在空间布局上，艺尚小镇总规划面积为 3 平方千米，启动区面积为 1.2 平方千米。在此框架下，小镇精心打造了"一中心三街区"的空间格局。"一中心"指的是文化艺术中心，作为艺尚小镇环东湖时尚产业的核心，以大剧院和艺术中心建筑群为主体,形成了小镇时尚文化的融合空间。"三街区"则包括时尚文化街区、时尚历史街区和时尚艺术街区。时尚文化街区长约 1700 米,汇聚了最具原创意识的设计师和设计机构;时尚历史街区作为时尚产业服务平台,汇集了电商、科技、文创类企业;时尚艺术街区则致力于打造国际化时尚社区和世界级时尚品牌互联网发布中心。

在产业发展上,艺尚小镇以时尚服装(杭派女装)为主导,同时兼顾珠宝配饰、皮革箱包、家居等其他时尚行业。小镇充分发挥时尚设计发布、教育培训、产业拓展、旅游休闲、跨境电子商务和金融商务等六大功能,形成了多元化、全方位的时尚产业生态。2016 年,小镇实现了 41.1 亿元的营收和 2.08 亿元的税收。截至 2024 年底,已有 466 家企业入驻艺尚小镇,其中纺织服装类创意设计企业达到 154 家,为当地创造了 7000 多个就业岗位。2021 年上半年,艺尚小镇完成了 7.13 亿元的投资,其中特色产业投资达到 4.84 亿元,社会投资为 2.99亿元。这些投入使小镇实现 82.8 亿元的营收和 10.93 亿元的税收,充分证明了其强大的经济活力和发展潜力。

作为中国服装行业"十三五"创新示范基地,艺尚小镇已成功举办了中国服装杭州峰会、中国时尚大会等重大活动。同时,小镇还引进了浙江理工大学时尚学院等产学研合作平台,致力于打造时尚产业产学研合作示范平台及人才培养创新基地。

4.桐庐针织园

桐庐针织园位于浙江省杭州市桐庐县,是一个集针织生产、销售、研发等功能于一体的产业园区。该园区拥有众多针织企业,涵盖了针织服装(包括手套、帽子、围巾等)多个领域。

桐庐针织业起步于 20 世纪 80 年代初,经过多年的发展,已形成了集毛纺、染整、织造、印花于一体的现代纺织产业集群。近年来,桐庐针织园以"五个一工程"为抓手,着力打造"中国时尚针织第一镇",包括建设针织时尚街、针织品市场、针织文化创意园、针织品牌园和针织电商孵化园等项目。园区内的企业注重技术创新和产品质量,引进了先进的生产设备和工艺,不断提升针织产品的附加值和市场竞争力。同时,园区也积极拓展国内外市场,产品远销日本、韩国、澳大利亚、英国等多个国家和地区,为桐庐县的经济发展和就业做出了重要贡献。

5.时尚平台

杭州市作为"时尚 e 都"，各区县（市）纷纷设立各具特色的时尚街区、购物中心以及数字时尚营销中心，共同构建起充满活力与创新的时尚生态圈。

上城区的湖滨高品位时尚步行街与延安路国际化商业大街，汇聚众多高端时尚品牌与商业中心，彰显都市繁华与品位。清河坊与南宋御街巧妙融入深厚历史文化底蕴，古典与现代在此交织，生动展现杭州的独特魅力。南山艺术休闲特色街区与四季青服装特色街区，分别聚焦艺术休闲与服装批发领域，为市民和游客提供了丰富多样的消费体验。拱墅区的国风丝韵数字街区，以丝绸与女装为特色，融合了文化创意与数字科技，展现了传统与现代的完美结合。西湖区的青芝坞、拱墅区的小河直街与大兜路等历史文化特色街区，则以其独特的自然风光与历史底蕴，吸引着无数游客前来体验。临平区的瓶窑古街、乔司时尚服饰街与艺尚小镇等，不仅保留了古街的历史韵味，还融入了时尚文化元素，打造出集购物、休闲、娱乐于一体的时尚街区。

除了这些特色街区，杭州市各区县（市）还设有众多大型时尚购物中心，如杭州大厦、银泰、国大城市广场等，为市民提供了一站式时尚购物体验。同时，杭州还积极打造数字时尚营销中心，如九堡网红直播基地、阿里巴巴等，通过数字化手段，推动时尚产业的创新发展。整个杭州市的时尚产业已形成了一个集街区、购物中心、数字营销中心于一体的多元化发展格局，为市民和游客提供了丰富多样的时尚体验（表 3-1-7）。

表 3-1-7　杭州市代表性时尚平台

特征	项目内容
时尚特色街区（包含文化创意街区）	上城区:湖滨高品位时尚步行街(湖滨银泰 in77、杭州解百城市奥莱等)、延安路国际化商业大街(天阳明珠商业中心、龙翔大厦、工联 CC 等)、清河坊历史文化特色街区、南宋御街特色商业步行街(古典特色时尚)、南山艺术休闲特色街区(西湖新天地、中国美术学院)、四季青服装特色街区(中纺中心、玖宝精品服装城、意法轻纺城等大型服装批发市场)、第九大道数字时尚创业大街;西湖区:青芝坞休闲旅游慢生活特色街;拱墅区:国风丝韵数字街区(中国丝绸城、武林路女装特色街、杭州新天地文化创意街区);小河直街历史文化特色街区、大兜路历史文化特色街区;临平区:瓶窑古街、乔司时尚服饰街、艺尚小镇等时尚文化历史街区
时尚特色小镇	艺尚小镇、艺创小镇

续表

特征	项目内容
大型时尚购物中心	杭州大厦、国大城市广场、银泰百货武林店、杭州嘉里中心、西溪银泰、龙湖西溪天街、西溪奥特莱斯、五洲国际广场、西城广场、大悦城、远洋乐堤港、运河广场购物中心、城西银泰、龙湖滨江天街、华联星光大道、滨江宝龙城、万象城、杭州来福士中心、砂之船奥特莱斯广场、亲橙里、西溪印象城、万达广场、萧山宝龙广场、银隆百货、加州阳光生活广场、空港新天地、恒隆广场、旺角新天地
数字时尚营销中心	九堡网红直播基地、滨江网红直播基地、下沙大学城网红直播基地、九乔商贸地区网红直播基地、余杭数字时尚创新基地、未来科技城、阿里巴巴等

三、生态发展的优势与困境

(一)长三角区域优势

杭州在长三角区域的纺织服装产业中具有显著的优势地位：一是产业基础雄厚。杭州拥有悠久的纺织服装历史，历经长期的发展，形成了较为完善的产业链，涵盖纺纱、织造、印染、成衣加工等各个环节，具备强大的生产能力和先进的技术水平。二是科技创新能力突出。杭州在纺织服装技术研发方面投入较大，拥有众多科研机构和高校，为产业创新提供了坚实的理论基础和技术支持。同时，企业也积极开展技术创新，有力推动了产业的转型升级。三是人才资源丰富。长三角地区是我国重要的人才聚集地之一，杭州吸引了大量的纺织服装专业人才，涵盖设计、研发、管理等各个领域，为产业发展提供了强大的智力支持。四是市场辐射能力强。杭州地处长三角核心区域，交通便利，市场辐射范围广泛。其纺织服装产品不仅在国内市场拥有较高的占有率，在国际市场也颇具竞争力。五是政策支持力度大。政府对纺织服装产业给予了高度重视和大力支持，出台了一系列优惠政策，鼓励企业创新，促进了纺织服装产业的持续稳定发展。

(二)产业转移

产业协同发展在产业转型升级中扮演着关键角色。迈克尔·波特(Michael Porter)提出，单一企业在国际市场中独立获取竞争优势存在困难。纺织服装产业由于其整体利润较低，对市场规模的依赖性较大，因此其转型升级的核心在于扩大单体企业或产业联盟的整体营收规模。这可以通过整合生产资源，提高产业的制造竞争力来实现。当服装企业在总部所在地积累了一定的发展动能后，往往会寻求突破地域限制，利用不同地区的区位优势，沿产业链进行跨区域发展。[①]

杭州纺织服装产业具备产业集群建设、集中发展、优势互补以及区域协同发展等优势。然而，从产业发展的历史视角来看，生产成本的上升和城市定位的转变，致使 2010 年之前大量纺织服装制造业企业从杭州的西湖区、拱墅区、江干区等地向余杭区、萧山区迁移，区域内产业布局重新调整。

杭州纺织服装产业的外迁现象，是产业转移的一个典型案例。海宁许村通过承接杭州的服装产业转移，在短短几年内迅速发展成为具有辨识度的服装产业集群，形成了纺织面料与服装服饰和谐共生的新时尚产业格局。作为服装批发领域的领先者的杭州四季青市场，其 70% 的产品源自许村。近十年的城市化进程中，余杭区和萧山区的企业发展空间已经趋于饱和。随着人口红利消失，城市生活成本增加，劳动力供需矛盾进一步凸显，杭州部分纺织服装企业已经开始将生产基地向德清、嘉兴、绍兴等地区扩散，向劳动力成本相对低的江西、安徽等地转移。一些制造业领军企业，如江南布衣、伊芙丽等，选择保留总部和研发基地在杭州，而将生产制造基地迁移至周边区域。亿佰服饰利用长三角地区的集群效应和配套优势，将总部设在乔司，生产基地则设在江西婺源、安徽黄山等地。

(三)跨境生产合作

杭州市的纺织企业也在纷纷向发展中国家进行产业转移，以规避欧美国家的贸易限制。东南亚、非洲、南美洲等部分国家，成为目前杭州纺织企业设厂的首选重点地区。这些国家在原材料资源和劳动力成本上具有一定优势，同时地理位置也较为优越。例如，越南已成为浙江纺织企业比较中意的海外根据地。

纺织服装业在全球融合发展环境下布局国际市场，部分企业在海外设立工厂，东南亚地区的占比大。如达利国际集团在柬埔寨建设拥有 1000 名员工规模的服装加工工厂、健盛袜业集团豪砸 5 亿元加码越南产能、富春织造在缅甸

---

① 陈建军,庞琛,季晓芬.纺织服装企业跨区域发展特征及其影响因素[J].纺织学报,2016,37(5):155-159.

成立纺织基地，江南布衣在俄罗斯、日本、加拿大、法国、东南亚的专卖店建立销售渠道等，通过"走出去"输出过剩产能，降低劳动力成本（缅甸 2018 年员工工资每月 75 美元）和土地成本等，解决与日俱增的成本压力，合理有效利用缅甸等国获欧美最优惠国待遇、零关税等政策，规避了国际壁垒，有效促进了企业转型升级。企业通过"走出去"整合国内外设计、生产及营销等多方资源，向全球纺织服装产业高端发展。然而，目前产能转移也面临着综合成本不低的问题，虽然海外单一的人工成本并不高，但原材料还是需要到中国采购，导致物流成本增加等。

四、产业市场布局

杭州女装市场形成了以四季青服装特色街、武林路时尚女装街和龙翔服饰城为核心的"三足鼎立"格局。四季青服装特色街凭借其 15 家批发市场的大规模和低成本优势，成为中低端市场产品辐射全国的主渠道。武林路时尚女装街则集中了 798 家国际国内品牌的精品专卖店和时尚服装店，成为中高档品牌女装的时尚中心。龙翔服饰城及其周边市场构成了"九星连珠"商圈，面向中低端顾客提供批发兼零售服务，与武林路时尚女装街共同构建起杭州女装市场的立体销售体系。

（一）武林路时尚街

1. 武林路时尚街的发展

武林路时尚女装街不仅是休闲、购物的天堂，还是展示杭州女装文化风采的重要窗口。20 世纪 90 年代中期，杭州的学院派设计师和服装经营者看中了武林路的地理位置优势，纷纷将本土女装品牌店落户于此。这些品牌店搜罗时尚情报，设计制作流行服饰，走出了"前店后坊"式的杭州女装发展的第一步。此后，武林路逐渐成了众多杭州女装品牌的集散地，吸引了无数消费者前来淘货。

至 2005 年，武林路时尚女装街已发展成为拥有近 1000 家商家的繁华商业街区。这里年客流量曾经高达 430 万人次，总营业面积约 5 万平方米，年销售额近10 亿元。武林路见证了杭州这座历史名城从传统走向现代，从追求时尚到创造时尚的过程，成了杭州女装产业发展的重要里程碑。杭州通过制定规划、开展环境整治、进行网点调整、加强广告宣传等多种方式，使其成为展示杭州女装的重要窗口和扩大女装销售的主要市场。武林路时尚女装街以打造"中国女装第一街"为目标，经过一、二期改造工程的实施，已初步展现出其独特风貌，汇聚了各种前卫、典雅、另类风格以及杭装、海派、广货、台装、韩潮等款式的服装服饰商品，还设有个性化的休闲小吧、KTV娱乐场、理容广场、美体健身和数码影院等休闲场所。此外，武林路时尚女装街的成功，离不开其独特的地理位置、浓厚的文化氛围以及众多服装企业的共同努力。这里汇聚了众多优秀的设计师和品牌，他们不断创新、追求卓越，为杭州女装产业注入了新的活力。同时，武林路也积极打造良好的商业环境和服务体系，为商家和消费者提供了便捷、舒适的购物体验。

如今，武林路时尚女装街已成为杭州乃至全国知名的时尚地标，吸引了无数时尚达人和游客前来打卡。这里不仅是购物的天堂，而且是人们感受杭州女装文化底蕴、领略时尚潮流的重要场所。

2. 武林时尚街与四季青市场的比较

自2002年起，杭州市政府在四季青服装集散地和下城区武林路服装街区的基础上，实施治理整顿改造工程，致力于构建管理完善、特色突出的杭州女装品牌展示窗口和产品销售平台。其中，武林路起步较晚，目前的生意规模可能不及四季青，两者在销售模式和特色上存在差异。武林路的店面大多小巧玲珑，橱窗内的模特展现出一种有品位的时尚美。到了夜晚，整条街灯光璀璨，由于地处市中心，晚上9时仍有不少顾客光顾。武林路的定位是打造具有竞争力的品牌。武林路上约有200家服装店所展示的服装品牌出自杭州自产女装设计师之手，许多设计师同时也是店铺老板，而在四季青摊位上的服装，大多为外地品牌，小部分为本地品牌，还有部分为国际品牌。四季青的生意主要依靠外地商户开拓，因此，外地服装品牌占据主导地位也就不足为奇了。由此可见，四季青和武林路在定位上各有特色，四季青打造的是"四季青"品牌，武林路打造的则是"杭派女装"品牌。

在客源方面也存在竞争。武林路定位为时尚女装街，四季青在人们眼中是工薪女装街，表面上看两者定位不同，但实际上在客源等方面存在相近之处。在当地女装市场中，四季青市场女装占比达80%，随着生意规模的不断扩大以及外地客户生活质量的提高，四季青女装的款式也出现了质的变化，时尚新款不断涌现。据调查，目前武林路上有不少店铺是从四季青进货的，还有不少店铺的老板同时在四季青和武林路拥有门面，这就导致四季青和武林路的服装存在部分重叠，彼此相互交织。当顾客购买了武林路的服装后，往往就不会再去四季青购买。

在文化凸显方面也存在竞争。尽管四季青的服装水准有所提升，杭海路上还有两个杭派服饰城，杭派服装商会也设在这里，但长期以来，四季青给人的印象仍然是普通工薪族穿着的服装，其营销宗旨是大众服装，体现的是工薪文化，而武林路则不同，其老板大多是杭城高校相关专业的毕业生，专业素质较高，善于把握流行时尚，富有创意，懂得包装。同样的服装，在四季青展示时可能并不起眼，而陈列在武林路的店面里就俨然是一件艺术品，身价倍增。此外，武林路不仅有服装，还有饰品、珠宝、皮具、美容美发、茶吧咖啡吧等，人们在购物之余还能休闲美身，体现出一种休闲文化。

(二)新声路综合市场

新声路综合市场在 1979 年底由区工商行政管理部门投资建成，拥有 600 多个摊位，很多货物来自深圳、珠海、石狮、广州等地。这个市场在 20 世纪 80 年代非常繁荣，是杭州最时髦的服装购买地之一。新声路综合市场经营的杭派女装，并不追求华丽的品牌包装或专卖形式，而是采用大流量、低利润的方式进行批发。凭借这种务实、高效的经营策略，杭派女装迅速在市场中占据了一席之地。新声路综合市场后来改名为菩提寺路市场，市场内商品的质量和档次，被认为高于同期的其他市场，如红太阳广场。

在杭州的众多服装市场中，新声路综合市场以其独特的地位，成为杭派女装的发源地与核心区域。1996 年，新声路综合市场的四分场正式开业，并更名为"杭派服饰城"。这一举措不仅将更多的杭州本地品牌集中在一起，为它们提供了一个展示实力与风格的舞台，更为一些品牌的成长提供了难得的机遇。杭派服饰城的出现，打破了海派、京派、广货、台货一统市场的格局，使得杭州服装市场逐渐从外地品牌的二级批发转变为拥有自己独特风格与消费群体的市场。

然而，随着市场的不断发展与竞争的加剧，一些企业开始面临挑战。由于众多品牌集中，相互模仿与抄款的现象日益严重，导致产品风格趋同，差异不明显。这使得企业只能在价格上进行比拼，利润逐渐变少。随着城市发展和市场变迁，新声路综合市场已经不复存在，其曾经的摊主很多转移到了其他市场，如武林路时装街。最后，新声路市场以整体搬迁到四季青而告终。

(三)杭州四季青市场

杭州四季青服装批发市场，以其庞大的规模和丰富的商品种类，成为杭州乃至全国知名的服装集散地以及华东乃至全国服装批发中心。四季青市场地理位置的优越性，市场紧邻杭州火车站，扼守着被誉为"人间天堂"的杭州东大门为其发展提供了先天优势。然而，最初这里仅是外地车辆的停车场，并没有开设市场的基础和传统。1989年，市场开始快速扩张，从与温州妙果寺市场的招商起步，经过萌芽起步、全面扩张、调整提高和全面提升四个阶段的发展，如今已成为全国最大的服装集散地之一。

四季青服装市场是一个集多个不同市场的庞大批发市场体系(表3-1-8)。它汇集了四季青服装市场、杭派精品服装市场等15家专业服装市场，拥有服装经营户10000户，营业面积达到30万平方米，从业人员超过3万人。年成交额超百亿元，实现增加值10亿元，年税收高达15亿元。1992—1993年，市场经营面积和摊位数量显著增长，服装品种极大丰富，使四季青成为华东地区最大的服装专业市场，并跻身"全国百强市场"。1995年11月，以四季青服装市场为核心的省级企业集团组建成立。1996年7月，该集团被农业部批准为全国乡镇企业集团。市场先后获得了"全国乡镇企业供销系统先进集体""中国消费者满意服务单位""中华优秀企业""浙江省规范市场""杭州市文明单位"等荣誉称号。1998年，市场的成交额达到了55.1亿元。2008年，杭州四季青服装市场进一步拓展，特色街区位于杭海路西段，占地24公顷，西起清泰立交桥，东至秋涛路，北至张家河弄，南至夕照社区，全长约1100米，进一步巩固了其在全国服装批发市场中的地位。丁智恩在《瞭望东方周刊》中对四季青的发展轨迹进行了阐述：1998年之前市场发展相对平稳，之后进入快速上升阶段，2003年达到一个高峰。高峰期日均人流量在1万至1.5万之间，这一数据不仅体现了市场的繁荣，也反映了四季青服装市场对整个服装行业乃至地区经济的重要贡献。

表3-1-8　杭州四季青各大商场定位

序号	市场	定位
1	意法服饰城	以高品质和时尚的设计吸引追求精致生活的消费者，市场汇聚了众多国内外知名品牌，为消费者提供了丰富的选择
2	新意法大厦	定位于高品质女装采批中心
3	新中洲女装城	综合性的高端时尚女装市场
4	新杭派休闲服饰城	以独特的休闲风格和舒适的面料，满足了消费者对休闲服饰的多元化需求
5	九天中星服饰城	以国际化的视野和先进的经营理念，打造了一个集时尚、品质、服务于一体的综合性服装市场。这里不仅有国内外的知名品牌，还有众多设计师的原创作品

续表

序号	市场	定位
6	九天国际服装市场	定位于高端市场,专注于提供高品质、高档次的服装产品。市场内的产品以专业精品为主,类似于广州十三行等高端批发市场,以港台韩货为主体,款式时尚前卫,面料上乘,满足追求时尚与品质的消费者的需求
7	环北丝绸服装城	以丝绸制品为主打,结合现代时尚元素,展现了丝绸文化的独特魅力
8	常青服饰批发市场(常青)	以稳定的质量和合理的价格,成了中小型服装商家的进货首选
9	老中州女装城	凭借经典的设计和优良的品质,成为许多女性消费者的忠实选择
10	中星外贸服饰城	专注于外贸服饰,不仅为商家提供了丰富的外贸货源,也为消费者带来了多元化的国际时尚选择
11	东大楼	专业的服装批发市场
12	置地国际	专业男装批发市场

此外,四季青市场还包括面料市场等类型,是中国最具影响力的服装一级批发与流通市场之一,以其规模大、品种全、更新快而著称。

1. 四季青女装市场

杭州四季青女装市场位于杭海路100号,是全国知名的服装批发与流通市场。作为华东地区最大的服装专业市场之一,以其庞大的规模、丰富的品种和优质的服务,吸引了来自全国各地的批发商和采购商。市场内主要经营中高档女装,涵盖了港、台、韩、广式等多种风格,为商户进货提供了多元化的选择。

四季青女装市场拥有超过1.2万平方米的营业面积,市场管理严格有序,制定了多项管理制度,包括治安、消防、日常秩序和经营等方面,基本情况见表3-1-9。这些制度的实施确保了市场的有序运行,为商户提供了良好的经营环境。同时,市场还注重品牌建设,创办了自己的企业报——《四季青精品女装报》,为商户提供免费的品牌宣传,促进了商户与市场的共同发展。自1989年创办以来,市场经历了多次扩建和发展,其发展历程辉煌,现已成为全国百强市场之一。它不仅推动了杭州乃至全国的服装产业发展,还培养了大批身家亿万的店主和网红,成为电商和直播等新兴业态的重要推手。

地理位置上,杭州四季青女装市场位于杭州市中心区域,交通十分便利。周边有多条公交线路和地铁站点,同时靠近杭州火车东站和萧山国际机场等重要交通枢纽,方便商户和顾客前来采购和批发。

表 3-1-9　四季青女装市场基本情况

基本资料	地址:杭州市上城区杭海路 100 号 营业时间:7:00—16:30 档口风格:2000 多家一批原创档口,全品类、全风格
楼层分布	1 楼:品质女装,年龄跨度很大 2 楼:主打年轻快时尚女装 3~4 楼:时尚女装区,注重整体搭配 5 楼:精品郎女装,质感超好 6~7 楼:设计师品牌居多
上新时间	春款 12 月、夏款 4 月、秋款 7 月底、冬款 9 月
拿货模式	一般是单款单色 5~10 件起批,部分档口可混批
发货	量大的、自己带不走的可以直接通过物流配送,档口和快递有合作,快递费用便宜
调换货	十天之内可以调换颜色和尺码,但是不调款。次品和调货都需要自己承担运费

2. 杭州意法服饰城

杭州意法服饰城被誉为"中国女装中心",市场偏向自主开发款式,因此这里的商户均经过严格筛选,他们不仅具备丰富的行业经验,更拥有非凡的设计能力和敏锐的市场洞察力。在意法城售卖的服装款式新颖独特、质量上乘、货源充足稳定、价格合理,因此该市场成为全国女装行业的领军者。对于进货者而言,杭州意法服饰城是他们在四季青的首选之地,能获得第一手货源,品质有保障,且价格较为合理。此外,杭州意法服饰城还为商家和消费者提供了全方位的配套服务。例如,有专业的市场管理团队,为商家提供深入的市场分析、精心的营销策划等方面的支持;同时,还有完备的物流体系,确保货源及时、准确配送。这些服务使杭州意法服饰城成为一个集商贸、信息、物流于一体的现代化大型市场。

3. 四季青中州市场

四季青中州市场是较为高端、资历较老的四季青服装市场之一。中州女装市场,即人们口中的"老中洲"(四季青一条街中格外醒目的蓝色大楼)。其市场定位明确,旨在打造欧韩高端女装的时尚潮流中心,主要经营格调颇高的中高档时尚品牌女装。汇集了众多国内知名品牌和设计师作品，是杭州乃至全国女装批发的重要基地之一，其服装风格以欧版和韩版居多。市场采用现代化建筑设计和装修风格，营造出舒适且时尚的购物环境。场内女装风格多元，涵盖时尚、优雅、文艺、甜美等多种类型，充分满足不同消费者的需求。与此同时，这里的女装品质出众，大部分商家都拥有自己的工厂和设计师团队，具备自主设计生产高品质女装的能力。除了女装，中州市场还提供了全方位的一站式购物服务，包括配饰、鞋包等搭配产品。这里的产品种类丰富多样，价格合理，吸引了众多批发商、零售商以及消费者前来选购。

（四）龙翔桥服装市场

根据文献资料，龙翔桥地区自古以来就是杭州的商业中心之一，其发展与杭州的商业历史紧密相连。近代以来，随着城市的发展和商业的繁荣，龙翔桥逐渐成为服装交易的重要场所。龙翔桥服装市场的确切起源时间不易追溯，但可以确定的是，它在 20 世纪 70 年代至 90 年代期间已经非常繁荣。当时，龙翔桥地区不仅是公交枢纽站，也是市民购物和日常生活的重要场所，更成为年轻人购买时尚服饰的热门之地。随着时间的推移，龙翔桥服装市场不断发展壮大。特别是到了 21 世纪初，随着杭州城市化进程的加快和商业环境的改善，龙翔桥地区经历了一系列的改造和升级。例如，工联大厦经过改造变成了工联 CC，湖滨银泰 in77 等现代化购物中心相继建成，龙翔桥地区由此发展成为集购物、餐饮、娱乐于一体的综合性商业区。此外，龙翔桥服装市场的发展也得益于一批敢于创新和拼搏的商家。据报道，最早一批在龙翔桥做服装生意的温州人，每天凌晨去四季青市场进货，然后回到龙翔桥销售，凭借勤奋努力和商业头脑，逐渐发展壮大。总的来说，龙翔桥服装市场是杭州商业发展史上的重要组成部分。从最早的市井小巷到现代化的购物中心，龙翔桥服装市场见证了杭州这座城市的发展和变迁。

第二章

数字化转型:赋能产业升级与未来工厂构建

一、杭州市委市政府关于加快建设"未来工厂"的若干意见

为了响应全省数字化改革的号召,杭州市政府积极实施"新制造业计划",以深化数字经济与制造业的融合创新。其核心目标是培育具有杭州特色的"未来工厂",以形成"重要窗口"的标志性成果。2021年2月25日,杭州市委、市政府发布了《关于加快建设"未来工厂"的若干意见》,明确了三大行动方向:强化"产业大脑"建设,推动制造业高质量发展,以及构建新型产业空间。

在"产业大脑"建设方面,杭州市政府致力于培育"聚能工厂""链主工厂""智能工厂""数字化车间"和"云端工厂"等新型制造实体。这些实体将聚焦数字产业化和产业数字化,重点围绕"互联网+""大数据+""人工智能+",深化制造业全产业链供应链体系的数字化场景创新工作,并积极推进应用推广,以此全面提升数字化发展水平。例如,2018年杭州点石服装有限公司参与阿里巴巴淘工厂数字化改造后,快速反应能力明显增强,实现72小时快速供货与零库存,产值连续保持两位数增长。在新冠疫情期间,其订单量依旧饱满,智能制造优势凸显。

为了实现制造业的高质量发展,杭州市政府提出涵盖数字化设计、智能化生产、网络化协同、共享化制造、个性化定制和服务化延伸等一系列具体举措旨在推动企业组织形态变革,加快"未来工厂"建设步伐。例如,平台型的"聚能工厂"将组织全球优质制造资源,构建具备大规模、分布式、多品种制造能力的先进制造实体。同时,冠军型的"链主工厂"将通过工业互联网平台,提供专业化服务,提升行业整体竞争力。

在新型产业空间构建方面,杭州市政府计划培育30个高等级的"样板园区""赋能工场"和"智造工场",以形成差异化、多层次的"未来工厂"新空间。这

些空间将适应各类"未来工厂",形成市域差异化定位与布局,加快推进产业平台(园区)的整合提升。

此外,杭州市政府还提出了一系列重点行动路径,包括实施组织型制造推进行动、产业链再造提升行动、全球订单引流行动、制造业数字化转型行动、制造空间焕新行动和金融畅通供给行动。这些行动旨在从不同角度推动制造业的数字化转型升级。根据规划,杭州市政府计划在5年内培育120家以上示范性"智能工厂"和1000个以上效率型"数字化车间"。这一目标的实现对杭州制造业的未来发展至关重要。

二、产业大脑与未来工厂建设运行现状分析

(一)产业大脑

首次提出产业大脑这一概念,旨在通过先进的信息技术,实现对产业全链条的智能化管理和优化。对于纺织服装产业来说,首先,纺织服装产业的复杂性和庞大性需要一个能够整合所有环节的平台。产业大脑通过集成面料生产、服装设计、制造加工、销售等多个环节的数据,实现对整个产业链的综合管理和优化,精准把握市场需求、生产状况、库存情况等关键信息,从而帮助企业做出更科学、更准确的决策,提升整个产业的竞争力。其次,数字化转型已成为推动产业发展的关键动力。纺织服装产业大脑通过引入物联网、大数据、人工智能等新一代信息技术,对生产过程进行智能化监控和管理,不仅提升了生产效率和产品质量,还为消费者提供个性化便捷服务,满足了市场的多样化需求。同时,面对激烈的市场竞争和不断变化的消费趋势,产业大脑能够帮助企业及时掌握市场动态和消费者需求变化。这使得企业能够灵活调整产品策略、优化生产流程,从而提升市场竞争力。产业大脑促进了产业内的协同创新,推动产业链上下游企业之间的紧密合作,协同开发新产品、新技术,提升整个产业的创新能力。产业大脑对于提升纺织服装产业的可持续发展水平具有重要意义。最后,产业大脑通过数据分析和优化,还可以减少资源浪费和环境污染,推动绿色生产和循环经济,加强产业监管和风险防范,保障产业的健康稳定发展。

因此,纺织服装产业建立产业大脑不仅是提升产业竞争力、推动数字化转型、适应市场变化、实现可持续发展的必然选择,而且随着技术的不断进步和应用场景的不断拓展,产业大脑将在纺织服装产业中发挥越来越重要的作用。目

前，杭州纺织服装产业已经建成萧山化纤产业大脑和临平·数字时尚（服装）产业大脑。

1. 化纤产业大脑

化纤产业大脑是推进以"产业大脑＋未来工厂"为核心架构的数字经济系统建设的重大工程。萧山区是全球最大的化纤产业基地，产量占全国总产量的近 10％，形成了贯穿上中下游的全产业链。2020 年萧山区化纤纺织总产值达 850 亿元，区内实际化纤产能超过 500 万吨，拥有恒逸、荣盛等行业领军企业，兴惠化纤、柳桥集团等行业龙头企业，以及一批各具特色、分布在产业链各环节的中小企业。此外，萧山区拥有领先的数字化基础，恒逸石化、传化智联等 12 个工业互联网平台被列入省级平台，累计培育区级以上化纤行业工业互联网平台 20 个，实现了化纤行业规上企业上云全覆盖和智能化改造全覆盖。在此基础上，萧山区依托领军企业已建设的工业互联网平台，建成了化纤产业大脑。该大脑围绕化纤产业生态、新智造应用、共性技术、集成服务等场景板块（图3-2-1），开发集成、引进接入应用场景 49 个，开通场景 35 个，覆盖企业超过 3000 家。由多家单位参与组成的萧山化纤大脑建设联盟，汇聚了化纤制造、数字化服务、技术研发、金融服务、供应链物流等多元业态的建设力量，并在顶层设计上做出了体系化部署。2021 年浙江省数字化改革数字经济组公布了第一批行业产业大脑建设试点"揭榜挂帅"名单，萧山化学纤维产业大脑项目入选。

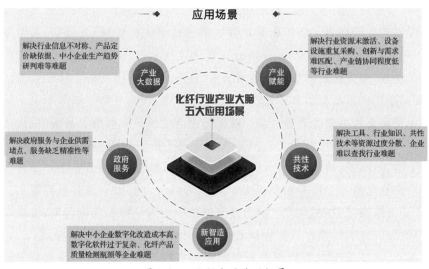

图 3-2-1　化纤大脑应用场景

资料来源：化纤产业大脑（网址：https://www.cfbrain.com.cn/#/xzzs）。

萧山化纤产业大脑以"产业赋能"为价值导向，凸显产业服务的公益属性，以"技术支撑＋数据运营＋应用服务"为核心业务，打造产业大脑赋能生态，为企业生产经营提供数字化赋能，为产业生态建设提供数字化服务，为经济治理提供数字化手段(图 3-2-2)。据了解，该化纤产业大脑已经开发了化纤地图总览等诸多特色应用场景。以共享托盘应用为例，针对共享托盘存在重复使用率低、占用工厂大量库位、资金占有成本大等问题，构建 SaaS 级平台，打通生产数据流、供应链数据流、物流数据流，形成应用闭环。目前，已累计服务 6000 余家企业，每年可降低企业物流成本 5 亿元。萧山化纤产业大脑通过整合云计算、大数据、人工智能等先进技术，实现了对化纤产业全链条的精准管理和优化。它不仅能够实时收集和分析生产数据，为企业提供智能决策支持，还能够推动产学研深度融合，加速技术创新和应用落地。在其助力下，萧山化纤产业的生产效率和产品质量得到了显著提升，成本控制也更加精准有效，有力推动了产业的转型升级和高质量发展。同时，化纤产业大脑还促进了产业的绿色可持续发展，通过优化能源利用和减少废弃物排放，为环境保护贡献力量。此外，通过引入智能制造、工业互联网等新技术，萧山化纤产业实现了从传统制造向智能制造的跨越，产业整体竞争力与市场影响力得到大幅提升。

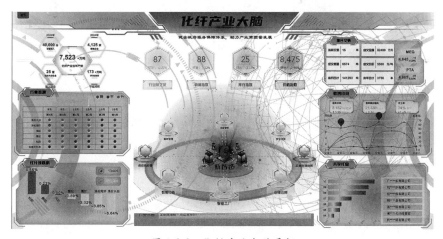

图 3-2-2　化纤产业大脑看板

资料来源：化纤产业大脑(网址：https://www.cfbrain.cn/#/homepage)。

2. 数字时尚(服装)产业大脑

临平·数字时尚(服装)产业大脑致力于链接产业链全流程，打造辐射全国、链接全球的贸易与技术交易服务平台。中服科创研究院作为牵头运营单位，与中国工业互联网研究院浙江分院紧密合作,共同承担起产业大脑的技术承建工作。通过运用先进的信息技术,临平·数字时尚(服装)产业大脑成功建立了融合传统服装交易与数字交易的平台,实现了对整个产业链的闭环管理(图 3-2-3)。

临平区新城拥有良好的时尚产业基础,同时也是杭派女装、家纺布艺的主产地。在地理位置上,临平新城紧邻海宁皮革、桐乡毛衫、柯桥纺织等八大产业基地,得天独厚的产业链基础使这里的时尚根基更加坚实和牢固。这里不仅有艺尚小镇、中国服装科创研究院等一批创新载体,还有伊芙丽、英涉、得体科技等一批行业龙头企业。自 2015 年开发建设以来,在数字经济的赋能下,艺尚小镇累计完成投资 133 亿元,累计实现税收 34 亿元,集聚国内外顶尖设计师 30 名,时尚产业企业 917 家,为临平数字时尚(服装)产业大脑的成功落地打下了基础。

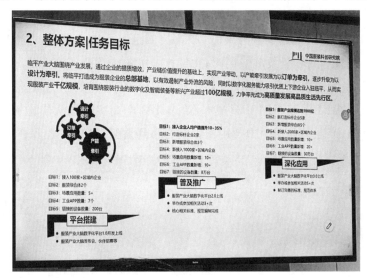

图 3-2-3　数字时尚(服装)产业大脑筹备时的整体方案

资料来源:中国服装科创研究院。

数字时尚(服装)产业大脑是链接贸易与技术交易的服务平台,由"一脑、二平台、三中心"组成,通过数字时尚(服装)产业大脑统筹,以订单交易平台实现传统服装交易,以服装产业全链路数字资产平台实现创新型交易,通过设计中心、产能中心和服务中心三大中心高效协同,形成产业链闭环管理;依托"采、算、管、用"体系,实现服装产业要素全面监测、产业瓶颈智能分析、产业服务精准对接,为政府侧、产业侧及企业侧的多场景应用提供数字化支撑和数据服务。该产业大脑不仅具备服装行业要素全面监测的能力,还能进行产业瓶颈的智能分析和产业服务的精准对接。无论是政府决策、产业发展,还是企业运营,临平·数字时尚(服装)产业大脑都可以提供有力的数字化支撑和数据服务。

(二)未来工厂

1.犀牛智能制造

在数字化和智能化的浪潮中,位于杭州临平的犀牛智造工厂,作为阿里巴巴迅犀(杭州)数字科技有限公司的创新项目,是全球服装行业的首家"灯塔工厂",已经成为服装行业数字化转型的典范,代表了制造业智能制造和数字化的最高水平。

犀牛智造工厂的"云端智造"体系通过数字化和智能化技术,显著提升了生产线的灵活性和效率。具体来说,物料传输系统"智能蛛网吊挂系统"覆盖整个生产车间,实现了从"人找货"到"货找人"的转变(图 3-2-4)。这一系统能够对每件衣服的生产进度进行数据采集,为生产质量控制、问题追溯及分析提供数据基础。更重要的是,该系统能够根据订单量和款式的变化,动态调整生产线布局,快速响应市场需求。

图 3-2-4　犀牛智能制造数字化车间

资料来源:犀牛智造官网(https://www.xiniuim.com)。

犀牛智造的转型方向主要集中在商品研发的速度和准确性,以及供应链的柔性快反能力上。通过引入大数据分析和 AI 算法,犀牛智造提高了研发命中率和生产的灵活性,实现了"小单快反模式"(图 3-2-5、图 3-2-6),即更小的起订量和更快的交货速度。这种模式使得服装商家能够根据消费者需求或时尚趋势的变化灵活调整订单，有效降低了库存压力。例如，犀牛智造的下属工厂可以将一件订单的换款时间从原本的2个小时缩短到1分钟。

—— 智能排产 —————— 一键裁剪 —————— 产线平衡 —————— **柔性换产** —————— 一挂到底 —————— AI质量 ——

图 3-2-5　犀牛智造流程

图 3-2-6　阿里巴巴犀牛智造的生产车间

资料来源：犀牛智造官网。

在数字化升级的同时，犀牛智造并未忽视人力资源的重要性。工厂借助"工艺智能交互 PAD"和"犀眼-XCamera"等智能硬件，实施"边教边做"和"边做边检"的培训机制，提升了工人的技能和熟练度，使其能更好地适应数字化生产需求，具体可见图3-2-7。

图 3-2-7　杭州犀牛智能制造

资料来源：犀牛智造官网。

犀牛智造的成功不仅为服装行业数字化转型树立了标杆，也为其他制造业提供了宝贵的经验。作为世界经济论坛"灯塔工厂"的一员，犀牛智造展示了如何运用第四次工业革命技术来提高运营效率、增强供应链韧性、加快新品上市速度和提升定制化水平。这些工厂不仅是制造业的开拓者，更是引领制造业未来的指路明灯。犀牛智造的实践证明，数字化和智能化是推动制造业高质量发展的关键（图3-2-8）。

 全要素在线 Full-element Online　　 网络化管理 Network Management　　 数字化管理 Digital Management　　 工业AI Industrial AI

一站式 柔性数字化方案

犀牛管家服务搭建高回报智慧工厂

效率改善	品质改善	利润改善
300%	**55.8**%	**50**%
全新建厂，犀牛在A企业三个月数据样本	数字化工厂升级，犀牛在B企业1.5年左右数据样本	数字化工厂升级A辅导，犀牛在C企业半年左右数据样本

通过全息数字车间、动态生产排程、资源统筹调度、质量&效率数据闭环等，实现生产过程的**实时感知、高效决策、远程管控**，以及**工艺技术的持续改善**，打造好品质、高效生产的数字化最佳实践。

图3-2-8　犀牛智造柔性生产

资料来源：犀牛智造官网。

2. 伊芙丽全链路数字化系统

杭州意丰歌服饰有限公司（品牌名：伊芙丽）自2018年与余杭携手，入驻艺尚小镇以来，不仅建立了国际艺术设计交流中心，更在智能工厂和全链路产业建设上取得了显著成果。在这个交流中心，大屏幕实时更新着各类服饰的试衣次数、转化率等关键数据，为销售策略的制定提供了精准的依据。伊芙丽凭借出色的业绩荣获省级第二批服务型示范企业（两化深度融合示范企业）称号。通过全链路数字化系统，伊芙丽实现了线上线下的无缝对接。线上，大数据分析描绘出客户的精准画像，不仅关注客户在本品牌的消费记录，还深入洞察客户对其他品牌的喜好。线下，物联网技术及时反馈实体店的款式转化率，而工厂内的数据采集器对每一道工序进行精准追踪，从而实现生产与市场需求的精准对接。

为了加速全渠道数字化升级，伊芙丽于2019年正式成立新零售小组，并快速确定了智能导购营销方案，同年"双十一"较上一年同期便取得了超过10%的业绩提升。此后,伊芙丽迅速拓展线下门店,智慧门店数量从 5 家增长到 200 家,品牌号会员突破 45 万。智慧门店内,伊芙丽开通了专属智能导购服务,利用手机钉钉和专属导购二维码,使店员能够在客户离店后依然提供线上线下二次营销服务,极大地提高了销售效率和客户满意度。

此外,伊芙丽还与阿里巴巴旗下多个 App 进行深度合作,通过打通营销矩阵的全链路,实现了基于 LBS 的潜客挖掘、就近门店推荐、活动利益点推送等精准营销策略。智慧门店业绩较合作前提升超过 29％,有力证明了这一策略的有效性。伊芙丽在新零售方向上的探索可以用"全链路、数字化、智能化"来总结。除了上述的营销策略和云仓打造,伊芙丽还通过 MES (制造执行系统)平台实现了生产过程的实时在线数据监控,确保生产的高效和精准(图 3-2-9)。

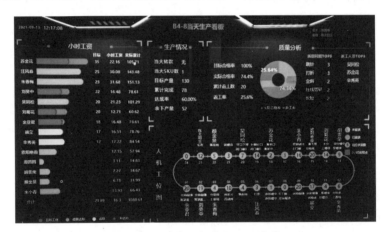

图 3-2-9　伊芙丽数字化工厂看屏

3. 杭州联成华卓实业有限公司

位于萧山经济技术开发区桥南区块的杭州联成华卓实业有限公司,隶属江南布衣集团,拥有成熟的服装生产基础设施和先进的物流配套设施,年产服装和服饰超过千万件。面对市场对快速生产、上线、销售、回款及退换货的需求,联成华卓建立了一个数字化的智能生产仓储物流中心(图 3-2-10)。该中心采用物联网、大数据和先进的仓储物流技术,实现了生产管理系统、DPS 分拣系统、ERP 企业资源计划系统与订单平台、快销平台的互联互通,同时实现外围物流业务及客户服务系统的无缝集成。公司引进了国内外先进的物流设备,实现了智能仓储的"四化",即智能化、可视化、条码化、无纸化,从而深度整合了企业的生产、分拣和仓储物流资源。新物流中心借助机器人技术完成了运输、分拣、包装、出库等全流程作业，这标志着联成华卓成为国内服装行业中首家摆脱人工作业模式的企业。联成华卓服装数字化车间项目配备了国内外先进的智能化设备、强大的IT系统和智能物流支撑系统。通过云端IT系统的扩容和重构，以及生产工厂设备软件和物流体系的智能化改造，联成华卓整合了设计开发、智能制造、数字物流、线上线下销售的各种智能装备和加工体系，形成了一个适应个性化定制和快速反应的云上线下一体的智能工厂新体系，推动其亩均效益显著提升。人工成本节约了70%，空间利用率提高了30%以上，库存周转率提升了约10%。这些成果使联成华卓成功入选了浙江省经信厅发布的2021年浙江省制造业重点行业亩均效益领跑者名单，萧山经济技术开发区同时入选。

图 3-2-10 联成华卓物流中心

4.达利(中国)有限公司

达利(中国)有限公司自成立伊始，便致力于真丝绸面料纺织、印染、梭织、针织服装的全产业链运营。2017年，公司启动了印染ERP及MES项目，标志着其正式迈入"达利制造4.0"的新时代。随着产业升级的浪潮，公司积极推动纺织服装数字化车间项目，成功构建了一个涵盖纺织、印染至成衣的全产业链智能工厂，优化客户订单处理流程，提升了生产流程的灵活性、作业协同的紧密度以及生产过程的透明度，进一步巩固了公司的产业优势，促进了产业链的深度延伸，通过自动化、信息化、数字化和智能化的生产管理模式，推动企业转型升级。数字化工厂建设覆盖从原材料采购、设计研发、生产制造到销售服务的全产业链各环节：在原材料采购环节，公司运用大数据分析技术，精准预测市场需求，实现原材料的高效采购和库存管理。在设计研发阶段，广泛应用数字化工具，借助虚拟现实（VR）技术和增强现实（AR）技术，提高了设计效率，增强了设计的直观性。在生产制造环节，公司引入了先进的 MES（制造执行系统）和 ERP（企业资源计划系统），实现了生产过程的实时在线监控和数据分析，优化了生产效率和产品质量。在销售服务环节，通过电子商务平台和移动应用，实现了线上线下销售的无缝对接，利用大数据分析和用户画像技术，精准定位目标客户群体，推出个性化产品和服务。同时，智能客服系统提供 24 小时不间断的客户服务，确保客户问题得到及时解决。到了 2023 年，达利与秒优开展第三次战略合作，达利将数字化产品和精益改善经验引入柬埔寨工厂，有效解决了生产过程中的痛点问题，实现了多维度的降本增效。数字化工厂建设不仅提升了达利的生产效率和产品质量，还促进了企业的绿色可持续发展。通过智能化管控和数据分析，公司有效减少了能源消耗和废弃物排放，实现了生产过程的绿色化。

三、产业数字化与绩效深度剖析

（一）数字技术引领市场变革

2016—2022 年杭州纺织服装产业经历了显著的变革。从业人员数量从 19.96 万人减少到 15.72 万人，但其工业总产值却从 1617.2245 万元增长到 1736.7272 万元（表 3-2-1）。这一现象首先表明了技术进步和自动化设备的广泛应用，降低了生产过程对人力的依赖，显著提高了生产效率。在此期间，杭州服装产业可能正在进行结构调整，逐步从劳动密集型向技术、资本密集型过渡，实现从低端制造向高端制造与创意设计领域的转型。此外，市场需求的变化可能促使产业调整生产策略，以适应新的消费趋势。数字技术的应用在设计、生产、销售等环节提高了效率，这有助于推动产值的增长。此外，政府的政策支持和市场环境的优化，以及国际市场的拓展，也可能是促进产值增长的重要因素。综上所述，在数字技术驱动下，杭州纺织服装产业实现了从人员减少到产值增长的积极转变，有力推动了产业产值的持续增长，成为数字经济赋能传统产业转型升级的生动范例。

表 3-2-1　2016—2022 年杭州纺织服装规上企业工业总产值及增速情况

年份	纺织		服装		化纤		合计	
	从业人员数量/万	工业总产值/元	从业人员数量/万	工业总产值/元	从业人员数量/万	工业总产值/元	人员总计/万	工业总产值/元
2016	11.52	8629586	6.07	2658900	2.37	4883759	19.96	16172245
2017	10.43	7426443	5.20	2343858	2.49	5279986	18.12	15050287
2018	9.87	7422512	4.65	2176298	2.61	6225957	17.13	15824767
2019	9.48	7232340	4.33	2116856	3.40	9329144	17.21	18678340
2020	9.18	6384383	3.88	1780116	3.15	6565496	16.21	14729995
2021	9.12	7040094	3.73	2038199	3.01	8251338	15.86	17329631
2022	8.87	6690773	3.82	2291143	3.03	8385356	15.72	17367272

数据来源：杭州市统计局和国家统计局。

(二)每百元收益率、新产品产值率与数字化赋能的关系

本部分采用每百元固定资产原值实现利税、每百元主营业务收入实现利税两项关键指标进行深入分析。前者聚焦于企业固定资产的投资回报与运营效率，是衡量资产管理与使用效能的重要标尺；后者则直观展现了企业主营业务的市场竞争力与盈利能力，是评估主营业务经营成效的核心指标。进一步而言，数字化赋能与企业绩效之间展现出显著的正向关联性，特别是在提升每百元收益、提高新产品产值率以及增强整体经济效益方面。数字化转型的推进，使企业能够有效提升运营效能、加速创新进程、优化产品与服务组合，从而在激烈的市场环境中赢得更为可观的经济效益。这一过程不仅反映了数字赋能在产业发展中的重要作用，也为未来工厂建设的趋势提供了有力支持。

先进数字技术与智能化设备的集成，重塑了企业生产流程，通过降低成本、提升效率与产品质量，为企业发展奠定坚实基础。具体而言，这些技术的应用显著优化了固定资产的使用效率(以"每百元固定资产原值实现利税"来衡量)。通过精细化管理和高效运营，推动了利税增长，进而强化了企业基于主营业务的市场竞争力(体现于"每百元主营业务收入实现利税"的提升)，最终促进了主营业务的稳健增长。与此同时，网络化的销售策略打破了传统市场界限，不仅扩大了销售额与市场份额，还通过智能化、数字化的客户体验增强了客户忠诚

度,间接拉动了"每百元主营业务收入实现利税"的增长,形成良性循环。

　　数字化、智能化与网络化的深度融合,为企业的创新生态注入了前所未有的活力,加速了新产品从研发到市场的转化进程,提升了新产品的市场竞争力与产值率,为企业贡献了更为可观的利润与税收。然而,创新实践中的实际成效与理论预期仍存在差距,实际数据需细致解读。以杭州纺织服装产业为例,2016—2022 年,该产业大力推进数字化、智能化、网络化转型及未来工厂建设,但数据显示"每百元固定资产原值实现利税"与"每百元主营业务收入实现利税"均有所下降,而新产品产值率则有所上升(表 3-2-2)。这些现象背后的深层原因亟待深入分析与探讨。

　　这三个指标从不同角度反映了产业的经济效益,可以作为评估产业经营效果、盈利能力和创新能力的重要依据,也揭示了几个关键趋势。首先,服装服饰业在固定资产的利税实现上表现强劲,也说明服装服饰业的投资效益和运营效率高。纺织业和化纤业尽管每百元固定资产原值实现利税(元)相对较弱,表明这两个行业需要加强其投资效益、提升运营效率,不断推出新产品以满足市场需求,进而提升投资效益和运营效率,推动产值的增长。

表 3-2-2　杭州纺织服装产业主要经济效益指标(2016—2022 年)

年份	行业	每百元固定资产原值实现利税/元	每百元主营业务收入实现利税/元	新产品产值率/%
2016	纺织	18.04	8.66	21.26
	服装服饰	25.97	9.65	20.71
	化纤	15.78	6.51	25.14
2017	纺织	15.79	8.35	21.66
	服装服饰	28.30	10.32	27.28
	化纤	16.83	6.84	26.23
2018	纺织	15.96	8.85	26.25
	服装服饰	32.99	11.22	35.68
	化纤	19.28	5.61	25.77
2019	纺织	12.30	6.68	33.92
	服装服饰	25.98	8.98	43.99
	化纤	15.59	4.04	43.37

续表

年份	行业	每百元固定资产原值实现利税/元	每百元主营业务收入实现利税/元	新产品产值率/%
2020	纺织	15.18	9.68	34.08
	服装服饰	17.99	7.09	41.82
	化纤	9.17	3.28	37.58
2021	纺织	13.73	7.51	34.91
	服装服饰	22.79	8.02	48.31
	化纤	24.40	5.45	43.62
2022	纺织	10.54	6.47	36.93
	服装服饰	20.61	6.71	49.64
	化纤	11.71	2.51	43.47

数据来源：杭州市统计局。

这些数据反映的可能原因包括但不限于：一是数字化转型的实施效果存在滞后性，短期内未能充分显现其优势；二是转型策略执行不彻底，仅停留在表面，未能深入触及生产与管理核心，导致效率提升与成本降低的潜力未被充分挖掘；例如数字化的前提是企业要具备足够的计算能力，所有收集整理的信息数据都可以经过计算分析，提取出关于商品生产与消费习惯的数据，才能成为生产过程中的重要资源，反馈到生产过程，从而实现定制化服务型生产[①]；三是外部环境的不确定性，尤其是新冠疫情等全球性事件对产业链、供应链的冲击，可能抵消了数字化转型带来的正面效应；四是转型过程中可能存在资源配置不当、技术选型失误或人才短缺等问题，进而影响了转型成效。

综上所述，企业在推进数字化、网络化、智能化转型时，需综合考虑内外部因素，制定科学合理的战略规划，确保转型措施精准落地，并持续监测评估转型效果，适时调整策略，以最大化地发挥数字化转型对企业发展的推动作用。

（三）三大细分行业利税实现趋势分析

2016—2022年，纺织业每百元固定资产原值实现利税和每百元主营业务收入实现利税均呈现下滑趋势，但前者利税数值一直高于后者。具体而言，每百元固定资产原值实现利税从2016年的18.04元降至2022年的10.54元，降幅

---

① 王天夫.数字时代的社会变迁与社会研究[J].中国社会科学，2021(12)：73-88.

约 41.6％。而每百元主营业务收入实现利税则由 8.66 元滑落至 6.47 元,减少约 25.3％。值得注意的是,早在 2016—2018 年,纺织业的盈利能力就已显现持续下降态势,揭示了行业在当时已面临复杂多变的市场环境和沉重的经营压力(图 3-2-11)。尽管纺织业整体面临盈利能力下降的挑战,但其固定资产利用效率仍维持在相对较高水平。这可能意味着该产业在固定资产管理和利用方面表现较好,或者固定资产自身生产效率较高。相比之下,每百元主营业务收入实现利税下降幅度更大,说明主营业务收入转化为利润和税收的效率有待提高。这可能是由于市场竞争加剧、产品附加值降低、成本控制不力等原因造成的。

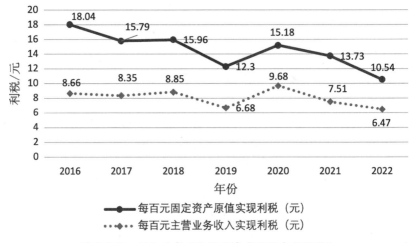

图 3-2-11　纺织业每百元固定资产原值实现利税和
每百元主营业务收入实现利税(2016—2022 年)

数据来源:杭州市统计局。

在新冠疫情暴发前夕,服装服饰业曾呈现持续增长的积极态势。然而,疫情的突然暴发对该行业造成了剧烈冲击(图 3-2-12)。具体来看,每百元固定资产原值实现利税以及每百元主营业务收入实现利税均经历了显著的下降。尽管固定资产原值实现利税从 2018 年的 32.99 元大幅下滑至 2022 年的 20.61 元,降幅达到了约 1/3,但相较纺织业和化纤业来说,服装服饰业的投资效益和运营效率仍处于领先水平;与此同时,主营业务收入实现利税也从 2018 年的 10.32 元减少至 2022 年的 6.71 元。这些数据的显著下降清晰地揭示了新冠疫情对服装服饰业产生的深远影响。行业的盈利能力和税收贡献均遭受了严重的打击,反映出疫情对市场需求、供应链稳定性以及整体经济环境造成的广泛冲击。这一时期的行业表现凸显了服装服饰业在面对突发公共卫生事件时的脆弱性,也彰显了行业在危机管理、供应链韧性提升和业务模式创新方面存在迫切需求。

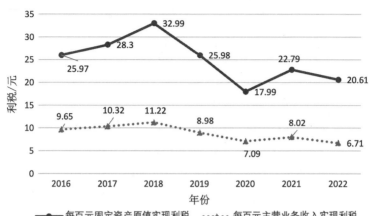

图 3-2-12　服装服饰业每百元固定资产原值实现利税和

每百元主营业务收入实现利税(2016—2022 年)

数据来源:杭州市统计局。

　　2016—2022 年,化纤业每百元固定资产原值实现利税的发展轨迹呈现出显著的波动性(图 3-2-13),其变化趋势与新冠疫情的发展阶段紧密相关。疫情暴发前,化纤业保持了稳定的增长势头。然而,疫情的突然来袭,行业遭受了短期的严重冲击,业绩急剧下滑。值得注意的是,在疫情后期,化纤业展现出强劲的复苏势头,实现了快速的增长。2019 年每百元固定资产原值实现利税为 15.59元,在 2020 年该值仅为 9.17 元,但到了 2021 年,这一数字飙升至 24.1 元,增长幅度显著。这一跃升表明,在疫情防控期间,作为基础原材料的化纤业发挥了关键作用,其市场需求和盈利能力得到了显著提升。随着疫情形势的逐步好转,到了 2022 年,化纤业的利税水平回落至 11.71 元,回到了较为正常的水平。

　　与此同时,化纤业每百元主营业务收入实现利税在这一时期也呈现出类似的波动趋势,而且其变化幅度相对较为平稳。这表明,新冠疫情虽然对化纤业造成了一定的冲击,但行业整体展现出了较强的韧性和适应能力,能够根据市场变化及时调整经营策略,保持业绩的稳定增长。随着时间的推移,化纤业有望继续保持稳定的发展态势,并在未来的市场环境中发挥更加重要的作用。

图 3-2-13　化纤业每百元固定资产原值实现利税和

每百元主营业务收入实现利税(2016—2022 年)

数据来源：杭州市统计局。

2016—2022 年，纺织业、服装服饰业和化纤业中，每百元固定资产原值实现利税比主营业务收入还多，这一现象通常反映出这些行业的资产使用效率较高，原因在于其可能通过优化生产流程或技术升级提高了盈利能力。同时，这些行业在成本控制方面表现出色，能够以较低的成本实现较高的税收效益。此外，行业集中度较高的竞争结构，往往能更有效地分配资源，进而提高整体的盈利能力和税收贡献。然而，这三个行业的利税情况所显示的趋势也揭示了现阶段面临的问题和挑战。数字化、网络化和智能化建设及未来工厂建设需要大量的资金投入，且投资回报周期较长。在初期阶段，由于固定资产投资的增加，企业需要投入大量资金进行技术改造和设备升级，这会造成短期内生产成本增加，进而影响每百元固定资产原值实现利税指标。由于短期内利润未能显著增长，效益显现滞后，可能导致每百元固定资产原值实现利税呈下降趋势。此外，技术更新换代的成本高，企业为维持市场竞争力，需不断更新设备和技术，而这些高额的更新成本短期内会对利税水平产生负面影响，这也反映出当前产业场景应用推广所面临的现实困境。

(四)新产品产值率数据走势向好

1. 新产品产值率指标的意义

新产品产值率的高低直接反映了企业在新产品开发和创新方面的能力和

成效。当企业成功推出并销售更多新产品时,新产品产值率往往会提升;这些新产品不仅能为企业开拓新的市场空间,创造新的增长点,助力提升整体产业效益。其成功推出还意味着企业具备更强技术实力和创新能力,有助于增强企业竞争力,使其在市场竞争中抢占更有利的位置。这种竞争优势能够转化为更高的销售收入和利润,促进企业发展壮大。此外,新产品产值率的提升可带动相关产业发展。新产品的生产和销售往往需要配套的原材料、设备和服务等支持,这将促进相关产业的增长和繁荣,其产业链效应能够进一步提升整个产业的效益水平。然而,需要注意的是,新产品产值率的提升并非必然带来产业效益的即时增长。新产品的市场接受度、竞争状况以及企业的营销策略等因素,都可能影响其市场表现。因此,企业在追求提升新产品产值率的同时,还需要密切关注市场需求、竞争态势以及营销策略的制定和执行等方面,以确保新产品能够成功转化为产业效益。

2. 新产品产值率分析

图 3-2-14 数据显示,2016—2022 年,纺织服装产业新产品产值率呈现持续上升的趋势。这一增长态势既体现了产业效益的稳步提升,也彰显了产业在创新发展道路上的坚实步伐。通过实施数字化建设、推进智能制造、搭建未来工厂等一系列举措,纺织服装产业取得显著成效,不仅体现在新产品产值率的逐年上升上,还体现在产业的转型升级和可持续发展上。

细分行业中,纺织业近年来展现出强劲的创新活力与产品更新能力,其新产品产值率呈现稳健攀升态势(图 3-2-15)。2016—2022 年,这一关键指标实现了显著增长,从 21.26% 稳步增长至 36.93%,增幅近 16 个百分点。该数据不仅直观反映了纺织业在新产品开发与创新领域的卓越成效,还是行业转型升级、技术革新能力不断提升的有力证明。值得关注的是,2018—2019 年,纺织业新产品产值率增速尤为显著,从 26.25% 快速跃升到 33.92%,彰显了该阶段纺织业对产品研发与创新的高度重视与积极投入,进一步凸显了产品创新在推动纺织业高质量发展中的核心作用。

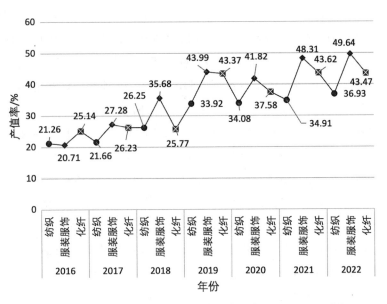

图 3-2-14　杭州纺织服装产业新产品产值率(2016—2022 年)

数据来源:杭州市统计局。

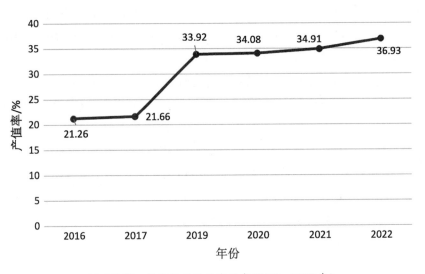

图 3-2-15　纺织业新产品产值率(2016—2022 年)

数据来源:杭州市统计局。

2016—2022 年,服装服饰业的总产值虽有波动,但核心产品产值率却呈现持续上升的趋势。根据统计数据,2016 年的新产品产值率为20.71%,而到了2022 年,这一数字飙升至 49.64%,几乎占据了行业总产值的半壁江山。即便在全球疫情肆虐、经济遭受严重冲击的艰难时期,这一增长势头依然强劲,充分彰显了服装服饰业在创新研发和产品迭代升级方面的突出成果(图 3-2-16)。

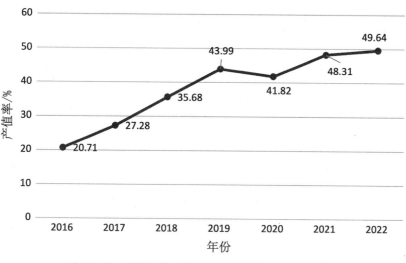

图 3-2-16　服装服饰业新产品产值率(2016—2022 年)

数据来源:杭州市统计局。

2016—2018 年,化纤行业的新产品产值率保持相对稳定,约为 25%(图 3-2-17)。然而,进入 2018 年,这一比率开始显著上升;2019 年起,化纤业的新产品产值率一直处于高位运行。这一变化不仅反映了市场对原材料需求的急剧增长,也体现了化纤业满足市场需求的能力。2022 年,新产品产值率已达43.47%。其大幅增长可能得益于行业技术创新、市场需求的增加,以及政府对新材料研发的支持。化纤行业作为纺织工业的重要组成部分,其产品广泛应用于服装、家居装饰、汽车内饰等多个领域。随着全球经济复苏和消费者对环保、可持续材料需求日益增长,化纤业迎来了前所未有的发展机遇。2019—2022 年的数据显示,该行业不仅成功应对挑战,更实现显著增长,展现出广阔的发展前景。

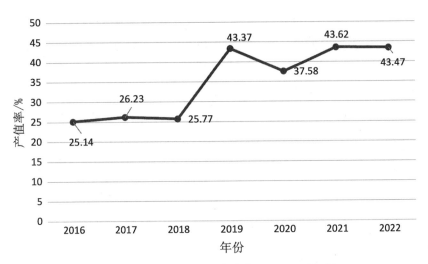

图 3-2-17 化纤业新产品产值率（2016—2022 年）

数据来源：杭州市统计局。

从新产品产值率的效益维度来看，以上三幅图清晰地描绘了 2016—2022 年纺织、服装服饰、化纤三大领域新产品产值率持续稳健上扬的演变轨迹，充分展现了产业创新能力的不断提升。特别值得一提的是，2019 年这一关键节点，新产品产值率的涨幅尤为显著，随后几年更是保持增长势头，直至 2022 年。与 2016 年相比，2022 年纺织、服装服饰、化纤三大领域的新产品产值率增幅分别为 15.67 个百分点、28.93 个百分点和 18.33 个百分点。这一显著增长不仅印证了产业在新产品开发方面的卓越成效，更凸显出数字化、网络化和智能化建设在驱动产业升级和提升效益方面的巨大作用。

通过这组数据，不难看出，随着产业数字化、网络化和智能化水平的不断提升，企业新产品开发能力显著增强，进而带动了新产品产值率的稳步增长。这充分证明了数字化、网络化和智能化建设对提升产业创新效能和市场竞争力的重要性，也为未来产业的可持续健康发展奠定了坚实基础。

（五）主要产业产品生产量

与前面几个关键指标不同，表 3-2-3 展示了 2014—2022 年中国纺织工业产品的生产量变化。从中可以观察到，化纤纤维和合成纤维的生产量呈现出显著的增长趋势，体现出产业强大的生产能力。这一现象可能与全球市场对环保和可持续材料需求的增加有关，同时也反映出技术进步在提高生产效率方面的重要作用。化纤纤维产量从 680.63 万吨增长至 804.68 万吨,合成纤维产量则从 666.59 万吨增加到 847.93 万吨,这表明这两个子行业在适应市场需求和推动技术创新方面取得了成功。

表 3-2-3　主要工业产品生产量(2014—2022 年)

年份	工业产品名称及产量						
	化纤纤维/万吨	合成纤维/万吨	纱/万吨	布/万米	印染布/万米	蚕丝及交织机织物/万米	服装/万件
2014	680.63	666.59	73.67	437620	573955	3300.04	38958.99
2015	669.64	655.05	71.62	424417	600366	2357.30	37779.30
2016	623.15	610.99	61.40	381004	628520	1913.42	35363.68
2017	625.63	609.89	52.88	325592	619833	1575.00	32437.00
2018	695.61	682.51	45.00	288536	599631	1387.00	26014.00
2019	975.55	973.55	39.00	259592	556854	1204.00	23672.00
2020	866.88	867.71	39.00	200862	488930	1051.00	23672.00
2021	848.32	847.93	31.00	193319	575789	1152.00	19992.00
2022	804.68	/	30.62	183512	533604	1063.20	20920.90

数据来源:杭州市统计局。

然而,与化纤和合成纤维产量的增长形成鲜明对比的是,纱、布、蚕丝及交织机织物以及服装的生产量呈显著下降趋势。纱线产量的大幅下降,从 2014 年的 73.67 万吨下降到 2022 年的 30.62 万吨,下降了 43.05 万吨,降幅为 58.4%。布产量从 2014 年的 437620 万米下降到 2022 年的 183512 万米,减少了 254108 万米,降幅为 58.0%。印染布产量从 2014 年的 573955 万米下降到 2022 年的 533604 万米,减少了 40351 万米,降幅为 7.0%。蚕丝及交织机织物产量从 2014 年的 3300.04 万米下降到 2022 年的 1063.2 万米,减少了 2236.84 万米,降幅为 67.8%。这些现象可能与全球纺织产业供应链重组有关。随着劳动力成本的上升和自动化技术的进步,许多生产活动正在向成本更低、技术更先进的地区转移。同时,消费者对快时尚的需求日益增长,促使产业更加注重生产灵活性和市场响应速度,这可能导致一些传统生产方式逐渐被淘汰。

自 2014 年至 2022 年,我国服装产量减少,从 2014 年的 38958.99 万件下降到 2022 年的 20920.9 万件,降幅达 18038.09 万件,下降率约为 46.3%。这一变化可能与消费者偏好的快速更迭和市场对个性化、定制化产品需求的增长有关。随着电子商务和社交媒体的兴起，消费者对时尚趋势的反应更加迅速，这要求服装行业能够快速适应市场变化，以提供更加多样化和个性化的产品。

这些现象意味着纺织服装产业需通过技术创新、提高生产效率、开发新产品以及优化供应链管理等途径来应对挑战。此外，国际贸易环境的不确定性也可能对纺织服装行业产生影响。贸易壁垒、关税政策调整以及全球经济的波动都可能影响产品的出口和进口，从而导致产量波动。因此，行业需要加强风险管理，积极开拓多元化市场，以减少对单一市场或政策变动带来的不利影响。

四、未来工厂建设工作开展情况

（一）未来工厂建设情况

依据相关行动方案和政策，时尚产业中的服装服饰企业大力开展"智能工厂"创建、"数字化车间"改造和"产业大脑"建设，推动产业优化资源配置。杭州大力推进工厂数字化建设与技术改造。例如万事利运用 AI 技术，能够为全球每个人设计 1 万条不重复的丝巾，并发布国内首个个性化丝巾定制品牌"喜马东方"，通过 AI 实现与消费者的一对一个性化定制。同时，万事利在生产环节也展现出先进的技术水平，图 3-2-18 展示的便是其无水印染车间。桐庐县廷镁创智服饰有限公司启动第二轮数字化改造，采用全新自动化设备对生产全流程进行数字化改造，目标是实现更广泛的系统集成和更高的生产效率，未来还将加入 AGV 小车、智能仓储配套系统，并融合 5G 应用等更多智能化设备。此外，杭州卓尚服饰发布制造链数字化"MES＋"系统，各大企业积极响应，纷纷推进生产制造领域的数字化改革。

图 3-2-18　万事利集团数码印花车间

杭州服装产业持续推进数字化转型与智能化升级行动。在这一背景下，廷镁创智等五家企业的数字化车间成功入选杭州市"未来工厂"培育企业名单，标志着杭州在推动服装产业向智能化、高端化道路上迈出了坚实步伐。杭州市委、市政府积极响应时代需求，出台了一系列政策措施，旨在打造智能化工厂、强化智能生态建设。这些举措不仅鼓励企业采用先进技术进行改造，提升传统工艺水平，还大力倡导建设以智能协同设计、智能仓储、智能管理为核心特征的智能化车间和工厂，全面提升行业竞争力。

与此同时，杭州还积极推进网络化进程在服装产业中的深度融合，致力于构建个性化定制、柔性化生产、小单快反的产业互联网新模式。通过"互联网＋共享"的创新模式，进一步激发产业活力，提升市场响应速度。在此背景下，浙江九天控股集团有限公司、阿里巴巴迅犀（杭州）数字科技有限公司、网易严选等行业领军企业纷纷行动，积极开展聚能工厂建设，引领行业向更加智能化、高效化的方向发展。

此外，为了促进区域产业协同发展，杭州各区县（市）积极行动，纷纷启动"产业大脑"建设项目。例如，萧山区推进化纤产业大脑建设，成功入选第一批行业产业大脑建设试点"揭榜挂帅"名单。临平区则联合中国服装科创研究院、阿里云 SupET 工业互联网中心及浙江省服装产业创新服务综合体，共同构建 PaaS 平台并提供 SaaS 应用服务，全力打造临平区服装产业大脑，为区域服装产业的智能化、网络化发展提供有力支撑。

与此同时，杭州市委、市政府持续深化现代纺织产业链梳理工作，及时导入并更新相关产业数据，为政府决策、企业运营提供精准的数据支持，助力杭州服装产业在数字化、智能化道路上不断前行。

（二）政府部门的相关未来工厂支持举措

杭州紧抓打造全国数字经济第一城的契机，秉持"杭州智造"发展理念，强化产业数字化服务和数字化营销体系建设，扎实推进"一号工程"，为服务型制造转型提供有力的数字化能力基础。在全域数字化改造氛围驱动下，杭州全面实施"机器换人""工厂物联网""企业上云"等智能制造专项行动，深入推进数字化改造"百千万"工程，推进物联网、云计算、大数据、人工智能与制造业的深度融合，鼓励企业采用数字化工厂整体解决方案，从以加工、组装为主向"制造＋服务"转型，从出售产品向"产品＋服务"转型，极大地提升了产业的可持续发展能力和核心竞争力。

1.萧山区

浙江省经信厅公布的 2021 年浙江省智能工厂(数字化车间)名单中,萧山区新增了 4 家单位,分别为浙江万向精工有限公司、达利(中国)有限公司、杭州逸暻化纤有限公司和杭州联成华卓实业有限公司。萧山区建立了桥南高端智造基地指挥部,通过一系列的实践探索,使纺织服装产业在数字化转型方面取得了显著成效,为行业树立了标杆(图 3-2-19)。萧山经济技术开发区采取组建专家智库、提供政策指导等措施,助力众多企业加快数字化进程。在纺织服装产业中,该开发区以"产业大脑＋未来工厂"作为数字化建设的核心业务场景。其中,"产业大脑＋未来工厂"这一模式通过构建数字经济"产业大脑"总架构,培育形成"链主工厂""智能工厂""数字化车间"层次分明的数字化企业梯队。开发区通过引入智能化、连续化纺纱成套装备和自动化物流设施,建设数字化工厂和智能生产线;通过构建数字经济"产业大脑"总架构、培育数字化企业梯队,推动产业链的数字化转型;通过支持中小企业嵌入数字化产业链、推进低效企业整治提升,实现产业整体转型升级。

图 3-2-19 萧山区桥南高端智造基地指挥部

除了产业链上下游的协同发展，萧山区还推动了整个产业的数字化转型。例如浙江正大纺织科技有限公司启动建设年产 7200 吨高品质涡流纺纱线智能制造项目，总投资 3900 余万元，实现了生产流程的数字化和智能化升级。该项目采用了智能化、连续化纺纱成套装备，配套引入自动化物流设施，并定制开发了智能纺纱生产管理云平台。通过数字化转型，该企业不仅提高了生产效率，降低了能耗和产品不合格率，还实现了生产过程的实时监控和数据分析。这一案例充分展现了萧山区纺织服装产业在数字化、智能化方面的积极探索和显著成效。此外，2021 年，萧山区 36 家低效企业税收总额实现 180% 的增幅，进一步彰显了数字化改革对提升企业效益方面的巨大潜力。

在数字化改革过程中，萧山区特别重视中小企业的数字化转型工作。杭州市委、市政府印发的《关于加快建设"未来工厂"的若干意见》中特别提到，支持中小企业嵌入"聚能工厂"生态圈和"链主工厂"配套链，剥离设计、销售、服务等环节，实施企业整体"车间化"转型。这一举措有助于中小企业更好地融入数字化产业链中，实现资源共享和协同发展。同时，萧山区的开发区还不断推进低效企业整治提升工作，通过优化资源配置和产业结构调整，实现了低效企业的转型升级。萧山区的数字化建设成果不仅促进了企业效益的提升，还推动了工业用地亩产效益的提高。根据 2020 年工业用地亩产效益评价结果，在 254 家参评企业中，获评 A 类的有 98 家、B 类的有 80 家，规上企业亩产税收达 33.4 万元。

2. 临平区

临平新城的快速发展，得益于其深厚的"科技基因"。2021 年 3 月，中国服装科创研究院正式落户临平新城艺尚小镇，这是一个集科技创新与公益性工业互联网研发为一体的服务平台，为服装产业插上了"科技之翼"。研究院的成立，不仅推动了服装产业在材料、设计、生产等各个环节的创新，更凭借前沿科技的引入，加速了服装产业的数字化转型进程。

工业互联网小镇内的阿里云 supET 工业互联网平台，为临平新城的数字化建设注入了强大动力。该平台构建起纺织服装垂直行业级平台，汇聚了秒优等 63 家服务商，通过输出一系列数字化解决方案，助力传统企业实现全链条数字化升级。这些方案涵盖原材料采购、生产制造、产品销售及售后服务的各个环节，为企业提供了全方位数字化赋能。

值得一提的是，临平新城在数字化赋能时尚产业方面也取得了显著成果。在艺尚小镇举行的第五届中国国际儿童时尚周上，数字化技术大放异彩。通过引入元宇宙概念，结合 CG、VR、AR 等技术，为童装品牌搭建了线上线下全景展示最 IN 潮品的平台。这一系列虚拟与现实交互的沉浸式活动，不仅为时尚产业注入了新的活力，也为临平新城打上了鲜明的数字化烙印。

（三）杭州加快 5G 商用和产业化步伐

人工智能与制造系统的结合是必然趋势，借助机器学习、模式识别、认知分析等算法模型，能够提升工厂控制管理系统的效能，助力实现智能制造，从而使企业在当今竞争激烈的环境中获得更大优势。作为新一代移动通信技术的代表，5G 技术契合了传统制造企业向智能制造转型的无线网络需求，满足了工业环境下设备互联和远程交互应用需求。在工业物联网、自动化控制、物流追踪、工业 AR、云化机器人等应用领域，5G 技术起着支撑作用，能将分布广泛、零散的人、机器和设备有效连接起来，构建统一的互联网络。这一技术的发展有效解决了传统无线网络技术较为混乱的痛点，对于推动工业互联网的实施以及智能制造的深化转型有着积极的意义。

智能制造的核心是智能工厂。为贯彻落实中央关于加快 5G 网络等新型基础设施建设的决策部署，全力推进杭州市委、市政府提出的"六新"发展行动的实施，杭州以抢占 5G 发展战略机遇为抓手，加快 5G 精品网络建设，构筑高端 5G 产业体系，推动 5G 产品融合应用，将打造全国 5G 第一城作为杭州展现"重要窗口"头雁风采的标志性工程，致力于推动 5G 商用进程和产业化发展走在全国前列。

第三章

从"五年计划"看产业计划与营商环境

从"一五"规划至"十四五"规划,杭州纺织服装产业历经从初步构建到现代化转型的深刻变革,实现了从粗放型向集约型、从低端到高端、从劳动密集型到技术密集型的华丽转型。这种规划的连贯性,不仅彰显了杭州对纺织服装产业持续发展的高度重视以及长期发展战略的精心谋划,也为杭州纺织服装产业提供了清晰明确的发展指引与路径。在每一个五年规划期间,杭州紧密结合国内外经济形势、市场需求、技术发展等诸多因素,制定相应的发展目标与策略,确保产业稳健前行,持续适应市场变化,推动产业向高端化、智能化、绿色化转型升级,有效提升核心竞争力。

一、工业化起步与社会影响

20世纪50年代的杭州,可谓是百废待兴、满目疮痍,工业基础薄弱。发展工业成为首要任务。浙江铁工厂在艰难的修修补补工作中,逐步开启了正式生产机器的历程。1951年4月,中国第一台自主制造的麻纺机在杭氧集团股份有限公司诞生,这不仅标志着我国纺织机械制造业的重大突破,也为杭州纺织服装产业的工业化进程奠定了扎实的基础。从此,杭州的纺织服装产业开启了从无到有、由弱变强的发展征程。

二、20世纪设计规划和发展

1953年,杭州正式开启杭州市发展国民经济第一个五年计划(简称"一五"计划)的征程。"一五"计划(1953—1957年)期间,杭州市委、市政府加强党在过渡时期总路线的宣传教育工作,全力推动工业化发展和社会主义改造进程。这一时期，杭州新建、续建、改建了一批骨干工业企业，如杭州丝绸印染联合厂、杭州通用机器厂（即制氧机厂前身）、都锦生丝织厂、浙江麻纺厂、杭州棉纺织厂、杭州纺织机械厂等，这些企业的建设，让杭州的工业开始形成初步的规模和体系。国家通过一系列政策扶持和资金投入，鼓励纺织企业扩大生产规模，并不断提高技术水平。在此背景下，杭州的丝绸、棉布等传统纺织品生产企业在这一时期得到了快速发展。在"二五"计划（1958—1962 年）及经济调整期间，杭州初步形成了从艮山门到半山的重工业区，萧山龙山化学工业区、拱宸桥轻纺工业区。这些工业区为杭州工业化发展奠定了坚实的基础。① "三五"计划（1966—1970 年）期间，杭州纺织服装业的发展之路充满曲折。当时，中国的纺织行业对外依存度高，技术装备落后，新产品开发乏力，且行业标准较低，高素质人力资源匮乏，企业信息化程度低，品牌经营理念欠缺。不过，在此期间，行业已开始注重技术创新与产业升级，为后续发展奠定了一定基础。"四五"计划（1971—1975 年）期间，杭州市纺织服装行业取得了一定发展成果。此阶段，杭州的纺织服装企业开始采用新技术、新设备，提升了生产效率和产品质量。但因当时中国处于"文化大革命"时期，政治运动冲击经济发展，杭州纺织服装行业也未能幸免。"五五"规划（1976—1980 年）期间，一些企业开始注重品牌的培育和推广，通过广告宣传、参加展会等方式提升品牌知名度和美誉度。例如，当时杭州的丝绸企业在国内外市场上享有较高的声誉。在市场开拓方面，一些企业开始积极拓展国内外市场，通过建立销售网络、开展国际贸易等方式提升市场份额。例如，杭州的服装企业开始向国际市场出口产品，并在国际市场上取得了一定成绩。

"六五"（1981—1985 年）期间，杭州重点改造轻纺、丝绸和基础工业，推动丝绸、纺织、化纤、服装等行业形成较大规模的生产体系。在此期间，杭州的纺织服装企业开始注重技术创新与产品质量提升，同时加强品牌建设与市场开拓工作。1984 年，全市实现年工业总产值 100.87 亿元。"七五"（1986—1990 年）期间，杭州纺织服装产业迅速发展，杭州已经形成了从上游的茧丝、化纤制造，中游的织造、染整，到下游的服装生产，以及与之配套的纺织机械、染料化工、电子商务、专业销售市场、专业特色街区、相关高校和科研机构等构成的完整产业体

---

① 栉风沐雨砥砺行——寻访杭州的工业化奠基[EB/OL].（2021-04-228）[2024-07-12]. https://baijiahao.baidu.com/s? id=1698274925610807888.

系。自 1985 年起，杭州市丝绸工业公司及所属企业先后于深圳、厦门等地兴办一批中外合资企业。紧接着，1987 年 6 月，中国丝绸博物馆筹建委员会在杭州成立。同年 9 月，杭州下城区创办杭州丝绸市场，后改名为"杭州中国丝绸城"。1989 年 6 月，杭州东风丝绸印染厂与港商合资，在杭州创办金翅雀丝绸时装有限公司。

"八五"（1991—1995 年）期间，杭州纺织服装产业形成了产业集群。随着市场经济体制改革的不断深入，杭州纺织服装产业逐步实现了由"生产加工型"向"生产经营型"的转变，产业结构得到了优化和升级。对于杭州纺织服装产业而言，"九五"（1996—2000 年）时期是产业转型和升级的关键时期。在"九五"中，杭州纺织服装产业被赋予了新的使命和目标，旨在通过科技创新、结构调整和品牌建设，实现产业的可持续发展。在科技创新方面，规划强调加强纺织科研机构建设，提升自主创新能力，推动新技术、新工艺的研发和应用。同时，鼓励企业加大科技投入，引进国外先进技术和管理经验，提升产品档次和附加值。在结构调整方面，规划提出优化产业布局、促进产业集聚的发展思路。通过培育一批龙头企业，进一步强化产业集群效应，构建具有地方特色的纺织服装产业链，提升产业综合竞争力。此外，还鼓励企业向高附加值、高技术含量的产品领域拓展，减少对低附加值、劳动密集型产品的依赖。在品牌建设方面，规划要求企业强化品牌建设工作，提升产品知名度与美誉度。通过注册商标、申请专利、参加国内外展会等途径，提高产品品牌价值与市场竞争力。同时，政府也加大了对品牌的保护力度，打击侵权和假冒伪劣行为。

三、21 世纪设计规划与发展

进入 21 世纪，我国打开国门，积极开展招商引资工作，引进了一批独资、合资项目，不仅带来了直接投资，更实现了先进的技术、设备、管理理念和专业人才的引进，极大地推动了工业经济快速发展，优化了工业经济布局结构。建立了一批以杭州经济技术开发区为代表的经济技术开发区、高新技术开发区和工业园区，为工业发展开拓了新空间。与此同时，一批老城区的工业企业有序推进搬迁改造。

（一）"十五"（2001—2005 年）规划：建设女装之都

21 世纪初，杭州工业秉持"两条腿"并行发展理念，持续运用高新技术改造传统产业，推动产业结构调整与升级，促进数字经济和实体经济深度融合。2000 年，杭州市委、市政府提出"工业兴市"战略，实施建设丝绸之府、女装之都战略，致力于打造"中国女装看杭州"品牌形象，出台《杭州市人民政府关于加快女装产业发展的若干意见》等政策，激励杭派女装企业促进品牌提升，推动杭州时尚之都建设。在政策的有力推动下，纺织服装企业竞争实力不断提升，涌现出达利（中国）、江南布衣、汉帛、恒逸、荣盛、航民、富丽达等国内龙头骨干企业。该若干意见搭建了女装产业发展的广阔舞台，通过每两年开展一次杭州市"一强"女装生产企业、杭州市"十人"女装品牌企业、杭州市"十佳"设计师评选活动，培育女装龙头企业、品牌产品和优秀设计师。同时，通过设立专项资金、提供税收优惠等措施，鼓励企业加大研发投入，提升产品质量和技术含量，增强市场竞争力。

2002 年，杭州市政府为奠定和拓展服装产业良好的生存发展基础，形成产业集聚优势效应，分别在萧山经济技术开发区和江干区规划建设杭州萧山和江干女装块状功能区。其中，杭州（萧山）女装块状功能区集研发设计、生产制造、电子商务、展示交易、国内外交流等功能于一体。同年，杭州市召开了第一次工业兴市大会，集中出台了六项支持工业发展的优惠政策，正式实施工业兴市战略。其间，杭州市创办了中国首家政府开办的女装专业门户网站"中国女装网"，该网站以"时尚、权威、全面、唯一"为理念，以"中国女装看杭州"为主题，立足杭州，面向世界，利用互联网的资源优势，宣传、展示杭州女装。同时，与电视台联合推出专题栏目，利用电视传媒的优势营造时尚氛围，与专业报纸、杂志合作推出专刊、专栏，重点宣传、推广杭州女装知名企业和品牌。此外，杭州市政府联合有关部门、行业协会积极策划举办中国女装产业发展高层论坛、中国国际女装发展论坛、杭州女装产业文化发展论坛等，从战略的高度、国际化的角度以及大文化的视角研究和探讨杭州女装产业发展和文化建设。并积极策划、举办"杭州女装形象大使"评选活动，树立杭州女装人文形象，提升杭州女装文化品位。

自 2003 年起，杭州市政府每年拨出一定数额的专项资金，组织女装企业的经营者、高级管理人员、技术人员开展多主题的集中培训，以扩大杭州服装的交易规模、提升杭州服装产品档次和品牌附加值，提高杭州女装的知名度，加快杭州市建设"中国女装之都"的进程。

2004 年，"中国纺织服装信息商务中心"建设项目落户杭州，该项目地处杭州四季青服装特色街的核心地段，占地面积 1.5 万平方米，总建筑面积 10 万平方米，总投资额 8 亿元，被打造成为纺织服装行业的权威数据库和信息发布平台、纺织服装产品设计研发中心、纺织服装产品展示和流行趋势发布中心、纺织服装培训教育中心、纺织服装商务贸易中心。相关部门先后开展了服装技师、展会营销策略、服装质量法律法规、国家纺织产品基本安全技术规范和信用建设等主题的培训 20 多次，参加人员 2000 多人，有效提升了杭州女装企业及其经营管理者的整体素质。汉帛(中国)有限公司、江南布衣等三批品牌企业落户杭州(萧山)女装块状功能区。其中，汉帛公司建筑面积 5.36 万平方米，总投资3.3 亿元，引进 6 条国际一流的服装生产流水线，年生产能力达 700 万件(套)。江南布衣置地 85 亩，新建厂房 6 万平方米，引进了大批先进的服装生产及配套设备，以四季青服装研究发展中心为主题，荟萃国内知名企业和品牌，为中小服装企业提供"孵化器"。2005 年杭州市委、市政府出台《关于"弘扬丝绸之府""打造女装之都"的若干意见》等政策，从政策层面为女装产业发展提供战略指引与制度保障。

(二)"十一五"(2006—2010 年)规划：向"杭州创造"提升

杭州于 2006 年推出了"十一五"规划，推动产业实现由模仿创新、贴牌生产为主向自主创新、自创品牌为主的转变，促进"杭州制造"向"杭州创造"转型升级；通过培育一批大企业、大集团，打造一批知名品牌、驰名商标等实现传统优势产业的跨越式发展。2006 年，杭州有 600 多家规模以上企业，销售总产值达200 多亿元，从业人员 20 万，并将丝绸产业和女装产业进行融合发展。

2007 年，杭州市委、市政府发布并实施了市委办发〔2007〕76 号文件《中国杰出女装设计师发现计划》的通知(此项政策至 2015 年中止)，每年出资 400 万元，支助优秀服装设计师赴国外深造。

2009 年 7 月，为积极应对国际金融危机对纺织服装产业的冲击，杭州市委、市政府出台了杭政办函〔2009〕236 号文件《关于加快推进纺织服装产业振兴和转型升级行动计划》推动产业结构调整，印发了《杭州市纺织服装产业调整振兴三年行动计划(2009—2011)》的通知，提出产业升级、市场开拓、品牌建设、人才培育、资金扶持、平台整合等行动举措。

(三)"十二五"(2011—2015 年)计划:提出产业的升级转型策略

"十二五"期间,纺织服装产业以弘扬"丝绸之府"文化、打造"女装之都"品牌为主线,重点发展高档丝绸、新一代化纤产品、名牌女装、服饰用品、产业用纺织品和装饰用纺织品。在丝绸方面,整合现有资源优势,重点开发丝绸与多种纤维混纺的新颖、特色面料,大力发展"高、精、尖"且具备多功能的丝绸产品,致力于打造国际性"丝绸之都"。在化纤生产方面,以低污染、低耗能、高技术、高附加值为发展方向,在强化涤纶聚合、纺丝等化纤纺织产品优势的基础上,积极研发新型、高档、功能性纺织面料和差异化、功能化纤维产品。在女装方面,以杭州女装品牌国际化为目标,重点发展以工业化、规模化为基础的女装成衣产业,适度发展"定制服装",加快推动女装产业链向设计、商贸、展览、媒体等领域延伸。在家纺方面,围绕发展潮流化、功能化、个性化的大家纺发展趋势,创新运用大豆纤维、竹纤维、彩棉等生态健康新材质面料,加快发展中高档家纺产品,着力建设全国品牌家纺制造中心和世界家纺产业基地。

据人社部通报,"十二五"期间,在杭州,作为纺织服装产业重要劳动力群体的农民工月平均收入已由 2010 年的 1690 元增加到 2015 年的 3072 元,年平均增长 12.7%。纺织服装作为劳动密集型产业,对劳动力成本变化十分敏感,而杭州作为浙江的省会、长三角中心城市和国内知名风景旅游城市,生活成本高,劳动力成本相较于其他地区更高,这使得杭州服装产业首先面临困局,进入了增速减缓、结构调整、动力转换的新常态,杭州纺织工业的下行压力逐步增大。面对产业发展困境,国家层面提出以"去产能、去库存、去杠杆、降成本、补短板"为主要任务的供给侧结构性改革,为杭州服装产业转型升级指明了方向并带来新的机遇。2013 年,杭州市发布并实施《杭州市工业设计产业创新发展三年行动计划(2013—2015)》,以科学发展观为指导,秉持"设计产业化、产业设计化、设计人才职业化、设计资源协同化"的发展理念,构建政府引导、企业主体的发展模式,立足杭州本地资源,服务全省产业发展,并辐射全国市场。

(四)"十三五"(2016—2020 年)计划:提出新制造业计划

2016 年,杭州市委、市政府出台《关于进一步扶持女装产业发展的若干意见》和《关于发展杭州时尚产业建设时尚名城工作方案》,实施《杭州女装产业发展规划》，设立每年 300 万元的女装产业培育、推广资金，着力提升杭州市时尚产业的影响力和市场占有率。同时，印发《杭州市纺织工业发展"十三五"规划（2016—2020 年）》的通知。

2019 年 9 月，杭州提出"新制造业计划"，首次将数字经济和制造业列为高质量发展的"双引擎"，明确向高端制造业进军，为经济高质量发展提供"杭州思考"。2019 年杭州召开时尚产业全年工作推进会，建设"时尚 e 都"，加快制造业转型升级，推进高质量发展的态势，在全国诸多重点城市的"再工业化"进程中愈发凸显。

2020 年，杭州市委、市政府出台《杭州市发展数字时尚产业行动方案》，成立杭州市丝绸与女装发展领导小组，统一组织协调产业发展，鼓励企业积极创新。搭建了中国国际丝绸博览会和中国国际女装展览（2007 年两展合一）平台，借助服装高技能大赛、中国服装设计师大奖赛、服装企业国内外商贸对接会、四季青中国（杭州）女装嘉年华、杭州国际时尚周等活动，宣传杭州"弘扬丝绸之府""打造女装之都"的城市品牌，进一步扩大杭州服装在中国乃至世界的知名度，把余杭艺尚小镇打造成为全国时尚产业发展高地、服装设计师集聚地，成为杭州服装产业高质量发展的缩影。鼓励企业利用工业互联网和工厂物联网开展数字化改造，实现柔性化生产。政府通过项目化试点的方式对实施改造提升的企业给予项目补贴，对评审通过的项目一次性给予不超过 80 万元的补助，若企业被评为年度示范企业，另给予 50 万元示范贴补。政策实施以来，维欧艾丝绸、迪安派登洋服、华鼎、衣邦人等 50 多家服装企业已完成工厂智能化改造和员工培训。

经过多年发展，杭州纺织服装产业已形成门类较齐全、产业体系完备、具有相当规模和一定水平的工业生产体系。该产业不仅成为杭州经济社会发展的支柱产业，也是发展战略性新兴产业和高新技术产业的重要组成部分。"十三五"规划的推出旨在加快推动杭州纺织工业转型升级，延伸产业链，提升价值链，探索出一条具有杭州特色的发展道路，促使纺织工业在新的历史时期适应并引领经济新常态，继续成为杭州经济发展的支柱。

（五）"十四五"（2021—2025 年）计划：打造生态，健全"链长制"

2021 年，杭州市虽未单独推出纺织服装工业的"十四五"规划，但依据杭州市委、市政府的"十个字"发展计划，出台了"衣"字产业高质量发展行动方案。通过发挥生态主导力，培育产业链"链主"企业，强基础、补链条、协同创新，并联合多部门召开产业推进会，积极推进产业高质量发展。根据《杭州市国民经济和社会发展第十四个五年规划和二〇三五年远景目标纲要》，在纺织服装产业领域，杭州市将大力推动数字经济与纺织、服装等传统产业融合，聚焦现代纺织与时尚等优势领域，着力打造标志性产业链。通过健全"链长制"，完善供应链清单制度和重要企业数据库，建立上下游企业共同体，增强产业链供应链抗风险能力。加快纺织印染智能化改造，推动化学纤维向差异化功能化、纺织面料向高端化绿色化、服饰家纺向品牌化时尚化发展，打造国际一流的纺织先进制造业集群。同时，推行绿色制造，全面推进生产领域清洁化改造，加快化纤、纺织（印染）等传统制造业绿色化发展。此外，2021 年 12 月 28 日，杭州正式印发了《杭州市新一轮制造业"腾笼换鸟、凤凰涅槃"攻坚行动方案（2021—2023 年）》（简称《行动方案》），明确通过三年攻坚行动，基本形成产业空间集聚、集群优势凸显、创新动能强劲的高质量发展格局，推动高质量发展。

　　总之，从"一五"到"十四五"规划的发展历程可见，产业规划对推动杭州纺织服装产业发展至关重要。20 世纪 60 年代，杭州确立"综合性工业城市"定位，以纺织、化工等传统产业为主导。但随着时间的推移，尤其是进入 21 世纪后，杭州开启转型之路，逐步从工业为主导型向以服务业和高新技术产业为核心的城市转变。这种转型不仅体现在产业结构的调整上，还体现在政策导向优化和城市规划布局等多个方面。其次，杭州的投资热点随城市转型而变迁。往昔，纺织、化工等传统产业是吸引投资的重要领域。但随着杭州向服务业和高新技术产业迈进，新兴产业和科技园区逐渐成为新的投资热土。人工智能、云计算、大数据、电子商务等领域迅猛发展，吸引大量资金与创业者涌入。此外，杭州城市定位持续演变。从"综合性工业城市"到"工业兴市"，再到如今的"服务业优先"和"打造世界一流的社会主义现代化国际大都市"，这些定位的转变反映了杭州在城市发展和国际竞争中的新战略与新目标，为产业发展指明了方向，也为企业提供了政策支持和资金保障。从"十四五"产业计划来看，纺织服装产业明确将技术创新和产业升级作为发展方向，以推动产业向高端化、智能化、绿色化方向发展。

四、关键阶段和关键年份分析

(一)关键阶段

1.上升期和平稳期

为了更全面地揭示三大行业的整体发展态势,本书将数据的观察范围扩展至20世纪末的1998年,对1998—2022年规上企业数量的变化轨迹进行对比分析(图3-3-1),发现这个阶段大致可以分为上升期和平稳期。1998—2022年,这三大细分行业的规上企业数量发生了显著的变化。在2000年之前,三大行业的总体企业数量处于较低水平。然而,自2001年起,规上企业的数量开始大规模逐年攀升,至2008年达到了历史性的高峰。纺织服装业在2010年之前的庞大规模和投资热度,更凸显了纺织服装产业在杭州经济中的主导地位,即1998—2010年,整个产业处于上升期。随后,这一数量开始逐年下降,至2011年更是出现了断崖式的下跌。2011年至今,整体处于相对平稳状态,虽略有起伏,但仍可视为平稳期。作为杭州的支柱产业和传统特色产业,纺织服装产业的发展历程和变化不仅为城市发展提供了宝贵经验,也折射出杭州城市转型定位的显著变化及投资热点的转移。

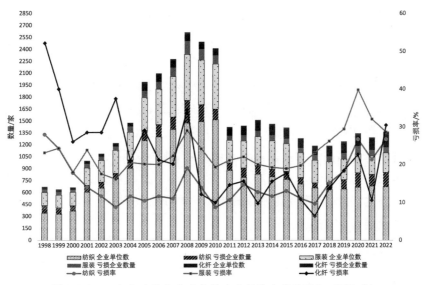

图 3-3-1　三大行业规上企业数量及亏损量走势(1998—2022 年)

数据来源:杭州市统计局。

从这一时期的亏损趋势来看，纺织行业呈现出相对较低的亏损率，其特征表现为头尾两段的亏损率较高，中间阶段则相对较低。化纤行业在1998年因技术和装备以及经济危机影响，亏损率达到了惊人的52.2%。幸运的是，随着时间的推移，这一比率逐渐走低。服装服饰业在1998年已处于发展黄金时期，但到了2008年，行业环境逐渐变得严峻，呈现出衰退的趋势。"十二五"以来，伴随我国经济进入新常态，杭州纺织服装产业也步入增速减缓、结构调整、动能转换的新阶段。同时，随着国家淘汰落后产能工作的推进，以及浙江省"腾笼换鸟"、整治"低、小、散"企业的力度持续加大，杭州纺织工业面临的下行压力逐步增大。

综上所述，产业规上企业数量和亏损量在不同阶段的波动，不仅反映了杭州在转型和定位上的演变，投资热点的转移，都是伴随着时代发展和市场需求的变化而不断调整的。这些变化不仅体现了杭州的活力和创新力，也表明了政府政策法规对产业发展具有重要影响。

2. 黄金发展期

由图3-3-1可以看出，2005—2010年，中国纺织业迎来了一个显著的发展阶段——经济扩张阶段，市场需求旺盛，企业订单增多，规模以上企业数量增加，同时盈利表现良好。这一时期，杭州的纺织服装产业凭借其产业优势和市场定位，实现了质的飞跃。据相关官方数据，2005年，中国纺织业高速增长，杭州纺织服装产业发展态势与之高度一致。数据显示，2005年杭州纺织规上工业企业数量维持在1200～1500家，而亏损企业率除受2008年经济危机影响，其余年份基本维持在10%左右。服装服饰规模以上企业数量为400～600家，亏损率约为20%。与此同时，化纤行业全面进入上升发展期，规上企业数量达到了80～90家，较前期增长了近2.4倍。尽管化纤行业企业亏损率呈现出了此起彼伏的趋势，但整体上与服装行业的亏损率较为接近。综上，2005—2010年堪称中国纺织业的黄金发展期。这一时期，行业不仅实现了量的快速增长，而且在技术创新、品牌建设、市场拓展等领域取得了显著成就。杭州纺织服装产业也正是在这背景下，凭借其独特的产业优势和市场定位，实现了与全国纺织业同步快速增长。

（二）关键年份

1. 1998年关键年

杭州的纺织服装产业不仅历史悠久，而且拥有深厚的文化底蕴和技艺传承。改革开放初期,该产业迅速发展,形成了完整的产业链和产业集群。1998年正值中国改革开放的关键时期,国内经济迅速增长,市场活力显著增强,杭州纺织服装产业规模不断扩大,实力显著增强,成为杭州经济的支柱产业之一。彼时,经济全球化进程加速、国际贸易日益频繁,为纺织服装产业带来了巨大的发展机遇。作为东南沿海的重要城市,杭州凭借其纺织服装产业的传统优势和产业基础,迎来了发展的黄金时期。然而,1998年亚洲金融危机的爆发与国内市场需求的疲软,给杭州工业经济造成巨大压力,尽管纺织服装产业的生产总值基本保持平稳,但面临亏损面逐步扩大,亏损额居高不下的严峻局面。面对这一挑战,政府采取了一系列政策措施来扶持产业发展,如提供税收优惠、资金支持和市场开拓等。这些政策的实施,为杭州纺织服装产业的持续发展创造了有利的外部条件。因此,1998年对于杭州纺织服装产业而言,既是充满挑战的艰难时期,也是推动政策调整和产业革新的重要时期。

2. 2008 年危机年

从规上企业数量来看,2008年产业规上企业数量达到历史性高峰,成为行业发展的一个顶峰期。2008年全球金融危机对杭州经济造成了显著影响,尤其是纺织服装行业。该行业当年规模以上企业数量达到2210家,工业销售产值达1782.2亿元,占全市规模以上工业销售产值的19.1%,利润总额为76.69亿元,占全市规模以上工业利润总额的10.4%。同时,该行业吸纳就业人数达32.8万人,成为杭州市吸纳就业人数最多的行业。

面对全球市场需求的急剧下降,杭州的出口导向型企业遭遇了订单减少、产能闲置和利润下降的困境,一些企业采取裁员或关闭措施以降低成本。为有效应对这些挑战,杭州市政府出台了一系列扶持政策,涵盖财政补贴和税收优惠,帮助企业渡过难关。同时,杭州市委、市政府还制定了市场开拓、品牌建设、资金扶持、人才培育、平台整合和产业升级等行动计划,全力推动纺织服装产业的振兴与转型升级。这些举措有助于维持产业的持续健康发展,并在政府和企业的共同努力下,杭州经济逐渐恢复,展现出强大的发展潜力。在这一发展进程中,杭州纺织服装企业的竞争力不断提升,涌现出了达利(中国)、凯喜雅、江南布衣等国内龙头骨干企业,并形成了名牌产品梯队。截至2008年底,杭州纺织服装行业拥有中国驰名商标4件、中国名牌10个、浙江名牌29个。特别是在化纤领域,浙江恒逸集团有限公司位居中国化纤制造业前列,行业影响力显著。

此外，市场环境的变化促使多家企业增强社会责任意识，积极开发和应用节能减排及清洁生产技术。例如，浙江华欣新材料股份有限公司开发了彩色涤纶纤维及有色面料着色新工艺，成功实现化纤纺织品色彩废水的零排放；达利（中国）有限公司建成了亚洲最大、世界第二大规模的太阳能集热系统，有效降低了印染加工企业的能源成本，减少了有害气体排放。这些企业通过技术革新与绿色实践，不仅提升了企业的竞争力，也为行业的可持续发展做出了贡献。

3.2011 年转折年

从各种产业数据来看，对于杭州纺织服装产业而言，2011 年是一个关键转折年，相关数据出现了断崖式的下跌，标志着行业发展进入转折期与衰退期。这一年，该产业受多重因素的叠加影响，导致相关数据出现断崖式下跌，进而引发了产业结构的深刻变革。首先，国际经济环境发生了显著变化。2011 年，全球经济复苏的步伐并不稳健，欧洲债务危机持续发酵，美国经济复苏乏力，导致国际市场需求下滑，对杭州的纺织服装出口造成了巨大冲击。与此同时，国际贸易保护主义抬头，一些主要进口国强化了贸易壁垒和限制措施，进一步压缩了杭州纺织服装产品的出口空间。其次，国内政策调整也对杭州纺织服装产业产生了深远影响。在这一年，国家大力推进环保和节能减排工作，对高污染、高能耗的产业实施严格管控和整顿。部分纺织服装企业由于环保设施不完善或能耗过高而面临整改甚至关停的风险，直接导致产业规模收缩、产能下降。再次，市场竞争的加剧也是导致转折的重要原因。随着国内市场的逐渐开放，杭州的纺织服装产业面临来自国内外同行的激烈竞争。一些企业由于技术落后、管理不善或品牌影响力不足，逐渐失去了市场份额和竞争优势，进而影响了整个产业的稳定发展。最后，消费者需求的变化也对杭州纺织服装产业产生了影响。随着生活水平的提高和消费观念的转变，消费者对纺织服装产品的品质、设计和品牌要求越来越高。一些传统的、低附加值的纺织服装产品逐渐失去了市场，而高端、时尚、个性化的产品则逐渐成为市场的新宠。然而，杭州纺织服装产业在转型升级方面进展缓慢，未能及时跟上市场需求的变化，导致部分市场份额被其他地区抢占。

据统计，2010—2011 年，纺织行业规模以上工业企业数量下跌了近 50%，服装行业也下跌了约 42%，而化纤行业却呈现出上涨势头。纺织和服装业的规模以上企业数量重新跌回 2004 年和 2003 年的水平。其中，纺织规模以上企业数量由原先的 1516 家下降到了 2011 年的 879 家，服装企业数量则由原来的

411家减少到了283家。尽管亏损概率基本与前几年一致,但整个行业的发展困境已不容忽视。2011年,杭州纺织服装、化纤三个行业规模以上企业总计1211家,从业人员平均人数26.76万人,完成工业总产值2054.62亿元,同比增长20.25%,产业体系较为完备。这一年,杭州纺织服装产业发展站在了行业的转折点,亟须寻找新的出路和应对策略,以有效应对复杂严峻的经济形势和市场环境挑战。2011年杭州纺织服装产业出现转折的原因是多方面的,国际经济环境的剧烈变化、国内政策的调整、市场竞争的加剧以及消费者需求的变化等因素相互交织。致使该产业相关数据出现断崖式下跌,进而引发了产业结构的深刻变革。与此同时,这种变革也为杭州纺织服装产业的转型升级提供了重要契机与发展动力,推动产业朝着高质量、可持续发展方向迈进。

4.2015年发展年

《杭州市人民政府关于加快培育外贸竞争新优势的实施意见》(杭政〔2015〕36号)显示,2015年,杭州市纺织服装产业1253家规模以上企业实现总产值1858.23亿元、利税总额134.84亿元,分别占全市规上工业的14.6%和8.8%。2015年,杭州纺织工业从业人员平均数达到22.52万人,占全市工业企业用工总数的20.1%。作为吸纳就业的重要民生产业,杭州纺织服装产业在"十二五"期间仍占据工业经济的支柱地位。同时,产业结构调整取得进展。2015年,主要产品产量保持稳定增长,化学纤维、纱、布和印染布产量分别达到669.64万吨、71.62万吨、42.44亿米和60.04亿米,比2010年分别增长了26.2%、33.6%、10.3%和17.2%。纺织业、服装服饰业、化纤三大细分行业生产总值分别占产业的比重为51.5%、15.6%、32.9%,与"十二五"初期相比,纺织业、化纤业占比有所上升,服装服饰业占比则有所下降。此外,技术进步成效明显,产业创新能力建设取得了新的突破。截至2015年底,杭州纺织服装产业拥有省级以上企业技术中心14家,其中国家级2家,省级12家。万事利集团有限公司设计研发中心和杭州中亚布艺有限公司中亚布艺面料花型工业设计中心被认定为省级工业设计中心。富丽达集团纺织品面料检测中心正式跻身国家级实验室行列。时尚化发展成为杭州纺织工业新的增长动力。汉帛(中国)有限公司、江南布衣服饰有限公司、浙江华鼎集团有限责任公司、万事利集团有限公司、浙江凯喜雅国际股份有限公司被列入浙江省时尚及丝绸产业第一批重点培育企业名单;中艺花边集团有限公司的玫瑰品牌等14个杭州纺织工业知名品牌被列入浙江省时尚产业及丝绸产业第一批重点培育品牌名单。在节能减排方面，"十二五"期间，出台了《杭州市印染造纸化工行业整治提升方案》，并于2015年底全面完成了印染行业整治提升任务。以杭州宏华数码科技股份有限公司为代表的数码喷印设备企业积极响应，推动印染行业向绿色化、网络化、智能化转型，为杭州纺织工业节能减排与绿色发展提供装备支持。此外，杭州市严格把控化纤和印染行业投资项目准入门槛，对万元增加值能耗高于控制目标（0.67吨标准煤）的项目，一律实行等量或减量置换。

5.2020年新冠疫情年

2020年受新冠疫情影响，纺织服装产业供应链中断、市场需求急剧下降以及国际贸易的限制等因素，迫使杭州纺织服装产业探索新的商业模式和市场策略，如拓展线上销售、开发新的产品线等。面对疫情挑战，杭州纺织服装产业围绕提高生产效率这一核心目标，实施了"机器换人"战略，成功将全员劳动生产率提升至约20万元/人。在产业结构调整方面，服装服饰业在纺织服装产业中的比重较2015年增长了3个百分点，纺织业的比重则下降了3个百分点，而化纤制造业的比重保持稳定。同时，萧山化纤、余杭家纺、桐庐针织等区域品牌开始在国际舞台上崭露头角。然而，受新冠疫情的影响，纺织服装产品的外贸遭遇了严重冲击，订单出现延迟、缩水和退单等现象（表3-3-1）。2019—2021年，全市纺织服装、服饰业出口交货值占比呈下降趋势，尤其在2020年降幅尤为显著。与2019年相比，纺织业的出口交货值下降了23%，服装服饰业下降了32%，化纤业下降了22.5%。尽管如此，2021年出口交货值有所回升，显示市场正在逐步恢复。

表3-3-1　2019—2021年新冠疫情期间的出口交货值（单位：亿元）

行业名称	年份		
	2019	2020	2021
纺织业	145.45	126.55	142
服装服饰业	90.58	61.76	63.5
化纤业	42.6	33	52

数据来源：杭州市统计局。

五、总结

从"一五"到"十四五"的规划,充分彰显了杭州纺织服装产业在经济社会发展中的重要作用。该产业在促进就业、增加税收、推动经济增长等方面发挥着不可替代的作用。通过系统制定和实施五年规划,杭州不仅保障了纺织服装产业的持续稳定发展,为经济社会的全面进步提供有力支撑,还为产业发展提供了明确的指导和给予有力支持。同时,也加速推动了产业的转型升级与国际化进程。

参考文献

[1]曹鑫宇,朱伟明.浙江中小纺织服装企业数字化转型提升路径研究[J].染整技术,2023,45(8):7-11.

[2]陈建军,庞琛,季晓芬.纺织服装企业跨区域发展特征及其影响因素[J].纺织学报,2016,37(5):155-159.

[3]陈梅龙.近代浙江对外贸易及社会变迁:宁波、温州、杭州海关贸易报告译编[M].宁波:宁波出版社,2003:352.

[4]陈宁玲.拱墅区工业遗存转型中城市公共空间公共性营建策略研究[D].杭州:浙江大学,2023.

[5]陈晓芬.基于钻石模型的杭州市纺织服装产业高质量发展研究[J].丝绸,2023,60(6):74-81.

[6]陈晓芬,董宏坤.杭州市皮革产业的发展、挑战和应对策略研究(2019—2022)[J].皮革科学与工程,2024,34(4):106-110.

[7]冯小红.高阳纺织业发展百年历程与乡村社会变迁[M].北京:中国社会科学出版社,2019.

[8]高元杰.大运河图志[M].北京:世界图书出版公司,2023:206.

[9]龚骏.中国都市工业化程度之统计分析[M].上海:商务印书馆,1933:365.

[10]国家统计局.2020年农民工监测调查报告[EB/OL].(2021-04-30)[2024-07-15].https://www.stats.gov.cn/sj/zxfb/202302/t20230203_1901074.html.

[11]国家统计局.2023年农民工监测调查报告[EB/OL].(2024-04-30)[2024-07-15].https://www.stats.gov.cn/sj/zxfb/202404/t20240430_1948783.html.

[12]杭州市人力资源和社会保障局.2023年杭州市人力资源市场工资价位及行业人工成本信息[EB/OL].(2023-08-01)[2024-07-12].https://zjjcmspublic.oss-cn-hangzhou-zwynet-d01-a.internet.cloud.zj.gov.cn/jcms_files/jcms1/web3095/site/attach/0/e2cacbfe8e154db7a1c851be1b233660.pdf.

[13]杭州党史馆和方志馆.读懂杭州|浙江麻纺织厂建设始末[EB/OL].(2023-04-08)[2024-08-01].https://mp.weixin.qq.com/s?_biz=MzUxMDcw

MzgxNQ＝＝&mid＝2247537149&idx＝3&sn＝c5e581a3b567d94b4f459 18fb67a21db&chksm＝f97cf055ce0b7943cad4bdd7a5cd2ee3262072f4346b7 e4d0f91a1b01a9e3b86b459831b4586&scene＝27.

[14]杭州文史.一周一档丨杭州第一纱厂[EB/OL].(2022-12-08)[2024-07-16]. https://www.hangchow.org/index.php/base/news_show/cid/10618.

[15]杭州文史.杭州近代纺织业先驱—丁丙[EB/OL].(2020-12-08)[2024-06-12]. https://www.hangchow.org/index.php/base/news_show/cid/7354.

[16]杭州文史.绸业会馆旧址[EB/OL].(2020-08-20)[2024-07-12].https:// www.hangchow.org/index.php/base/news_show/cid/6942.

[17]杭州文史.国家厂丝储备仓库建筑[EB/OL].(2020-04-10)[2024-06-12]. https://www.hangchow.org/index.php/base/news_show/cid/6288.

[18]浙里智造供全球"服装产业数质新业态"项目启动[EB/OL].(2024-04-25) [2024-07-12].https://www.hangzhou.gov.cn/art/2024/4/25/art_ 812262_59096221.html.

[19]何伟云.浙江纺织工业的发展战略问题[A].浙江省档案,档号:J105-028- 856-222.

[20]何雄浪,朱旭光.劳动分工、产业集聚与我国地方优势产业形成[J].山西财 经大学学报,2007(10):26-31.

[21]江涛,杨歌.推陈出新:杭州历史文化的演绎[M].杭州:浙江大学出版 社,2015.

[22]柯静,余杭微融圈,潘婷.丁丙慈善基地揭牌[N].杭州日报,2023-04-19(2).

[23]孔夫子旧书网.杭州化学纤维厂徽章[EB/OL].(2023-06-11)[2024-05- 12].https://mbook.kongfz.com/4541/5972494421/.

[24]李博超.杭州化纤厂旧址改造:修旧如旧,整旧如新[EB/OL].(2021-03-25) [2024-07-12].https://www.archiposition.com/items/20210325035031.

[25]李广进,等.中国古代纺织[M].北京:科学普及出版社,2021:94.

[26]李立风,徐葆菁.我省化纤工业发展的规模设置与工艺路线初探[J].现代 纺织技术,1989(4):24-26.

[27]厉鹗.东城杂记[M].北京:中华书局,1958.

[28]刘士林.六千里运河-二十一座城[M].上海:上海交通大学,2022:368.

[29]楼舒,林轶扬.文旅融合视域下大运河(杭州段)沿线工业遗产活化利用研

究[J].中国名城,2024,38(4):89-95.

[30]阮建青等.成本上升对中国劳动密集型产业的影响[J].浙江大学学报(人文社会科学版),2021,51(6):119-133.

[31]民国浙江研究中心、杭州文史研究会编.民国杭州史料辑刊(第2册)[M].北京:国家图书馆出版社,2011:207-208.

[32]南哥百货收藏.7788商城[EB/OL].(2022-09-15)[2024-07-12].https://js.997788.com/new/pr/detail? type_id＝0&d＝968&id＝89432554&de＝0&pid＝968.

[33]澎湃.流淌的史诗——50张珍贵照片细数京杭大运河今昔巨变[EB/OL].(2018-12-03)[2024-07-12].https://www.thepaper.cn/newsDetail_forward_2699603.

[34]孙敏慧.奋斗与艰辛——制衣厂缝纫工人生存现状调查[D].杭州:浙江大学,2018.

[35]孙忠焕.新中国杭州工业发展史料[M].杭州:杭州出版社,2010.

[36]陶水木,周丽莉.杭州运河老厂[M].杭州:杭州出版社,2018.

[37]王天夫.数字时代的社会变迁与社会研究[J].中国社会科学,2021(12):73-88.

[38]王俊.民国时期杭州丝绸外销及其行业影响研究(1912—1937)[D].杭州:杭州师范大学,2018.

[39]吴国梅.我与杭丝联结缘一生[EB/OL].(2020-02-20)[2024-07-12].https://www.hangchow.org/index.php/base/news_show/cid/5993.

[40]吴惠芬.清末浙江的蚕丝业改良[J].农业考古,2003(3):197-201.

[41]吴晓波,吴东.中国创新驱动的演化:从追赶到超越追赶[J].经济学人,2023,18(4):86-114.

[42]谢琳,李超德.论中国服装产业中的接受赋能[J].福州大学学报(哲学社会科学版),2022,36(3):132-138.

[43]许梦阆.北新关志[M].杭州:浙江古籍出版社,2015.

[44]徐国伟,许庆明.杭州制造业的比较优势及其发展对策研究[D].杭州:浙江大学,2004.

[45]徐新吾.中国近代缫丝工业史[M].上海:上海人民出版社,1990:636.

[46]徐铮,袁宣萍.杭州丝绸史[M].北京:中国社会科学出版社,2011:20.

[47]祝浩泉.杭州解放路:百年老店的前世今生.[EB/OL].(2019-07-24)[2024-07-12].https://www.sohu.com/a/329001014_204320.

[48]赵丰.文化中枢和遗产链:丝绸传统的传承和创新[J].中国博物馆,2019 (3):3-6.

[49]赵晔.吴越春秋[M].北京:中华书局,2022.

[50]钟丽萍.流淌的文化:拱墅运河文化概览(下)[M].杭州:杭州出版社,2010.

[51]浙江省人民政府.关于印发浙江省环杭州湾产业带发展规划的通知[A].浙江省档案,档号:ZJZB-2004-09-06.

[52]浙江省轻纺工业志编辑委员会.纺织志草稿(12)关于送上《浙江省纺织工业志》第二篇纺织工业修改稿请姜礼均公知审阅提出修改补充意见的函及相关材料[A].浙江省档案馆,档号:J11-053-055.2-001.

[53]浙江省计委经济研究所."经济动态第 5 期,杭州市 1981 年市属国营工业企业经济效益的分析"[A].浙江省档案馆,档号:J105-028-719-131.

[54]关于杭州市职工住宅情况的视察报告[A].浙江省档案馆,档号:J001-001-018-013.

[55]1989 年坚决贯彻治理整顿方针促进乡镇企业健康发展[A].浙江省档案馆,档号:J101-052-218-047.

[56]浙江省社科联.区域文化研究[M].杭州:浙江人民出版社,2007.

[57]浙江工人日报.92 岁"杭针"厂走过的燃情岁月[EB/OL].(2016-08-26) [2024-05-15].http://epaper.zjgrrb.com/html/2016-08/26/content_2559372.htm.

[58]浙江省创意设计协会.展赛|杭州印染厂——"一河串百艺"之非遗解读 No.18[EB/OL].(2023-06-26)[2024-07-12].https://www.163.com/dy/article/I86J07OF0541BT1I.html.

[59]浙江省档案馆.浙里读档|开辟金色纤维之路——浙江麻纺织厂[EB/OL].(2022-09-08)[2024-07-12].https://www.hangchow.org/index.php/base/news_show/cid/10295.

[60]职友集.杭州服装厂行业发展现状和前景[EB/OL].[2024-07-12].https://www.jobui.com/salary/hangzhou-all/ind-fuzhuangchang/.

[61]中共杭州市拱墅区委党史和地方志编纂研究室.藏在运河里的红色杭州[M].杭州:浙江大学出版社,2022:1.

[62]中家纺.余杭家纺产业集群《全国纺织产业集群发展报告(2019 版)》余杭[EB/OL].(2021-07-15)[2024-07-12].http://www.hometex.org.cn/

zjfjq/zjf_jqfc/202107/t20210715_4161846. html.

[63]周密. 武林旧事[M]. 张茂鹏,点校. 北京:中华书局,1983.

[64]周旭霞. 杭州产业成长的逻辑[M]. 杭州:浙江工商大学出版社,2016.

[65]朱新予. 浙江丝绸史[M]. 杭州:浙江人民出版社,1985.

[66] United Nations Industrial Development Organization, International Yearbook of Industrial Statistics. Textiles and clothing (% of value added in manufacturing)[EB/OL]. (2020-12-08)[2024-07-15]. https://data. worldbank. org/indicator/NV. MNF. TXTL. ZS. UN? end＝2022&skip Redirection＝true&start＝1963&view＝map.

[67]World Bank Group. Word Development Indicators: Structure of manfacturing [EB/OL]. (2024-06-28) [2024-07-15]. https://wdi. worldbank. org/ table/4. 3.